2017年度
中国林业和草原发展报告

2017 China Forestry and Grassland Development Report

国家林业和草原局

中国林业出版社

《2017年度中国林业和草原发展报告》

编辑委员会

主　任　张建龙

副主任　张永利　刘东生　彭有冬　李树铭　李春良　谭光明　张鸿文
　　　　马广仁　胡章翠

委　员　(以姓氏笔画为序)
丁立新　马爱国　王月华　王永海　王志高　王连志　王海忠
王焕良　刘文萍　刘克勇　刘　拓　闫　振　孙国吉　李世东
李伟方　李　冰　李金华　杨　超　严　旬　吴志民　张　炜
张艳红　张健民　金　旻　周鸿升　孟宪林　陈嘉文　赵良平
郝育军　郝学峰　徐济德　高红电　黄采艺　菅宁红　程　红
潘世学　潘迎珍

编写组

组　长　闫　振　李　冰
常务副组长　王月华
副组长　刘建杰　夏郁芳
成　员　谢　晨　刘俊昌　胡明形　李　杰　柯水发　于百川　林　琳
　　　　刘　珉　谷振宾　王佳男　张　坤　张　鑫　唐肖彬　曹露聪
　　　　张　禹　周金锋　刘丽军　郑思洁　张云毅　缪光平　李新华
　　　　吴红军　毛　锋　邹庆浩　张会华　欧国平　程小玲　郑　杨
　　　　张　旗　徐　鹏　姚　源　汪飞跃　林　琼　马　藜　王福田
　　　　龚玉梅　陈君帜　韩学文　段亮红　杨　智　李拥军　王卓然
　　　　徐旺明　那春风　闫春丽　孙嘉伟　陆诗雷　付健全　袁卫国
　　　　伍祖祎　黄祥云　孔　卓　高述超　吴　今　沈瑾兰　徐信俭
　　　　李　屹　张美芬　刘正祥　肖　昉　陈光清　富玫妹　郭　伟
　　　　李　磊　徐建雄　解炜炜　李俊恺　荆　涛　孙小兵　韩　非
　　　　朱介石　吴　昊　李成钢　马一博　曾德梁　张　媛　张　棚
　　　　付　丽　刘　博　杨万利　张丽媛　姜喜麟　何　微　管兴旺
　　　　钱　蕾　周榕蓉

前　言

2017 年，全国林业和草原系统深入学习贯彻习近平总书记系列重要讲话精神，牢固树立"四个意识"，自觉践行新发展理念，认真落实党中央、国务院决策部署，大力推进林业和草原现代化建设，各项工作都取得了明显成效，为建设生态文明、增进民生福祉、促进经济社会发展做出了积极贡献。

造林绿化任务全面完成　全国共完成造林 1.15 亿亩[①]，森林抚育 1.33 亿亩，超额完成年度任务计划。各重点工程造林任务全面完成，国务院批准核减云南等 18 个省份 3 700 万亩陡坡耕地基本农田用于退耕还林还草。开展了"互联网＋全民义务植树"试点。启动了森林质量精准提升工程，安排建设任务 441 万亩。建设国家储备林 1 020 万亩。30 个省级森林经营规划编制完成。

生态资源保护不断加强　纳入停止商业性采伐保护补助范围的天然商品林累计近 2 亿亩，天然林管护面积达到 19.32 亿亩。修订了国家级公益林区划界定办法和管理办法。《土地利用现状分类》二级地类中新增湿地归类，湿地纳入中央对地方政府的政绩考核，各省份出台了省级湿地保护修复实施方案。中央安排退耕还湿 30 万亩，恢复退化湿地 50 万亩。新增林业系统国家级自然保护区 17 处、国家森林城市 19 处、国家森林公园 54 处、国家沙漠（石漠）公园 33 处、国家湿地公园试点 64 处。

[①] 1亩=1／15公顷，以下同。

商业性加工销售象牙及制品活动全面停止，公布了第一批人工繁育国家重点保护野生动物名录，联合开展了"绿盾2017"国家级自然保护区监督检查专项行动。森林防火和林业有害生物防控成效明显。

林业产业持续快速发展　11个部委联合印发《林业产业发展"十三五"规划》。启动了森林生态标志产品建设工程，认定了第五批国家林业标准化示范企业，命名43个全国森林旅游示范市县。全国林业产业总产值达7.13万亿元，比2016年增长9.86%。商品材产量8 398.17万立方米，人造板产量2.95亿立方米，各类经济林产品产量1.88亿吨。森林旅游游客量达13.9亿人次，同比增长15.8%。林业产业结构进一步优化，三次产业结构比为33∶48∶19。

林业各项改革深入实施　国务院批准出台《关于重点国有林区森工企业和国有林场金融机构债务处理有关问题的意见》，内蒙古大兴安岭国有林区率先挂牌成立重点国有林管理局，国有林区转型发展不断加快。90%的市县级国有林场改革方案完成审批，3 776个国有林场基本完成改革任务，其中3 618个定性为公益性事业单位。累计24个省份出台深化集体林权制度改革文件，稳定集体林地承包关系、放活生产经营自主权、推动适度规模经营、完善社会化服务体系等改革深入推进，集体林经营管理水平不断提升。东北虎豹国家公园率先组建体现中央事权的管理机构，健全国家自然资源资产管理体制试点实施方案获批实施。东北虎豹、大熊猫、祁连山国家公园体制改革试点实施方案印发实施，总体规划编制工作基本完成。自然资源资产负债表试编、国有森林资源资产有偿使用、自贸区野生动植物进出口行政许可等改革稳步推进。

国际交流合作深入开展 成功承办《联合国防治荒漠化公约》第十三次缔约方大会，建立了"一带一路"防治荒漠化合作机制，与沿线国家加强了荒漠化防治、野生动植物保护等国际合作。与有关国家签署政府部门间林业合作协议9个，与德国、印度尼西亚开展了大熊猫合作研究。国务院批准在华设立联合国全球森林资金网络。新一轮世界银行、欧洲投资银行联合融资贷款3.7亿美元珍稀树种保护与发展项目获批，欧洲投资银行4亿欧元林业贷款项目正式落地。

林业精准扶贫成效显著 中央安排21个省份贫困地区生态护林员补助资金25亿元，比2016年增加5亿元，生态护林员规模从28.8万元增加到37万人，管护范围新增湿地和沙化土地，精准带动130多万人增收和稳定脱贫。国家林业局印发《关于加快深度贫困地区生态脱贫工作的意见》，规划到2020年在深度贫困地区吸纳20万贫困人口参与生态工程建设，新增生态护林员指标的50%安排到深度贫困地区，带动约600万贫困人口增收。油茶、核桃等木本油料种植面积超过2亿亩，年产值达1 540亿元，促进了251万贫困农户增收。

支撑保障能力持续增强 投入政策进一步完善，退耕还林种苗造林费、天然林资源保护工程森林管护费与社会保险补助、森林生态效益等补偿补助标准等进一步提高，启动了国有林区国有林场管护用房建设试点，开辟了国家公园体制试点投资新领域，启动了珍稀濒危野生动植物保护补助项目。全年中央林业投入达 1 194 亿元，比 2016 年增加 61 亿元。金融支持力度进一步加大，启动林业 PPP 试点项目 12 个，落实中央财政贷款贴息 7.35 亿元，国家开发银行和中国农业发展银行政策性和开发性贷款累计达 384 亿元。《中华人民共和国森林法》修改、湿地保护立法取得积极进展。林业科技转移转化行动深入推进，首颗林业卫星成功发射，林业科技和信息化水平不断提升。全国掀起了宣传学习塞罕坝精神、福建林改经验的热潮，各方面参与支持林业改革发展的积极性进一步提高。

草原生态保护力度加大　中央财政安排 187.6 亿元资金，继续在 13 个主要草原省份实施新一轮草原生态保护补助奖励政策，在保护草原生态环境的同时，推进草原畜牧业发展方式转变，促进牧民增收。继续实施退牧还草、京津风沙源治理、西南岩溶地区草地治理等重点草原生态工程，通过实施草原围栏、补播改良、人工种草等措施，加快草原植被和生态修复。全国重点天然草原的平均牲畜超载率为 11.3%，较 2016 年下降了 1.1 个百分点，草原畜牧业生产方式加快转变，草原利用方式更趋合理。草原执法监督工作成效明显，全国共查处各类草原违法案件 13 449 起，立案率达 97.7%，向司法机关移送涉嫌犯罪案件 326 起。草原灾害防控有力，全年全国共发生草原火灾 58 起，全部为一般草原火灾，首次实现无重特大草原火灾的目标。草原资源与生态监测持续高效，组织全国草原监测工作，开展草原返青形势预测分析、草原返青监测、草原植被长势监测、草原枯黄监测、草原旱情监测，发布 7 期草原动态监测信息，为科学指导草原管理和畜牧业生产、指导抗灾救灾提供了及时、丰富的信息支持。组织 23 个省份基层草原监测人员开展地面监测和牧户调查等工作，共收集 15 000 多个非工程样地样方数据，900 多个工程效益样方数据，7 000 多份入户调查数据，组织编制《2017 年全国草原监测报告》。监测结果显示：全国天然草原鲜草总产量达到 106 491.18 万吨，较 2016 年增加 2.53%；全国天然草原鲜草总产量连续 7 年超过 10 亿吨，实现稳中有增。全国草原综合植被盖度达到了 55.3%，较 2016 年提高了 0.7 个百分点。草原涵养水源、保持土壤、防风固沙等生态功能得到恢复和增强，局部地区生态环境明显改善，全国草原生态环境持续恶化势头得到有效遏制。

2018 年，全国林业和草原部门将深入贯彻落实党的十九大精神，坚持以习近平新时代中国特色社会主义思想为指导，深入贯彻党中央、国务院关于林业和草原改革发展的重大决策部署，坚持山水林田湖草系统治理，全面加强生态保护修复，着力推动林业和草原高质量发展，不断提高优质生态产品供给能力，让绿水青山源源不断地转化为金山银山，为实施乡村振兴战略、决胜全面建成小康社会、建设生态文明做出更大贡献。

2018 年 9 月

目 录

专栏目录

P1-20

摘 要

摘　要

1. 森林经营持续推进，生态建设效果明显

造林绿化任务超额完成　2017 年，全国共完成造林 768.07 万公顷，超额完成全年造林任务。《全民义务植树尽责形式管理办法（试行）》出台，义务植树进入全新发展模式。部门绿化成效显著，全国城市建成区绿地率达 37.25%。林业重点生态工程完成造林面积 299.12 万公顷，占全部造林面积的 38.94%，其中，天然林资源保护工程、退耕还林工程、京津风沙源治理工程、石漠化治理工程和三北及长江流域等重点防护林体系建设工程分别占工程造林面积的 13.05%、40.56%、6.93%、7.77%、31.69%。完成国家储备林基地建设任务 68.04 万公顷。

森林经营持续推进成效明显　2017 年，国家林业局（现国家林业和草原局）印发《东北内蒙古重点国有林区森林经营方案审核认定办法（试行）》，东北、内蒙古重点国有林区 15 个林业局完成森林经营方案编制工作，森林可持续经营试点单位扩大领域，探索形式多样的森林经营管理模式。5 个东北、内蒙古重点国有林区的试点单位，共计开展森林抚育近 1 万公顷，建设森林可持续经营试验模式林、示范林 20 多处，试点单位的管理能力和森林质量显著提高。7 个地方所属的试点单位取得了阶段性成果，得到了地方政府的认可。2017 年，全国共完成森林抚育 885.64 万公顷，退化林修复面积 128.10 万公顷，与 2016 年相比，分别增长 4.19%、29.25%。林种、树种结构进一步优化，新造和改造混交林面积 155.58 万公顷。启动了森林质量精准提升工程 18 个示范项目。加大乡土及珍贵树种种植，全国 20 个省（自治区、直辖市）建设珍贵树种示范基地 12 万亩。

防沙治沙稳步推进　2017 年，全国共完成沙化土地治理面积 221.26 万公顷。新增沙化土地封禁保护试点县 19 个，封禁保护总面

积 154.38 万公顷, 试点县个数和封禁保护面积分别比 2016 年增长了 26.76 ％ 和 15.87 ％; 新批复国家沙漠 (石漠) 公园 33 个, 建设面积 6.9 万公顷。落实省级政府防沙治沙目标责任考核制度, "十二五" 省级政府防沙治沙目标责任综合考核结果报送中央组织部作为对各有关省级政府领导班子和领导干部综合考核的重要依据。与有关省级政府签订了 "十三五" 防沙治沙目标责任书。开展全国防沙治沙表彰工作, 对全国 1 名防沙治沙英雄、10 名防沙治沙标兵、97 个防沙治沙先进集体和 101 名防沙治沙先进个人进行表彰奖励。

湿地保护成效显著 2017 年, 国家颁布了《土地利用现状分类》国家标准, 明确 14 个二级地类归类为湿地大类, 首次明确了湿地在国土分类中的地位。《湿地保护修复制度方案》(以下简称《制度方案要》) 落实取得重要进展, 印发了贯彻落实《制度方案》的实施意见, 成立了国家林业局等 8 部门组成的湿地保护修复工作协调领导小组, 全国 31 个省 (自治区、直辖市) 和新疆生产建设兵团全部出台了省级实施方案。完成中央财政投入 19 亿元, 首次把湿地生态公益管护纳入 2017 年新增生态护林员范围, 继续开展湿地补助, 在 7 省 (自治区) 的 9 处重要湿地实施湿地保护修复重点工程, 强化基层湿地保护设施设备建设, 改善湿地生态状况。新批准建立国家湿地公园试点 64 处, 新增国家湿地公园试点面积 9.83 万公顷, 新增湿地保护面积 6.94 万公顷。全国湿地保护率由 43.51% 提高到 49.03%。

生物多样性保护持续加强 2017 年, 林业系统新增国家级自然保护区 17 处, 国家发展和改革委员会、国家林业局联合制定印发了《全国动植物保护能力提升工程建设规划》。安排近 30 种珍稀濒危野生动物人工繁育项目, 进一步稳定和扩大人工繁育种群。重点对红豆杉、秤锤树、银缕梅等 20 多种极小种群野生植物开展拯救保护及其生境的监测、恢复与改造工作, 确保珍贵濒危野生动植物资源继续保持稳中有升、栖息地生境继续好转的良好势态。

国家公园体制试点取得阶段性进展　2017 年，国家出台了《建立国家公园体制总体方案》，新增东北虎豹、大熊猫、祁连山 3 个国家公园体制试点，推进 10 个国家公园体制试点工作，经中央机构编制委员会办公室（简称中央编办）批准，组建了东北虎豹国家公园自然资源资产管理局，加挂东北虎豹国家公园管理局的牌子，行使中央事权。青海省成立了三江源国家公园管理局作为省政府的派出机构。神农架、南山、钱江源、武夷山、普达措 5 个国家公园体制试点区组建了管理机构。《三江源国家公园条例（试行）》《武夷山国家公园条例（试行）》《神农架国家公园保护条例》相继出台，《东北虎豹国家公园国家自然资源资产管理体制试点实施方案》已获中央编办和国家发展和改革委员会批复印发，国家林业局印发了东北虎豹、大熊猫、祁连山 3 个国家公园体制试点实施方案。三江源、钱江源 2 个国家公园总体规划通过批复。

2. 林业产业产值持续增长，产品供给和服务能力总体提高

第三产业产值较快增长　2017 年，林业产业总产值达到 7.13 万亿元（按现价计算），比 2016 年增长 9.86%。其中，第三产业产值快速增长，较 2016 年提高 3.93 个百分点。中、西部地区林业产业增长势头强劲，增速分别达到 14.45% 和 18.38%。林业三次产业的产值结构逐步优化。产业结构已由 2016 年的 33∶50∶17 调整为 2017 年的 33∶48∶19，以林业旅游与休闲为主的林业服务业所占比重逐年增大。

产品供给和服务能力增强　2017 年，商品材总产量 8 398.17 万立方米，比 2016 年增长 8.00%；各类经济林产品产量继续增长，达到 1.88 亿吨，比 2016 年增长 4.44%。人造板总产量 29 485.87 万立方米，比 2016 年减少 1.85%；木竹地板产量 8.26 亿平方米，比 2016 年减少 1.43%。木竹热解产品产量 176.75 万吨，比 2016 年增长 0.05%；木质生物质成型燃料产量 87.29 万吨，比 2016 年增长 7.73%。全国林业旅游与休闲的人次达 31.02 亿人次，旅游收入 10 676.00 亿元，直接带动的其他产业产值 11 050.05 亿元。国家林业局与各地方人民政府联合举办了国家级林业重点展会 5 个，参观人数近 100 万人次，交易金额 65 亿元人民币。

3. 生态服务载体多元，生态文明教育普及加强

2017 年，新增林业系统国家级自然保护区 17 处、国家森林公园 54 处、国家沙漠（石漠）公园 33 处、国家林木（花卉）公园 4 处、国家生态公园（试点）4 处，新批准建立国家湿地公园试点 64 处。新增全国林业科普基地 110 家，新授予"中国森林体验基地"和"中国森林养生基地和中国慢生活休闲体验区、村（镇）"共计 99 家。我国规模最大的野生鸟类博物馆黄河三角洲鸟类博物馆开馆。新授予 19 个城市"国家森林城市"称号。各地开展了形式多样的古树名木保护活动。我国第一个以林业、生态等领域的文化与自然遗产为研究对象的专门机构——北京林业大学文化与自然遗产研究院成立。国家林业局与中央电视台联合主办的《绿野寻踪》《绿色时空》电视栏目，共计播发林业专题节目 104 期。利用《人民日报》、新华社、中央电视台等中央主流媒体和地方媒体，新浪、人民网官方微博等社交媒体，围绕林业的重大战略和中心工作，开展国土绿化、荒漠化防治等一系列主题宣传和深度报道，全面展示林业生态保护成就。各主要新闻单位和网站共刊播生态文明建设报道 1.55 万多条（次）。第九届中国花卉博览会等各类涉林展览会、文化节、论坛相继举办。青少年生态文明教育活动丰富多彩。社会公众生态文明教育普及增强。各类企业积极投身生态公益活动。

4. 林业改革深入推进，成效明显

国有林区改革逐步到位　内蒙古、吉林、黑龙江三省（自治区）改革方案全部获批，重点国有林区改革进入全面推进阶段。停止天然林商业性采伐政策全面落实，每年减少木材产量 373.4 万立方米。

富余职工基本得到安置，通过增加管护岗位、发展特色产业、劳务输出等方式，共转岗安置富余职工6.94万人，职工收入逐步提高，林区社会保持和谐稳定。社会管理职能逐步移交剥离，内蒙古森工集团承担的社会职能已全部移交，吉林、龙江、长白山森工集团完成了部分社会职能的移交。国有林管理机构组建积累了经验，内蒙古大兴安岭重点国有林管理局挂牌成立，吉林省在林业厅职能处（室）加挂了牌子，履行重点国有林区森林资源管理职责。2017年，天然林资源保护工程森林管护和社会保险补助标准进一步提高，对与木材停伐相关金融机构债务每年安排贴息6.37亿元；社会性基础建设项目中央投资比例由80%提高到90%，国有林区道路按照道路属性类别纳入相关公路网规划，国有林区森林防火应急道路和管护用房建设试点启动，已安排投资5.4亿元。2017年中央共安排国有林区投入244亿元，比2014年改革启动前增加99亿元，增长了68%，有力地保障了国有林区天然林停伐政策落实和林区社会稳定。

国有林场改革取得决定性进展 2017年，全国21个省（自治区、直辖市）完成了市（县）改革方案审批，90%县（市）完成市县级改革方案审批，77%国有林场基本完成了改革任务。2017年，中央安排改革补助资金24.26亿元。财政部、国家林业局联合印发了国有林场（苗圃）财务制度。国有林场管护点用房建设试点启动，在内蒙古、江西和广西3省份展开，中央财政投入1.8亿元，这是推进国有林场基础设施建设的重大突破。

国有林场改革成效明显显现，国有林场属性实现合理界定，完成改革的国有林场中95.81%的被定为公益性事业单位。职工生产生活条件明显改善，改造完成国有林场职工危旧房54.4万户，完成改革的林场职工平均工资比改革前提高了80%左右，基本养老、医疗保险实现全覆盖，富余职工得到妥善安置。资源保护监管力度明显加大，全国国有林场全面停止了天然林商业性采伐，每年减少天然林消耗 556 万立方米；一些省份采取措施加强了森林资源监管。国有林场发展活力明显增强，北京、浙江等省份初步建立了以岗位绩效为主的收入分配制度和以聘用制为主的新型用人制度。国有林场初步建立了社会化购买服务的机制。

集体林权制度改革继续深化　2017 年，国家林业局认真落实国办发 83 号文件，截至 2017 年，24 个省（自治区、直辖市）出台了深化集体林权制度改革的文件。探索推行了一系列改革举措，福建试点重要生态区位商品林赎买制度，浙江首创公益林补偿收益权确权登记制度等。集体林地承包经营纠纷调处继续纳入 2017 年综治工作（平安建设）考核范围，全国已成立各类新型林业经营主体 25.42 万个，经营林地面积 5.29 亿亩。印发了《关于加快培育新型林业经营主体的指导意见》，一些地方采取了有力措施，对新型林业经营主体建立奖补制度、加强政策扶持、优化管理服务等，扶持发展规模化、专业化、现代化经营。委托第三方对集体林业综合改革试验示范区工作进行总结评估，32 个改革试验区基本完成阶段性任务，近 100 项改革试验成果转化为政策。在全国开展了集体林权制度改革先进集体和先进个人评选表彰工作，人力资源社会保障部和国家林业局联合下发了《关于表彰全国集体林权制度改革先进集体和先进个人的决定》予以全国通报表彰，并对受表彰的先进集体和先进个人颁发了奖牌、奖章和证书。

5. 林业政策进一步完善，法制工作步伐加大

新政策陆续出台　2017 年，在生态保护方面，国家出台了《关于划定并严守生态保护红线的若干意见》和《生态保护红线划定指南》，明确了涉及林业纳入生态保护红线的范围；修订后的《国家级公益林区划界定办法》和《国家级公益林管理办法》印发执行；全国国有天然林都纳入了补助范围，并对有天然林资源分布的 16 个省（自治区、直辖市）的部分集体和个人所有天然商品林实行停伐补助

政策，国有林管护补助标准提高到每年每亩 10 元，对集体和个人所有天然商品林停止商业性采伐每年每亩给予 15 元停伐管护费补助，天然林资源保护工程职工社保补助标准提高到以 2013 年各地社会平均工资的 80% 为缴费基数。在生态修复方面，《贯彻落实〈湿地保护修复制度方案〉的实施意见》印发，国家将有关省份符合规定条件的 3 700 万亩陡坡耕地基本农田调整为非基本农田，扩大新一轮退耕还林还草规模，将退耕还林种苗造林费补助标准从每亩 300 元提高到 400 元。在自然保护地保护方面，中共中央办公厅、国务院办公厅印发了《建立国家公园体制总体方案》，明确了国家公园的定义和定位，要制定国家公园设立标准，明确国家公园准入条件，建立统一事权，分级管理体制和资金保障制度。出台了健全国家自然资源资产管理体制试点方案。制定了林业系统的自然保护区建设项目负面清单，严格禁止在珍稀濒危野生动物的活动区域内新批采矿权、探矿权，限期退出已审批的采矿权、探矿权，印发了《关于加快推进城郊森林公园发展的指导意见》和《国家沙漠公园管理办法》。在集体林权管理方面，印发了《关于加快培育新型林业经营主体的指导意见》，明确要培育林业专业大户、家庭林场、农民林业专业合作社、股份合作社和林业龙头企业 5 类新型林业经营主体，加大财税和金融保险等支持力度。中国银监会、国家林业局、国土资源部印发了《关于推进林权抵押贷款有关工作的通知》，明确林权抵押贷款支持领域，建立林业规模经营主体名录库，帮助金融机构识别优质林业规模经营主体，建立林权收储机制，完善担保和处置方式，保护银行业金融机构的财产处置权和收益权。在财政税费方面，要进一步利用开发性和政策性金融推进林业生态建设，明确了支持范围和支持政策。加强"十三五"期间种用种子（苗）免税进口管理，明确免税进口林木种子（苗）条件。

林业法制建设加强　2017 年，加大了《中华人民共和国森林法》修订力度，将森林法修改列入了 2017 年全国人大常委会立法计划。推动湿地立法工作，配合国务院法制办审查了《中华人民共和国湿地保护条例（草案）》。制定和修改并颁布部门规章 5 部，发布了规范性文件 22 件。全国共发生林业行政案件 17.33 万起，比 2016 年下降 11.85%，违法使用林地案件是案件发生数量最多的类型。全国森林公安机关共立案侦查各类涉林和野生动植物刑事案件 3.26 万起，比 2016 年增长 9.40%。打击处理违法犯罪人员 2.99 万人（次），收缴林木 5.80 万立方米、野生动物 28.63 万头（只），全部涉案价值 17.26 亿元。组织开展"打击破坏森林和野生动植物资源违法犯罪专项打击行动"。2017 年，国家林业局本级共依法办理林业行政许可事项 7 639 件。其中，准予许可 7 596 件，不予许可 43 件。国家林业局共办理行政复议案件 33 起，其中，受理 26 起并已全部办结，不予受理的 7 起；共办理行政诉讼应诉案件 46 起，其中，国家林业局单独应诉 3 起，与省级林业主管部门共同应诉 43 起，胜诉率为 100%。2017 年，国务院决定取消 1 项国家林业局行政许可事项、9 项中央指定地方实施林业行政许可事项。

6. 林业投资稳步增长，渠道拓宽

在全国经济下行、财政收入增速放缓和中央对农业投入资金减少的严峻形势下，2017 年中央财政对林业投入新增 10.34 亿元。2017 年，全国林业资金投入稳步增长，累计完成 4 800.26 亿元，与 2016 年相比增长 6.45%。其中，中央和地方财政预算资金 2 259.23 亿元，占全年完成投资的 47.07%。用于生态建设与保护的投资为 2 016.29 亿元，占全部林业投资完成额的 42.00%；用于国有林区和国有林场改革补助、林木种苗、森林防火与森林公安、林业有害生物防治等林业支撑与保障的投资为 614.35 亿元，用于林业产业发展的资金为 2 007.76 亿元，其他资金 161.86 亿元，在当年完成林业投资总额中占比依次为 12.80%、41.83% 及 3.37%。

7.林业支撑力度持续增强，保障体系日趋完善

森林资源管理进一步规范，资源监督机制创新　2017 年，全国共审核审批建设项目使用林地 3.37 万项，使用林地面积 17.89 万公顷，收取植被恢复费 274.76 亿元。进一步加强林权管理工作，《国有森林资源有偿使用制度改革方案》（送审稿）已会签国家发展和改革委员会、财政部、国土资源部三部门，印发《国务院确定的重点林区内建设用地变更登记试点方案》，在重点林区 8 个林业局开展试点，对重点国有林区范围内建设用地实行属地登记。完成 6 省（自治区、直辖市）的森林资源清查工作，清查面积 129 万平方千米。森林资源监督工作围绕 10 个方面机制创新，其中，监督与监测相结合机制、案件跟踪问效制度、案件报告和反馈制度实现 15 个专员办全覆盖。14 个专员办实现约谈常态化，共约谈 311 次，问责 2 775 人。12 个专员办与监督区的省级人民检察院建立了联合工作机制。

林木种苗生产和管理加强，各类突发森林火灾得到有效防控　2017 年，中央预算内投资计划下达林木种质资源保护工程项目投资 1 亿元。林木种苗生产总量充足，满足造林绿化需求，全国苗圃新育面积 19.2 万公顷，可用于造林绿化苗木 434 亿株，同比 2016 年，增加 15 亿株，全国共采收林木种子 2 876 万千克。确定了第三批 70 处国家重点林木良种基地。全国共审（认）定林木良种 488 个，其中国家级林木良种审定委员会审（认）定 32 个。种苗质量合格率稳定在 90% 以上。成立"国家主库"项目筹建办公室。印发了《国家林业局关于加强"十三五"期间种用林木种子（苗）免税进口管理工作的通知》《国家森防指森林防火工作约谈制度（试行）》。中央基本建设投资 14 亿元，启动实施各类防火建设项目 103 个。2017 年，全国共发生森林火灾 3 223 起，比 2016 年增加 58.46%。其中，一般火灾 2 258 起，较大火灾 958 起，重大火灾 4 起，特大森林火灾 3 起，由于处置及时果断，最大限度减少了灾害损失。

摘 要

林业有害生物防控形势严峻，野生动物疫源疫病得到妥善处置 2017 年，全国主要林业有害生物发生面积 1 253.12 万公顷，比 2016 年上升 3.45%。防治面积 962.17 万公顷，主要林业有害生物成灾率控制在 4.5‰ 以下，无公害防治率已达到 85% 以上。强化执法，指导各地依法查办"妨害动植物防疫、检疫罪"刑事案件 4 起。下发 3 份野生动物疫源疫病监测防控文件，加大国家级监测站督查力度，对 686 站（次）应急值守情况进行抽查。妥善处置突发野生动物疫情，成功阻断了鸿雁、黑天鹅等高致病性禽流感、北山羊小反刍兽疫等疫情的扩散蔓延。

林业科技创新不断提高，林业教育成效明显 2017 年，中央财政投入林业科技资金 11 亿元，3 项成果获得国家科技进步二等奖。22 项国家重点研发计划专项项目获批立项，65 项林业公益性行业科研专项验收完成，87 项引进国际先进林业科学技术计划项目到期验收。依托林业公益性行业科研专项、引进国际先进林业科学技术计划项目和局重点项目，共认定成果 160 项，申请获得专利 98 件，发布行业及地方标准 18 项。发布林业国家标准 29 项、行业标准 163 项。印发了《2017 年重点推广林业科技成果 100 项》《林业标准体系》《林业科技推广成果库管理办法》等，新批准成立了经济林产品质量、花卉产品质量检验检测中心 4 个，新批复 9 个工程中心，构建新的成果转化平台。全年受理林业植物新品种权申请 623 件，完成 423 个申请品种的特异性、一致性、稳定性 DUS 现场审查。授权 160 件，授权总数 1358 件。发布了《2017 年加快建设知识产权强国林业推进计划》。2017－2018 学年，全国林业教育毕业研究生 7529 人、本科毕业生 5.54 万人、高职（专科）毕业生 4.51 万人，中职毕业生 4.43 万人。印发了《全国林业教育培训"十三五"规划》。林业行业职业资格许可和认定进一步清理和规范，职业技能鉴定规模有所调整，全年林业行业职业技能鉴定 2.08 万人次。

摘　要

林业信息化稳步推进，林业数据资源逐步实现共享 2017 年，成功召开第五届全国林业信息化工作会议，印发《国家林业局关于促进中国林业云发展的指导意见》和《中国林业移动互联网发展指导意见》。强化网络安全保障，近 20 个新系统进行安全渗透测试，完成 46 个系统的漏洞扫描和升级整改工作。开展了全国林业信息化率评测工作，林业信息化率为 70.35%。中国林业网新建各类子站 300 多个，发布 3 项林业信息化国家标准和 13 项林业信息化行业标准。完成京津冀、长江经济带、"一带一路"林业数据资源协同共享项目，开展东北虎豹国家公园监测数据平台和全国林业高清视频会议系统建设，完善鄂尔多斯"互联网＋"义务植树物联网示范点等项目建设。成立国家生态大数据研究院。推进国家林业局政务信息系统整合共享相关工作。发布首批中国智慧林业最佳实践 50 强。中国林业网蝉联部委网站总分第二名并荣获"政务公开领先奖""中国最具影响力政府网站""创新发展领先奖"，荣列三大优秀部委网站，中国林业网微信荣获网易"最受网友欢迎中央政务机构"。

林业工作站加大基础设施建设，森林公园核心区域纳入红线保护 2017 年，全国完成林业工作站基本建设投资 3.63 亿元。乡（镇）林业工作站减少 476 个。共有 265 个林业工作站新建了办公用房，632 个站配备了通讯设备，478 个站配备了机动交通工具，1 353 个站配备了计算机。修订印发了《标准化林业工作站建设检查验收办法》。开展了标准化林业工作站建设国家核查工作，确认 2017 年度全国共有 477 个林业工作站达到合格标准。全国有 9 593 个林业工作站受委托行使林业行政执法权，全年受理林政案件近 4.1 万件，较 2016 年增加 1 254 件。2017 年，森林公园建设共投入建设资金 573.89 亿元，新建各级森林公园 113 处。《生态保护红线划定指南》明确森林公园的核心景观区和生态保育区划定为生态保护红线。第七批授权 64 处国家级森林公园使用中国国家森林公园专用标志。

8. 国家发展战略下的区域林业加快推进，传统区划下区域林业特色和优势明显

2017年，"一带一路""长江经济带"和"京津冀区域"林业发展力度在原有基础上持续增强，传统的东、中、西和东北各区域间和区域内的林业发展更趋均衡。

国家发展战略下的区域林业　2017年，中国绿色碳汇基金会、甘肃省林业厅和世界自然基金会等联合举办"一带一路"生态修复论坛，联合国环境署举行"一带一路"绿色发展国际联盟高级别介绍会。《联合国防治荒漠化公约》第十三次缔约方大会期间，"一带一路"防治荒漠化合作机制在内蒙古鄂尔多斯正式启动。

2017年，共安排长江经济带中央投资334.4亿元，加快推进长江流域林业生态保护和修复，为长江经济带发展创造更好的生态条件。环境保护部（现生态环境部）、国家发展和改革委员会、水利部会同有关部门编制了《长江经济带生态环境保护规划》，并颁发通知，全面贯彻落实党中央、国务院关于推动长江经济带发展的重大决策部署。

2017年，京津冀协同发展林业生态率先突破工作持续有效进行，5月，京津冀毗邻地区林业有害生物协同防控座谈会在天津市召开，三地林业部门将编制《京津冀林业有害生物图谱》。9月，京津冀协同发展林业检疫工作座谈会召开，会议主题包括京津冀三地将联合建立林业植物检疫追溯系统，开展无人机监测林业有害生物试验。截至2017年11月，京津冀地区覆盖的北京、天津、河北3省（直辖市），共完成国家储备林基地建设任务约25.93万亩，利用政策性、开发性贷款61.69亿元。

传统区划下的区域林业　东部地区是我国重要的林产品生产基地，是我国重要的林业经济发展优势区域。2017年，区内林业产业总产值31 655.28亿元，比2016年增长5.05%，占全国林业产业总产值的44.40%。单位森林面积实现林业产业产值92 307.20元/公顷，

远高于全国平均水平。该区用占全国 14.99% 的森林面积生产了占全国 26.87% 的商品材。江苏和浙江两省是木竹地板产量最大的省份。中部地区林业表现出较强的发展潜力。区内林业产业总产值 18 014.17 亿元，比 2016 年增长 14.45%，占全国林业产业总产值的 25.27%。木本油料和木本药材种植成为这一区域的特色和优势，木本油料和森林药材产品占全国总产量的 32.67% 和 31.69%，在全国占有重要地位。西部地区是我国造林的主战场，区内共完成造林面积 411.07 万公顷，占全国造林总面积的 53.52%。区内内蒙古的造林面积 68.05 万公顷，名列全国首位。西藏的自然保护区面积 4 206.74 万公顷，名列全国第一。东北地区是国有林区的集中分布区域，国有林业经济比重较高。该区的商品材产量持续调减，区内商品材产量 471.31 万立方米，比 2016 年减少了 3.55%。该区森林食品占全国总产量的 22.65%，是我国森林食品的主产区。2017 年，区内完成林业投资 320.34 亿元，其中国家投资占 91.75%。该区的林业在岗职工年平均工资 37 700 元，比 2016 年增幅 8.79%，但仍仅为全国平均水平的 71.05%。

9. 林业开放合作稳步推进，成果丰富

2017 年，成功举办了《联合国防治荒漠化公约》第十三次缔约方大会和国际竹藤组织成立 20 周年志庆，习近平主席分别致以贺信。应邀出席了 71 届联合国大会并致辞，参加了气候变化相关谈判工作。配合外交共同在非洲举行了濒危物种保护与管理政策宣讲活动，出席了全球雪豹峰会。完成了部长级高层会晤 30 场，组织签署了政府部门间合作协议 9 个，组织召开了中外机制性合作会议 12 个。围绕"中国防治荒漠化成就"主题举办了首届外国使节"走近中国林业"主题活动。实施了 27 期林业援外培训班，培训学员 946 人次，启动了援蒙古戈壁熊保护项目。协助推动巴西加入了国际竹藤组织。完成了 7 家境外非政府组织在华代表机构登记设立工作。《濒危野生动植物种国际贸易公约》《联合国防治荒漠化公约》《湿地公约》《联合

国气候变化框架公约》等公约履约工作取得积极进展。国外贷款项目成果丰富，截至 2017 年，亚洲开发银行贷款西北三省（自治区）林业生态发展项目已完成经济林造林 5.7 万公顷，生态林造林 0.56 万公顷，建成森林旅游和服务设施 21 076 平方米等。欧洲投资银行贷款林业打捆项目进展顺利，举办了欧洲投资银行贷款"珍稀优质用材林可持续经营项目"启动暨项目实施管理培训班，15 省份的项目人员参加了培训。世界银行贷款"林业综合发展项目"圆满结束。林业专项国际合作成果丰富。

10. 林产品出口小幅增长、进口快速扩大，贸易差额重现逆差；木材产品市场总供给（总消费）低速增长；原木与锯材产品价格环比平稳中微涨、同比大幅上扬

2017 年，林产品出口 734.06 亿美元，比 2016 年增长 1.00%，占全国商品出口额的 3.24%；林产品进口 749.84 亿美元，比 2016 年增长 20.12%，占全国商品进口额的 4.07%；林产品贸易逆差为 15.78 亿美元。

2017 年木材产品市场总供给为 56 851.97 万立方米，木质纤维板和刨花板折合木材（扣除与薪材供给的重复计算）14 820.76 万立方米；农民自用材和烧柴产量为 3 040.03 万立方米；进口原木及其他木质林产品折合木材 30 593.01 万立方米，其中，原木 5 539.83 万立方米、锯材（不包括特形材）3 740.21 万立方米，分别比 2016 年增长 13.70% 和 18.64%；胶合板、纤维板和刨花板进口量分别为 18.55 万立方米、22.95 万立方米和 109.40 万立方米，与 2016 年相比，胶合板和纤维板进口量分别减少 5.41% 和 4.77%，刨花板进口量增加 21.14%；木家具进口 1 188.86 万件，比 2016 年增长 7.09%；纸浆和纸类产品进口中，木浆 2 365.22 万吨、纸和纸制品（按木纤维浆比例折合值）487.41 万吨、废纸 2 571.77 万吨，分别比 2016 年增长 12.53%、57.65% 和下降 9.76%。

2017 年木材产品市场总需求为 5 6851.97 万立方米，比 2016 年增长 1.93%。其中，工业与建筑用材消耗量为 4 3433.77 万立方米，农民自用材（扣除农民建房用材）和烧柴消耗量为 2 453.67 万立方米，出口原木及其他木质林产品折合 10 648.93 万立方米。木质林产品出口中，原木 9.25 万立方米，比 2016 年减少 2.22%；锯材（不包括特形材）28.56 万立方米，比 2016 年增长 9.01%；胶合板、纤维板和刨花板的出口量分别为 1 083.54 万立方米、268.76 万立方米和 30.59 万立方米，与 2016 年比，胶合板出口下降 3.02%，纤维板和刨花板出口分别增长 1.45% 和 6.14%；木家具出口 3.67 亿件、合 226.91 亿美元，分别比 2016 年增长 10.21% 和 2.17%；纸和纸制品(按木纤维浆比例折合值)出口 931.40 万吨，比 2016 年下降 1.15%；增加库存等形成的需求为 315.60 万立方米。

2017 年，中国木材市场价格综合指数呈现"台阶式"上涨特征，价格指数由 1 月的 119.8% 上涨至 2 月的 124.3%，3～8 月稳定在 123.0%～125.0%，9 月快速持续上涨至 10 月的 134.7%，11～12 月维持在 133.0%～135.0% 波动，各月同比涨幅区间为 13.77%～25.19%。

2017 年，非木质林产品出口 187.39 亿美元，比 2016 年增长 0.46%，占林产品出口额的 25.53%；进口 242.06 亿美元，比 2016 年增长 17.33%，占林产品进口额的 32.28%。

11. 草原生态保护力度加大，生态改善成效明显

草原生态保护补助奖励政策深入实施 2017 年，继续在河北、山西、内蒙古、辽宁、吉林、黑龙江、四川、云南、西藏、甘肃、青海、宁夏、新疆等 13 省（自治区）和新疆生产建设兵团、黑龙江农垦总局，实施新一轮草原生态保护补助奖励政策。中央财政安排年度草原补奖资金 187.6 亿元。其中，草原禁牧补助 90.5 亿元，禁牧面积 8040 万公顷；草畜平衡奖励 65.1 亿元，面积 1.74 亿公顷；绩效考核奖励资金近 32 亿元，由地方政府统筹用于草原生态保护建设和现代草原畜牧业发展。草原生态保护补奖政策在保护草原生态环境的同时，推进草原畜牧业发展方式转变，促进牧民增收。

草原重点生态工程项目区草原植被明显改善　2017 年，国家继续实施退牧还草、京津风沙源治理、西南岩溶地区草地治理等重点草原生态工程。对 100 多个项目县（市、旗、团场）的草原生态工程建设情况进行了地面监测调查。监测调查结果表明，通过实施草原围栏、补播改良、人工种草等措施，工程区内植被逐步恢复，生态环境明显改善。与非工程区相比，工程区内草原植被盖度平均高出 15 个百分点，植被高度平均提高 48.1%，单位面积鲜草产量平均提高 85.0%。

草原利用状况更趋合理　2017 年，全国重点天然草原的平均牲畜超载率为 11.3%，较 2016 年下降了 1.1 个百分点，向实现草畜平衡的目标更近了一步。全国 268 个牧区半牧区县（旗、市）天然草原的平均牲畜超载率为 14.1%，较 2016 年下降 1.4 个百分点；其中，牧区县平均牲畜超载率为 15.6%，半牧区县平均牲畜超载率为 9.4%。

草原执法监督工作成效明显　2017 年，全国各类草原违法案件发案 13 761 起，较 2016 年减少 1 944 起，减少 12.4%；草原行政执法立案 13 449 起，立案率为 97.7%；结案 13 083 起，结案率为 97.3%；恢复因案破坏草原面积 7 549.48 公顷，较 2016 年减少 1 608.44 公顷，减少 17.6%。向司法机关移送涉嫌犯罪案件 326 起，较 2016 年减少 279 起，减少 46.1%。

草原灾害防控有力　2017 年，全国共发生草原火灾 58 起，全部为一般草原火灾，首次实现无重特大草原火灾的目标，累计受害草原面积 0.31 万公顷，经济损失 335 万元，无人员伤亡和牲畜损失。重特大草原火灾发生次数、受害草原面积和灾害损失三项重要指标同时下降，草原防火取得了历史性工作成绩。2017 年，全国草原鼠害危害面积 2844.7 万公顷，较 2016 年增加 1.3%。草原鼠害主要发生在河北等 13 个省（自治区）。2017 年，全国草原虫害危害面积

1 296.1万公顷，较2016年增加3.6%。危害严重的主要种类是草原蝗虫、叶甲类害虫、草原毛虫、夜蛾类害虫和草地螟。

草原资源与生态监测持续高效　2017年，继续组织全国草原监测工作，充分发挥草原动态监测指导作用，开展草原返青形势预测分析、草原返青监测、草原植被长势监测、草原枯黄监测、草原旱情监测，发布7期草原动态监测信息，为科学指导草原管理和畜牧业生产、指导抗灾救灾提供了及时、丰富的信息支持。组织23个省份基层草原监测人员开展地面监测和牧户调查等工作，共收集5 900多个非工程样地，15 000多个样方数据，900多个工程效益样方数据，7 000多份入户调查数据。组织编制《2017年全国草原监测报告》。

全国天然草原产草量持续增加　2017年草原植被生长季节，全国大部分草原地区气温正常略偏高，降水空间分布不均衡，草原植被总体生长状况好于常年。全国天然草原鲜草总产量达到106 491.18万吨，较2016年增加2.53%；折合干草约32 841.93万吨，载畜能力约为25 814.22万羊单位，均较2016年增加2.54%。全国天然草原鲜草总产量连续7年超过10亿吨，实现稳中有增。

草原生态环境持续恶化势头得到有效遏制　2017年，全国草原综合植被盖度达到了55.3%，较2016年提高了0.7个百分点。草原涵养水源、保持土壤、防风固沙等生态功能得到恢复和增强，局部地区生态环境明显改善，全国草原生态环境持续恶化势头得到有效遏制。

B

P21-38

生态建设

- 造林绿化
- 森林经营
- 防沙治沙
- 湿地保护
- 生物多样性保护
- 国家公园建设
- 国家林业重点生态工程
- 国家储备林建设

生态建设

2017年，林业建设把生态文明与美丽中国的重大任务和大规模推进国土绿化、精准提升森林质量紧密结合起来，深入开展全民义务植树活动，大力实施林业重点生态工程，并在湿地修复、石漠化综合治理、生物多样性保护等方面取得突破。

（一）造林绿化

超额完成造林绿化 2017年，全国共完成造林768.07万公顷，超额完成全年造林计划任务。其中，人工造林429.59万公顷，飞播造林14.12万公顷，新封山（沙）育林165.72万公顷，退化林修复面积128.10万公顷，人工更新30.54万公顷（图1）。四旁（零星）种植17.48亿株。全国育苗面积、林木种子采集量和在圃苗木产量分别141.91万公顷、2.88万吨、702.19亿株。西部12省（自治区、直辖市）含新疆生产建设兵团共完成造林411.07万公顷，占全部造林地53.52%。多省份开展大型国土绿化活动，其中造林面积超1 000万亩的有内蒙古、贵州；超500万亩的有四川、湖南、河北、湖北、云南、陕西6省。

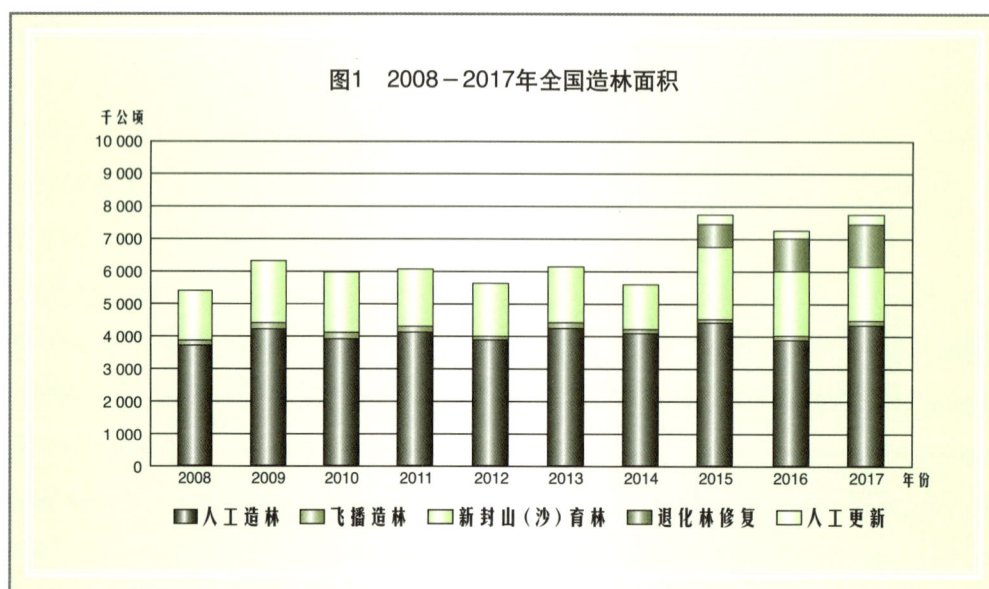

图1 2008－2017年全国造林面积

注：自2015年起造林面积包括人工造林、飞播造林、新封山（沙）育林、退化林修复和人工更新面积。

创新拓展义务植树 2017年，义务植树进入全新发展模式。《全民义务植树尽责形式管理办法（试行）》的出台，标志着义务植树走上更加规范的法定性、公益性、义务性轨道，适龄公民尽责形式更加创新多样，其形式拓展到造林绿化、抚育管护、自然保护、认种认养、设施修建、捐资捐物、志愿服务、其他8大类。全民义务植树网站试运行并支持线上捐款，创建了全民义务植树微信公众号，通过网站和公众号，宣传国土绿化最新动态，发扬绿色正能量。开展"互联网+全民义务植树"试点工作，批复北京、内蒙古、安徽、陕西等4省（自治区、直辖市）开展"互联网+全民义务植树"试点。北京市建设了全国首个"互联网+全民义务植树"基地，并设立了4个市级义务植树尽责基地。

稳步实施部门绿化 2017年，交通运输系统全年投入公路绿化资金89.1亿元，新增公路绿化里程计5万千米；铁路系统新栽植防护林乔木163.8万株、灌木819.7万穴；水利系统开展河渠湖库周边、水利工程沿线及单位庭院周边绿化，新增造林种草1 229公顷；农垦系统投入绿化资金2.7亿元，新建农田林网865公顷，绿化垦区矿山158公顷、庭院3 891公顷、道路3 302千米；教育系统组织实施校园绿化工程，打造"园林式学校"；中央直属机关新建、改建绿地15.7万平方米；中国人民解放军各级部队在营院开展植树绿化，共植树约2 000公顷，栽种乔灌树木120余万株；共青团倡导绿色发展理念，组织青少年开展主题植树、公益健步走、骑行等活动；中国石化系统新增绿地230公顷，绿地总面积近2.3万公顷，绿化覆盖率达30%；中国冶金系统全行业新增绿地317.0公顷，新增复垦造林263.6公顷；中国石油系统开展矿区绿化，现有绿地总面积2.9万公顷，绿化覆盖率27.3%，其中，生活基地绿化覆盖率达44.0%；全国妇联开展"美丽家园活动"，引导妇女投身植树护绿活动之中。

加快推进城镇绿地建设 2017年，通过推广林荫道路、立体绿化、绿道绿廊和郊野公园等建设，不断拓展城市绿色空间。截至2017年底，全国城市建成区绿地率达37.25%，人均公园绿地面积达13.7平方米。

专栏1 中央财政造林补助国家级核查

　　为准确掌握全国中央财政造林补助成效，国家林业局完成了对2014年度中央财政造林补助国家级核查工作。核查以省级验收数据为基础，抽查了北京、河北、内蒙古、吉林、安徽、福建、湖南、广西、四川、云南、新疆、甘肃等12省（自治区、直辖市）65个县的99个乡级单位，抽查面积8.19万亩，涉及835个小班。2017年核查结果显示，除广西外其余11省份完成率均在97%以上。

（二）森林经营

2017年，为认真贯彻习近平总书记"着力提高森林质量"重要指示精神，落实全国森林质量提升工作会议部署，将提升森林质量作为林业建设的核心任务和主攻方向。

规范东北、内蒙古重点国有林区森林经营方案审核认定程序 2017年，国家林业局印发《东北内蒙古重点国有林区森林经营方案审核认定办法（试行）》。办法规定，国家林业局负责森林经营方案审核认定的组织和批准，省级重点国有林管理部门（以下简称"省级部门"）负责森林经营方案的科学性和可操作性，林业局负责方案文本及其数据的真实性和准确性。森林经营方案审核认定分为现地查验、征求意见、审查上报、专家评审和成果认定5个程序，前三项由省级部门负责。经过现地查验、征求意见并修改完善的森林经营方案，由省级部门审查后报国家林业局。

东北、内蒙古重点国有林区15个林业局完成森林经营方案编制 2017年，是东北、内蒙古重点国有林区2016年完成二类调查工作的15个林业局集中编制森林经营方案之年。各编案单位严格按照《东北内蒙古重点国有林区森林经营方案编制指南》的要求，完成了方案编制工作。为做好方案编制工作，国家林业局组织成立了"东北内蒙古重点国有林区森林经营方案审查专家组"，对方案编制全过程进行指导和审查。

森林可持续经营试点稳步推进 2017年，各试点单位扩大试点领域，探索形式多样的森林经营管理模式。5个东北、内蒙古重点国有林区的试点单位，围绕人工林开展不同森林类型、不同经营措施的试点，对急需抚育的中幼龄人工林实施科学抚育措施，林分状况明显改善。5个试点单位共计开展森林抚育近1万公顷，建设森林可持续经营试验模式林、示范林20多处。出台了有关管理制度和技术规定，试点单位的管理能力和森林质量显著提高。7个地方所属的试点单位，以培育健康稳定高效的森林生态系统为目标，在联户经营、人工林集约化经营方面，进行了试验，取得了阶段性成果，得到了地方政府的认可。

国家级森林抚育成效监测继续推进 2017年，森林抚育成效监测工作主要包括：一是加大对建立监测样地的森林经营单位监测工作的指导力度；二是对2013、2014年设置的部分样地进行了复测，形成了一批下一步系统分析数据资料；三是完成了样地数据统计分析软件开发，实现了国家级用户、县级用户的分级管理和网上数据传输；四是拓展了监测内容；五是形成了黑龙江等几个重点林区的中幼林抚育成效监测报告。

加强森林抚育 2017年，全国完成森林抚育885.64万公顷，比2016年增加35.60万公顷，增长4.19%（图2）。其中，中央财政森林抚育补助59.98亿元，安排森林抚育面积361.53万公顷，占抚育总面积的40.82%。

图2　2008－2017年全国森林抚育面积

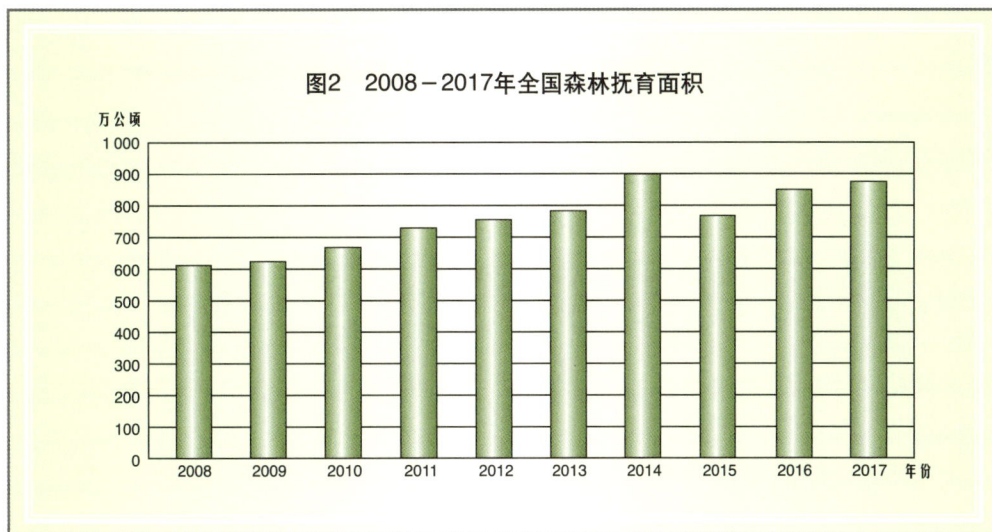

　　2017年，中央财政森林抚育补助国家级抽查结果显示：2016年度中央财政森林抚育补助面积核实率98.2%，核实面积合格率97.0%，作业设计合格率90.2%。

　　林种、树种结构调整　一是稳步推进退化林修复。2017年，全国完成退化林修复面积128.10万公顷，比2016年增长29.25%。以低效林改造为主的同时加大防护林改造面积。其中，低效林改造面积76.42万公顷，退化防护林改造面积51.68万公顷，分别比2016年增长6.39%、89.46%。二是加强建设混交林。2017年，混交林比重持续增长，森林综合效能增强。新造和改造混交林面积155.58万公顷，比2016年增长81.65%。其中，新造混交林141.68万公顷，占全部人工造林面积的32.98%，纯林改造混交林面积9.31万公顷，人工更新新造混交林面积4.59万公顷。三是继续乡土及珍贵树种种植。2017年，中央预算内基本建设投资下达珍贵树种培育示范基地建设资金0.6亿元安排全国20个省（自治区、直辖市），建设珍贵树种示范基地12万亩。

　　森林采伐管理　2017年，共查出违法采伐林木蓄积10.94万立方米，其中资源司（监督办）各直属院查出4.49万立方米，各省根据遥感判读图斑，查出6.45万立方米。国家林业局组织抽查的359个有证伐区中，有62个伐区存在超证（含改变采伐方式、串树种采伐）采伐问题，共超采8 725立方米；共查出331个无证成片伐区、采伐蓄积3.61万立方米。

　　森林质量精准提升工程　2017年，印发了《"十三五"森林质量精准提升工程规划》，中央安排资金7.8亿元，启动森林质量精准提升工程18个示范项目，安排建设任务441万亩，总结并提炼出50个森林质量精准提升技术模式和多功能全周期森林经营作业法，组织编制了技术模式汇编。

专栏2　国家珍贵树种培育示范基地建设成效考评

　　2017年10月，国家林业局开展了2012、2013年度国家珍贵树种培育示范基地建设成效国家级考评。本次成效考评抽取黑龙江、山东、河南、湖北、广东、重庆、甘肃等7省（直辖市），共抽查28个示范基地64个小班，面积16180.6亩。考评结果显示，2012年7省（直辖市）示范建设绩效评价平均分为81.7分，2013年平均分为83.2分。

（三）防沙治沙

　　2017年，全国共完成沙化土地治理面积221.26万公顷，各项工作有序开展。

　　持续推进沙化土地封禁保护区试点　2017年，新增试点县19个，总数已达90个，封禁保护总面积154.38万公顷，分别比2016年增长了26.76 %和15.87%。

　　科学推动建设全国防沙治沙综合示范区　2017年，在河北、山西等17个省（自治区）和新疆生产建设兵团开展防沙治沙示范区建设，为推进全国防沙治沙工作探索政策机制与技术模式，提供样板，做出示范。

　　扩增国家沙漠公园　2017年，出台了《国家沙漠公园管理办法》，进一步推动了国家沙漠公园建设和管理的科学化和规范化。新批复国家沙漠（石漠）公园33个，建设面积6.9万公顷。截至2017年底，我国已批复建设的国家沙漠（石漠）公园达103处，分布于河北、山西、内蒙古、辽宁等13个省（自治区）和新疆生产建设兵团，面积总计41万公顷。

　　落实省级政府防沙治沙目标责任考核制度　完成了"十二五"省级政府防沙治沙目标责任综合考核结果的报审工作，经国务院审定后，通报了考核结果，并报送中央组织部作为对各有关省级政府领导班子和领导干部综合考核的重要依据。与有关省级政府签订了《"十三五"防沙治沙目标责任书》。

　　开展全国防沙治沙表彰工作　为表彰近些年来在防沙治沙工作中做出突出贡献的先进个人和先进集体，用榜样的力量推动防沙治沙工作，2017年5月，由人力资源社会保障部、全国绿化委员会、国家林业局联合下发文件，对全国1名防沙治沙英雄、10名防沙治沙标兵、97个防沙治沙先进集体和101名防沙治沙先进个人进行表彰奖励。

专栏3 2017年沙尘天气状况及灾害评估

　　2017年春季（3月1日至5月31日），我国北方地区共发生6次沙尘天气过程，影响范围涉及西北、华北、东北等15省份895个县（市），受影响土地面积约437万平方千米，受影响人口4.09亿。其中，沙尘暴1次，扬沙5次；影响范围超过200万平方千米的有1次，150万～200万平方千米的2次，100万～150万平方千米的2次，100万平方千米以下的1次。据估算，2017年北方地区受沙尘天气影响，造成的直接经济损失折合人民币约2.01亿元。总体而言，2017年春季沙尘天气次数少于2016年同期（8次），且次数和强度均低于近16年（2001－2016年）同期均值。

（四）湿地保护

　　2017年，全面推进湿地保护，全国湿地保护率为49.03%。

　　《湿地保护修复制度方案》落实取得进展　2017年，一是国家林业局等8部门联合印发贯彻落实《湿地保护修复制度方案》的实施意见。二是成立了国家林业局等8部门组成的湿地保护修复工作协调领导小组，明确了工作规则。三是制定配套制度，提出落实《湿地保护修复制度方案》的目标和任务，制定了配套制度建设计划，完成了国际湿地城市认定办法等7项配套制度。四是全国31个省（自治区、直辖市）和新疆生产建设兵团全部出台了省级实施方案。

　　明确湿地地类　2017年，国家质量监督检验检疫总局（现国家市场监督总局）、国家标准化管理委员会发布实施的《土地利用现状分类》国家标准（GB/T21010－2017），将具有湿地功能的沼泽地、河流水面、湖泊水面、坑塘水面、沿海滩涂、内陆滩涂、水田、盐田等14个二级地类归类为湿地大类，以附录的形式，通过细化二级地类、增加"湿地"归类表的方式，实现了土地分类与《湿地分类》（GB/T24708－2009）相衔接，首次明确了湿地在国土分类中的地位。

　　国际重要湿地　2017年，无新增国际重要湿地。我国国际重要湿地总数仍为49处，总面积411万公顷。

　　中央财政湿地补助　2017年，安排中央财政湿地补助资金16亿元，资金量与2016年持平。其中，实施湿地保护与恢复项目292个，实施退耕还湿30万亩并持续开展湿地生态效益补偿工作，分别投入资金8.73亿元、3亿元和4.27亿元。首次把湿地生态公益管护纳入2017年新增生态护林员范围，从贫困县的建档立卡贫困户中，安排部分湿地管护人员，促进其稳定脱贫，切实保护好现有湿地。

　　推进湿地保护修复工程　2017年，国家林业局、国家发展和改革委员会、财政部印发了《全国湿地保护"十三"实施规划》，中央预算内投入3亿元，在内蒙古、黑龙江、湖南、贵州、云南、甘肃、青海等7省（自治区）的9处重要湿地实施湿地保护修复重点工程，开展了湿地植被恢复、鸟类栖息地修复等内容，强化基层湿地保护设施设备建设，改善湿地生态状况。

加快建设湿地公园　2017年，新批准建立国家湿地公园试点64处，新增国家湿地公园试点面积9.83万公顷，新增湿地保护面积6.94万公顷。新增验收并正式授牌的国家湿地公园84处，限期整改国家湿地公园21处，取消国家湿地公园试点资格2处。截至2017年，共有256处国家湿地公园试点通过国家验收，正式成为"国家湿地公园"。

截至2017年，全国批准建立不同类型、不同级别的湿地公园1 699处，比2016年增加213处，同比增长14.33%；总面积411.3万公顷，保护湿地面积269.2万公顷。其中，国家湿地公园（含试点）898处，面积362.5万公顷，保护湿地239.4万公顷。

（五）生物多样性保护

2017年，我国生物多样性保护取得积极进展，珍稀濒危野生动植物继续保持稳中有升、栖息地生境继续好转的良好势态。

持续推进野生植物保护　2017年，野生植物保护围绕极小种群野生植物开展野外救护与繁育工作。重点针对红豆杉、秤锤树、银缕梅、普陀鹅耳枥、大别山五针松、观光木、资源冷杉、落叶木莲、水松、德保苏铁、银杉等20多种极小种群野生植物开展拯救保护及其生境的监测、恢复与改造工作。德保苏铁、云南蓝果树等极小种群野生植物种群呈稳定增长趋势。国家印发了《全国动植物保护能力提升工程建设规划》，启动了国家级中心测报点基础设施建设。

野生动物拯救和保护　2017年，持续加强对极度濒危野生动物的拯救保护工作。巩固珍稀濒危野生动物人工繁育成果，继续优化华南虎、朱鹮、金丝猴、长臂猿等物种人工繁育配对计划，安排近30种珍稀濒危野生动物人工繁育项目，确保其人工繁育种群的稳定和扩大；改善和扩大东北虎、豹、雪豹、亚洲象等野生动物栖息地，开展野外种群复壮；继续实施珍稀濒危野生动物野化训练和放归自然工作，先后开展了白颈长尾雉、林麝、黑叶猴放归自然活动；建设野生动植物救护繁育中心和基因库、执法查没野生动植物制品储存展示中心；开展雪豹保护专题调研，研究部署强化雪豹调查监测工作。

2017年，组织实施野生动物野外巡护、栖息地维护改造、救护繁育等重点项目；关注暴雨、冰雪、干旱等极端天气或其他自然灾害等突发事件对野生动物种群的不利影响，及时督促、指导受灾地方采取应急处置措施，提出国家应急处置方案，确保野外种群的安全；继续开展野生动物损害补偿试点工作。

专栏4　2017年大熊猫保护

　　2017年，国内外共人工繁育大熊猫63只，成活58只，全国现存人工繁育大熊猫种群总数已达到518①只，其中，旅居海外的大熊猫及其幼崽共55只。大熊猫的濒危状况得到一定缓解。在加强人工繁育的同时，逐步开展大熊猫野生种群复壮工作，圈养大熊猫野外引种并顺利产下一只雄性幼崽，标志着圈养大熊猫野外引种取得重大突破；一次性将"八喜""映雪"两只人工繁育的大熊猫同时放归自然。截至2017年底，我国已实施人工繁育大熊猫放归自然活动7次，放归野外9只，追踪监测发现有7只成活，健康状况良好。

（六）国家公园建设

　　2017年，我国国家公园体制试点工作取得了阶段性进展。《建立国家公园体制总体方案》出台，新增东北虎豹、大熊猫、祁连山3个国家公园体制试点，国家相关部门和10个国家公园体制试点涉及的12个省（直辖市）在诸多方面进行了有益探索。

　　出台《建立国家公园体制总体方案》　2017年7月，中央全面深化改革领导小组第37次会议审议通过《建立国家公园体制总体方案》。会议强调，建立国家公园体制，对相关自然保护地进行功能重组，理顺管理体制，创新运营机制，健全法律保障，强化监督管理，构建以国家公园为代表的自然保护地体系。2017年9月，中共中央办公厅、国务院办公厅印发《建立国家公园体制总体方案》，系统阐明了构建我国国家公园体制的目标、定位与内涵，明确了推动体制机制变革的路径，加强了国家公园体制的顶层设计。2017年10月，党的十九大报告提出"建立以国家公园为主体的自然保护地体系"，进一步明确了国家公园在各类自然保护地体系中的主体和优先地位，国家公园是我国生态文明建设的主导、引领和示范，为国家公园体制建设指明了方向。

　　推进10个国家公园体制试点工作　一是加强管理机构建设。经中央编办批准，依托国家林业局驻长春专员办组建了东北虎豹国家公园自然资源资产管理局，加挂东北虎豹国家公园管理局的牌子，行使中央事权。青海省成立了三江源国家公园管理局作为省政府的派出机构。神农架、南山、钱江源、武夷山、普达措5个国家公园体制试点区也组建了管理机构。二是制定管理法规和标准规范。《三江源国家公园条例（试行）》《武夷山国家公园条例（试行）》《神农架国家公园保护条例》相继出台，一些配套管理办法也在制定实施中。东北虎豹国家公园管理局起草了《东北虎豹国家公园管理办法》，以及国有自然资

---

① 全球现存大熊猫总数 520 只，所有权属于中国的现存 518 只。

源资产管护、有偿使用、调查监测、资产评估、档案管理5项制度。国家林业局正在组织制定国家公园资源调查与评价、总体规划、项目建设等标准规范。三是编制实施方案和总体规划。国家林业局牵头编制的《东北虎豹国家公园国家自然资源资产管理体制试点实施方案》已获中央编办和国家发展和改革委员会批复印发，国家林业局牵头编制印发了东北虎豹、大熊猫、祁连山3个国家公园体制试点实施方案。国家林业局和试点单位抓紧编制总体规划，整合碎片化管理区域，明确管理边界和管控区域，实行分区分类管理。国家林业局牵头编制的东北虎豹、大熊猫、祁连山3个国家公园总体规划已形成初稿。三江源、钱江源2个国家公园总体规划通过批复。四是强化生态和资源保护。国家林业局会同试点省开展了打击乱捕滥猎野生动物、收缴猎具等各类专项行动，各类违法犯罪行为得到有效遏制。五是加强社区协调发展。东北虎豹国家公园管理局起草了生态管护员公益岗位、经营性项目特许经营等管理办法。三江源国家公园管理局设立了生态管护公益岗位，实现"一户一岗"，建立了特许经营、志愿者管理、访客管理等制度。钱江源国家公园管理委员会积极探索地役权改革。

（七）国家林业重点生态工程

2017年，林业重点生态工程完成投资718.01亿元，比2016年增长6.31%，林业重点生态工程投资占全国林业投资的比重为14.96%，与2016年比重持平。各工程共完成造林面积299.12万公顷，占全部造林面积的38.94%，其中，天然林资源保护工程、退耕还林工程、京津风沙源治理工程、石漠化治理工程和三北及长江流域等重点防护林体系建设工程分别为39.03万公顷、121.33万公顷、20.72万公顷、23.25万公顷和94.79万公顷。各级地方政府、企业及大户等其他造林468.95万公顷，自2012年以来连续6年超过国家林业重点生态工程造林面积，占全部造林面积的61.06%（图3、图4）。

图3 2008－2017年林业重点工程造林与全国造林比较

图4　2017年国家林业重点生态工程造林比重

三北及长江流域等重点防
护林体系建设工程31.69%

石漠化治理工程7.77%

天然林资源保护工程13.05%

京津风沙源治理工程6.93%

退耕还林工程40.56%

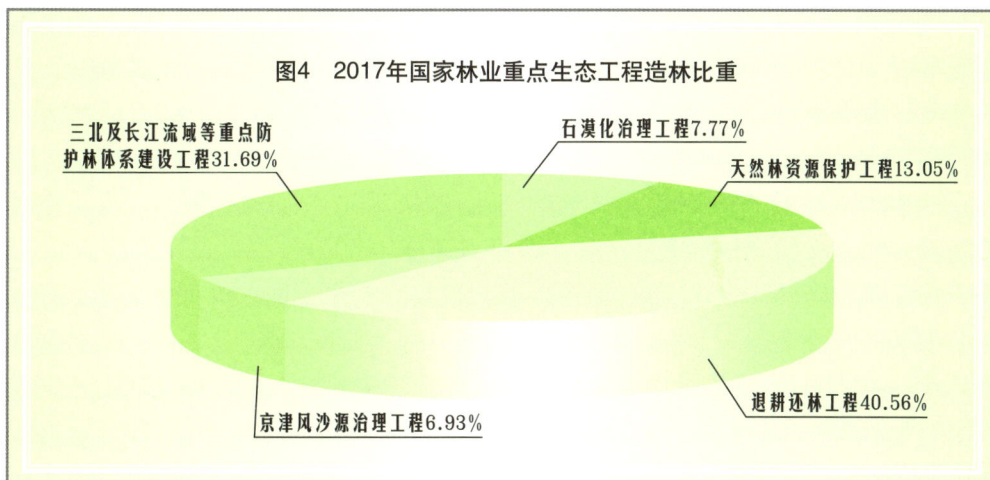

1. 天然林资源保护工程

2017年，以"完善天然林保护制度，扩大天然林保护范围，全面停止商业性采伐"为重点，继续扎实推进天然林资源保护二期工程。

木材产量　2017年，天然林资源保护工程区木材产量449.34万立方米，比2016年减少2.72%，占全国木材总产量的5.35%。其中，人工林木材428.28万立方米，比2016年增加26.75万立方米，占天然林资源保护工程区木材总产量的95.31%，比2016年提高8.38个百分点（图5）。2017年，东北、内蒙古重点国有林区木材产量40.24万立方米，比2016年增加25.67万立方米，占全国天然林资源保护区木材总产量的8.96%，所占比重较2016年有所回升，提高5.81个百分点；长江上游、黄河上中游地区的木材产量409.10万立方米，比2016年减少38.24万立方米，占全国天然林资源保护区木材总产量的91.04%，所占比重比2016年降低5.80个百分点。

图5　2008－2017年天然林资源保护工程区木材总产量及人工林木材产量

万立方米

图例：木材产量　人工林木材产量　工程区木材产量占全国木材产量比重

森林管护 2017年工程区各地落实管护措施，明确管护责任，全年森林管护面积达1.15亿公顷。其中，国有林管护面积7 147.69万公顷，集体和个人所有的国家级公益林2 093.89万公顷，集体和个人所有的地方公益林2 288.69万公顷，分别占全部森林管护面积的61.99%、18.16%和19.85%。

造林与森林抚育 工程区全年共完成造林39.03万公顷。其中，人工造林8.56万公顷，飞播造林7.38万公顷，新封山育林10.86万公顷，退化林修复12.23万公顷。森林抚育189.07万公顷，其中，东北、内蒙古重点国有林区和长江上游、黄河上中游地区分别抚育147.46万公顷和41.61万公顷，分别占总抚育面积的77.99%和22.01%。自1998年工程实施以来，19年间工程已累计完成人工造林367.73万公顷、飞播造林376.62万公顷、新封山育林920.17万公顷、退化林修复34.54万公顷。

就业与社会保障 工程区项目实施单位年末人数69.83万人。其中，在岗职工47.89万人，离开本单位保留劳动关系人员20.00万人，其他从业人员1.94万人。在岗职工年平均工资4.31万元，比2016年增长10.72%。年末实有离退休人数71.47万人，离退休人员年均生活费2.82万元，比2016年减少135.95元，2012年以来首次出现负增长。在岗职工参加基本养老保险人数46.67万人，参保比例97.45%，比2016年下降0.2个百分点；在岗职工参加基本医疗保险人数46.95万人，参保比例98.04%，比2016年下降0.95个百分点。

投资 2017年，工程完成投资376.36亿元，比2016年增长10.68%。其中，中央投资345.48亿元，占91.80%，比2016年下降6.26个百分点。工程投资中，营造林、森林管护、生态效益补偿、社会保险、政社性支出和其他的投资分别为33.80亿元、127.60亿元、77.33亿元、70.48亿元、35.80亿元和31.35亿元，与2016年相比，森林管护、生态效益补偿、社会保险和其他支出分别增长39.21%、24.38%、25.05%和29.76%，营造林和政社性支出分别减少了49.69%和6.99%。营造林、森林管护和生态效益补偿三项投资占总投资的63.43%，社会保险和政社性支出占总支出的28.24%（图6）。自1998年实施以来，天然林资源保护工程已累积完成投资2 816.85亿元，其中，国家投资2 567.96亿元，占累计完成投资的91.16%。

2. 退耕还林工程

造林 2017年，新一轮退耕还林还草进入第四年，四年累计下达退耕还林还草任务282.67万公顷。其中，2017年新增任务安排在中、西部14个省（自治区）和新疆生产建设兵团，任务面积为82万公顷。全年共完成造林面积121.33万公顷，其中，退耕地造林121.33万公顷，荒山荒地造林71公顷（图7）。其中，西部12个省份（含新疆生产建设兵团）共完成退耕地造林108.37万公顷，占全部退耕还林工程造林的89.31%。

图6　2017年天然林资源保护工程投资结构

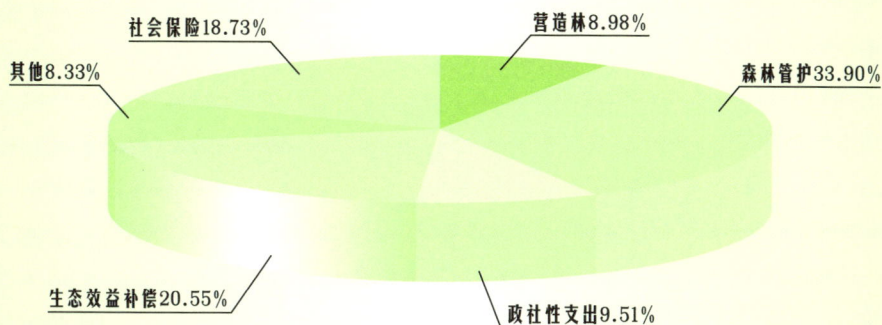

社会保险18.73%　　营造林8.98%
其他8.33%　　森林管护33.90%
生态效益补偿20.55%　　政社性支出9.51%

图7　2008－2017年退耕还林工程完成造林情况

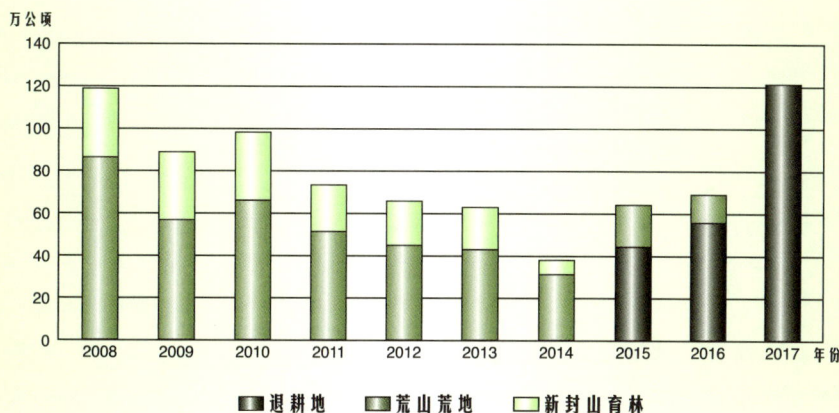

万公顷

■ 退耕地　　■ 荒山荒地　　□ 新封山育林

　　投资　2017年，退耕还林工程全年完成投资222.14亿元，比2016年减少6.14%。其中，新一轮退耕还林补助73.90亿元，种苗费44.24亿元，完善政策补助资金97.14亿元，巩固退耕还林成果专项资金3.26亿元，其他3.60亿元。

　　自1999年工程启动以来，退耕还林工程（不包含京津风沙源治理工程退耕面积）已累计完成造林2 782.93万公顷。累计完成投资3 725.65亿元。其中，国家投资3 295.31亿元，占总投资额的88.45%。

专栏5　退耕还林工程生态效益监测结果

前一轮退耕还林工程累计安排退耕地还林13 896.2万亩、荒山荒地造林26 182.5万亩、封山育林4 650万亩，国家总投入达4 400多亿元。为全面评估前一轮退耕还林生态效益，客观地反映退耕还林对我国生态建设做出的巨大贡献，回应社会各界对退耕还林的热切关注，在国家林业局的统一部署下，国家林业局退耕还林（草）工程管理中心组织中国林业科学研究院等单位相关专家共同参与，对包括北京、天津、河北、山西、内蒙古、辽宁、吉林、黑龙江、安徽、江西、河南、湖北、湖南、广西、海南、重庆、四川、贵州、云南、西藏、陕西、甘肃、青海、宁夏、新疆等前一轮退耕还林所有工程省（自治区、直辖市）和新疆生产建设兵团进行了评估，完成了《退耕还林工程生态效益监测国家报告（2016）》（以下简称《报告》）。

《报告》以对6个重点工程省的《退耕还林工程生态效益监测国家报告（2013）》、对长江、黄河中上游地区的《退耕还林工程生态效益监测国家报告（2014）》和对北方沙化和严重沙化地区的《退耕还林工程生态效益监测国家报告（2015）》3本国家报告为基础，在技术标准上，严格遵照中华人民共和国林业行业标准《退耕还林工程生态效益监测与评估规范》（LY/T 2573-2016）确定的监测与评估方法开展工作。在数据采集上，利用全国退耕还林工程生态连清数据集、资源连清数据集和社会公共数据集，其中生态连清数据集包括退耕还林工程生态效益专项监测站34个、中国森林生态系统定位观测研究网络（CFERN）所属的森林生态系统定位观测研究站74个、以林业生态工程为观测目标的辅助观测点230多个以及8 500多块固定样地的数据。在测算方法上，采用分布式测算方法，分别针对所有工程省份开展效益评估，同时按照三种植被恢复类型（退耕地还林、宜林荒山荒地造林、封山育林）、3个林种类型（生态林、经济林、灌木林）和优势树种（组）的五级分布式测算等级，划分为14 924个相对均质化的生态效益测算单元进行评估测算。在评估指标上，由涵养水源、保育土壤、固碳释氧、林木积累营养物质、净化大气环境、森林防护和生物多样性保护等7类功能15项指标构成。

《报告》结果表明，截至2016年，我国前一轮退耕还林25个工程省（自治区、直辖市）和新疆生产建设兵团物质量评估结果为：涵养水源384.70亿立方米/年、固土63 202.43万吨/年、保肥2 636.27万吨/年、固碳4 897.43万吨/年、释氧11 668.95万吨/年、林木积累营养物质107.38万吨/年、提供空气负离子$8 379.23 \times 10^{22}$个/年、吸收污染物313.29万吨/年、滞尘47 444.02万吨/年（其中，滞纳TSP 37 955.40万吨/年、滞纳PM_{10} 3 279.13万吨/年、滞纳$PM_{2.5}$ 1 311.48万吨/年）、防风固沙59 706.91万吨/年。按照2016年现价评估，全国退耕还林工程每年产生的生态效益总价值量为13 824.49亿元，其中，涵养水源4 489.98亿元、保育土壤1 145.98亿元、固碳释氧2 198.93亿元、林木积累营养物质143.48亿元、净化大气环境3 438.06亿元（其中，滞纳TSP 367.75亿元、滞纳PM_{10} 933.95亿元、滞纳$PM_{2.5}$ 1 387.84亿元）、生物多样性保护1 802.44亿元、森林防护605.62亿元。

3. 京津风沙源治理工程

各项建设完成情况　2017年，京津风沙源治理二期工程共完成造林20.72万公顷。其中，人工造林10.28万公顷，飞播造林1.13万公顷，新封山育林7.47万公顷，退化林修复1.84万公顷（图8）。2017年完成工程固沙面积0.55万公顷、草地治理面积3.90万公顷、小流域治理面积2.87万公顷，建设暖棚91.15万平方米，完成水利配套设施3 066处，工程固沙面积和小流域治理面积分别比2016年减少55.29%和47.44%。京津风沙源治理二期工程进一步加强风沙源区的生态移民，分别实施异地搬迁1 425户、4 359人，是2016年的3.8倍和4.7倍。

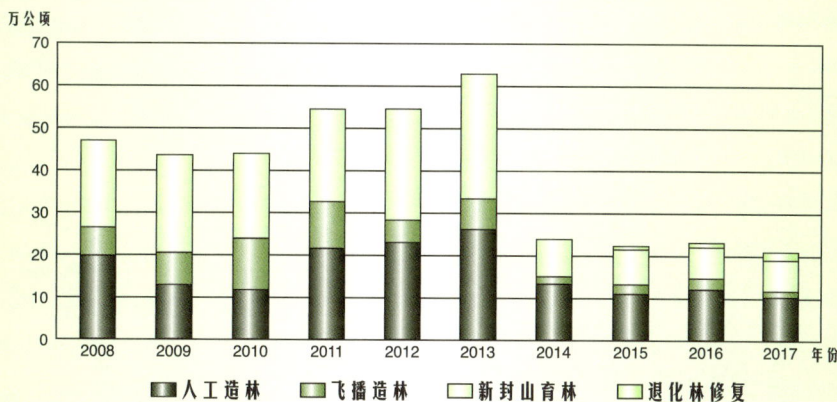

图8　2008－2017年京津风沙源治理工程完成造林情况

京津风沙源治理工程实施17年来，累计完成治理总面积1 470.83万公顷，其中，林业工程1 096.43万公顷，草地治理252.11万公顷，小流域治理122.29万公顷。在林业工程中，累计完成人工造林407.92万公顷、飞播造林109.98万公顷、新封山育林317.33万公顷。

投资　2017年，京津风沙源治理工程完成投资21.06亿元，较2016年增长9.57%。其中，林业工程投资17.44亿元，占82.81%。在林业工程投资中，国家投资15.90亿元，占林业工程投资的91.17%。

4. 三北及长江流域等重点防护林体系建设工程

2017年，三北及长江流域等重点防护林体系建设工程有序推进，共完成造林面积94.79万公顷，其中，人工造林45.33万公顷，飞播造林2.27万公顷，新封山育林42.99万公顷，退化林修复3.63万公顷，人工更新0.57万公顷。森林抚育11.69万公顷，比2016年减少12.98%。

三北防护林工程　2017年，三北防护林工程共完成造林62.64万公顷，比2016年减少3.41%。其中，人工造林28.27万公顷，飞播造林2.07万公顷，新封山育林28.95万公顷，退化林修复3.28万公顷，人工更新740公顷。2017年，完成森林抚育4.07万公顷，比2016年减少57.63%。三北工程继续推进百万亩防护林基地、黄土高原综合治理、退化林分修复等重点项目建设。新启动了山西黄土高原、辽宁西北部、甘肃黄土高原泾渭流域三个百万亩防护林基地，在建百万亩项目达到11个；初步探索建立黄土高原综合治理林业示范县退出和进入机制；稳步推进退化林分改造和灌木平茬复壮，制定了《退化林分修复试点项目综合督查办法》，落实灌木平茬复壮任务26.3万亩。2017年林业投资完成39.78亿元，比2016年增长11.80%。

长江流域等重点防护林体系建设工程　2017年，长江流域防护林工程完成造林面积17.40万公顷，珠江流域防护林工程完成造林面积4.80万公顷，沿海防护林工程完成造林面积6.81万公顷，太行山绿化工程完成造林面积3.14万公顷。

投资　2016年，三北及长江流域等重点防护林体系建设工程共完成投资67.67亿元。其中，国家财政投资54.69亿元，占总投资的80.82%；群众投工投劳折资10.98亿元。

自2001年以来，三北及长江流域等重点防护林体系建设工程累计完成投资889.51亿元，其中，三北工程累积完成投资405.03亿元；累计完成人工造林1 106.05万公顷、飞播造林35.36万公顷、新封山育林710.52万公顷、退化林修复7.68万公顷、人工更新0.96万公顷，其中，三北工程累计完成人工造林676.02万公顷、飞播造林16.16万公顷、新封山育林398.11万公顷。

5. 野生动植物保护及自然保护区建设工程

2017年，国家林业局办公室印发《关于进一步加强林业自然保护区监督管理工作的通知》，强化自然保护区监督管理。同时，为加强自然保护区的建设和管理，有效保护自然保护区的环境、资源和生物多样性，对一些机构、人员和边界不清的县级自然保护区进行整合。2017年，林业系统新增国家级自然保护区17处[②]。截至2017年底，林业已建立各级各类自然保护区2 249处，总面积1.26亿公顷，比2016年增加60万公顷。其中，林业系统国家级自然保护区总数达375处，总面积为0.82亿公顷。

---

② 因部门调整，1处林业系统国家级自然保护区调出。

截至2017年，野生动植物保护管理站共计1 751个，野生动物救护中心250个，野生动植物繁育机构6 151个，野生动物基因库72个，野生动物疫源疫病监测站1 547个；全国从事野生动植物及自然保护区建设的职工人数5.37万人，比2016年减少1 510人。其中，各类专业技术人员1.63万人，占30.35%，比2016年减少2.4个百分点。

2017年，野生动植物及自然保护区建设投资完成额25.41亿元，比2016年增加63.41%。其中，中央财政投入10.62亿元，地方财政投入13.05亿元。

6. 岩溶地区石漠化综合治理工程

2017年，岩溶地区石漠化综合治理工程完成造林面积23.25万公顷。其中，人工造林3.69万公顷，封山育林19.56万公顷。治理岩溶土地面积0.81万平方千米，治理石漠化土地面积0.33万平方千米。截至2017年底，国家累计安排投资159亿元，累计完成林业建设任务241.48万公顷，其中，人工造林57.4万公顷，封山育林184.08万公顷。

（八）国家储备林建设

继续推进基地建设　2017年，国家储备林基地完成建设任务68.04万公顷，其中，中央投资建设国家储备林基地21.68万公顷，开发性、政策性银行贷款建设国家储备林20.08万公顷，速丰林基地26.28万公顷。在速丰林基地建设中，荒山荒地造林5.73万公顷，更新造林10.83万公顷，非林业用地造林1.4万公顷，完成改培面积8.32万公顷。截至2017年底，累计完成速丰林基地建设1 218.35万公顷。我国重点地区速丰林建设工程已初步形成了多形式建设、多功能利用的总体格局。

政策性贷款为主　2017年，国家储备林基地建设落实中央资金5.2亿元，截至2017年，中央财政共安排资金28.06亿元。国家林业局继续与国家开发银行、中国农业发展银行开展合作，当年协议放款232亿元，比2016年增长52.32%，截至2017年底，贷款累计突破3 000亿元，112个项目获得授信1 160亿元，实现放款384亿元。国家储备林建设金融贷款额达到同期中央造林资金的2倍多，为大规模推进国土绿化和森林质量精准提升提供了强力支撑。

创新融资模式　2017年，在扩增国家储备林资金来源的同时，防控金融风险，国家林业局与国家开发银行、中国农业发展银行创新了"林权抵押+政府增信"、林业PPP③、"龙头企业+基地+新型经营主体+林农"等融资模式。推广以自身现金流还款，不增加政府债务的国家储备林贷款项目。并将两行贷款项目营造的储备林纳入中央财政森林保险保费补助范围。

---

③ PPP是指政府和私人组织之间，为了提供某种公共物品和服务，以特许权协议为基础，彼此之间形成一种伙伴式的合作关系，并通过签署合同来明确双方的权利和义务，以确保合作的顺利完成。

产业发展

- 林业产业总产值
- 产业结构
- 产品和服务

产业发展

2017年，全国林业产业继续保持较快增长，一、二、三产业都有不同程度增长，第三产业增长迅速。全国商品材产量继续增加，增幅达到8.00%。林产工业产品中，锯材产量有所增加，人造板三板产量有所下降。全国各类经济林产品产量继续增长，林业旅游与休闲人数呈现快速增长态势。

（一）林业产业总产值

林业产业总产值继续增长。2017年，林业产业总产值达到7.13万亿元（按现价计算），比2016年增长9.86%。其中，竹产业产值2 346.10亿元，油茶产业产值911.81亿元，林下经济产值7 507.14亿元。自2008年以来，林业产业总产值的平均增速达到20.08%（图9）。

图9　2008－2017年全国林业产业总产值及年度增长率

分地区看，中、西部地区林业产业增长势头强劲，增速分别达到14.45%和18.38%。东部地区林业产业总产值所占比重最大，占全部林业产业总产值的44.42%。受国有林区天然林商业采伐全面停止和森工企业转型影响，东北地区林业产业总产值连续三年出现负增长。林业产业总产值前十位的省份见图10。其中，林业产业总产值超过4 000亿元的省份共有8个，分别是广东、山东、广西、福建、浙江、江苏、湖南、江西，其中广东林业产业总产值遥遥领先，超过8 000亿元。

图10　2017年全国林业产值排名前十位的省份

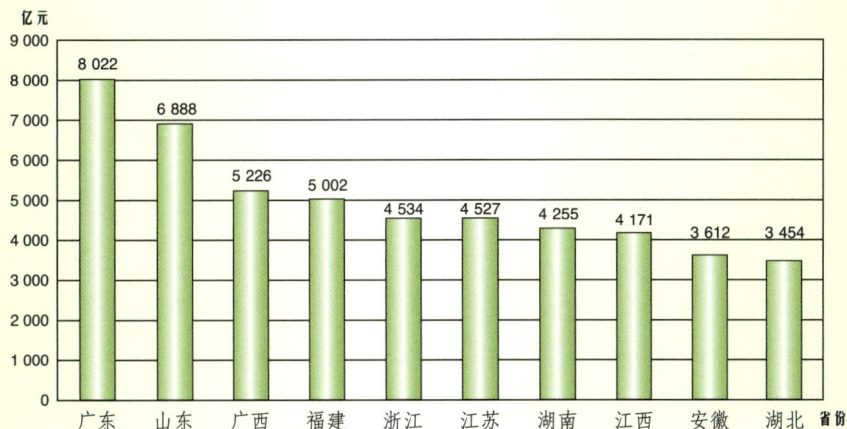

（二）产业结构

分产业看，与2016年相比，一、二、三产业产值都有较大幅度增长，第三产业增长显著。2017年，第一产业产值23 365.47亿元，占全部林业产业总产值的32.79%，同比增长8.08%；第二产业产值33 952.73亿元，占全部林业产业总产值的47.64%，同比增长5.84%；第三产业产值13 948.87亿元，占全部林业产业总产值的19.57%，同比增长24.70%。

林业三次产业的产值结构逐步优化。2017年，产业结构已由2016年的33：50：17调整为2017年的33：48：19，以林业旅游与休闲为主的林业服务业所占比重逐年增大（图11）。

图11　2008—2017年林业三次产业的产值结构变化

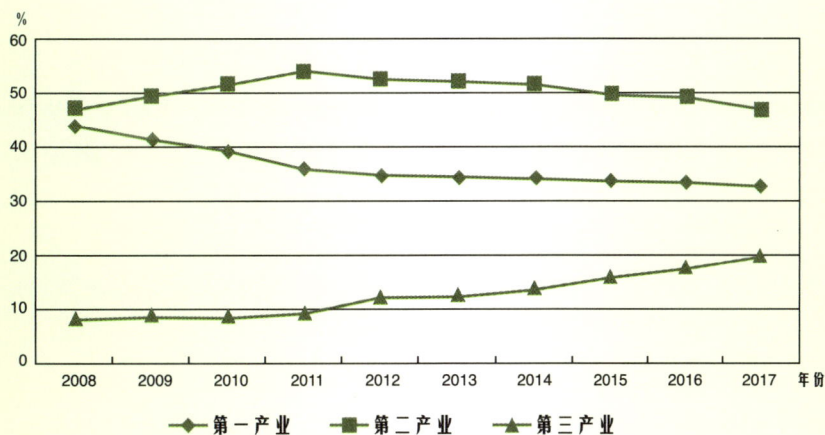

- 经济林产品种植与采集业产值占林业第一产业产值的59.59%，产值为13 922.57亿元。
- 木材加工及木、藤、棕、苇制品制造业产值占第二产业产值的37.58%，产值为12 758.98亿元。
- 林业旅游与休闲服务业产值占第三产业产值达到76.54%，产值为10 676.00亿元。

（三）产品和服务

木材 2017年，全国商品材总产量为8 398.17万立方米，比2016年增长8.00%；非商品材总产量为2 331.21万立方米，比2016年减少26.61万立方米，同比降低1.13%。

- 商品材中，原木7 670.40万立方米，占91.33%；薪材727.76万立方米，占8.67%。
- 商品材中，来源于人工林的产量为8 271.84万立方米，占98.50%；来源于天然林的产量为126.33万立方米，占1.50%。
- 非商品材中，农民自用材为527.22万立方米，占22.62%；农民烧材为1 803.99万立方米，占77.38%。

锯材、木片、木粒 2017年，锯材产量为8 602.37万立方米，比2016年增长11.49%。木片、木粒加工产品4 438.15万实积立方米，比2016年降低3.02%。

竹材 2017年，全国大径竹产量为27.20亿根，比2016年增长8.54%，其中毛竹16.10亿根，其他11.11亿根；小杂竹为1 980.57万吨，比2016年增长13.92%。

人造板 2017年，全国人造板总产量为29 485.87万立方米，比2016年减少1.85%。其中，胶合板17 195.21万立方米，减少3.16%；纤维板6 297.00万立方米，减少5.33%；刨花板2 777.77万立方米，增长4.82%；其他人造板产量3 215.89万立方米，增加7.72%（图12、图13）。

43 ————

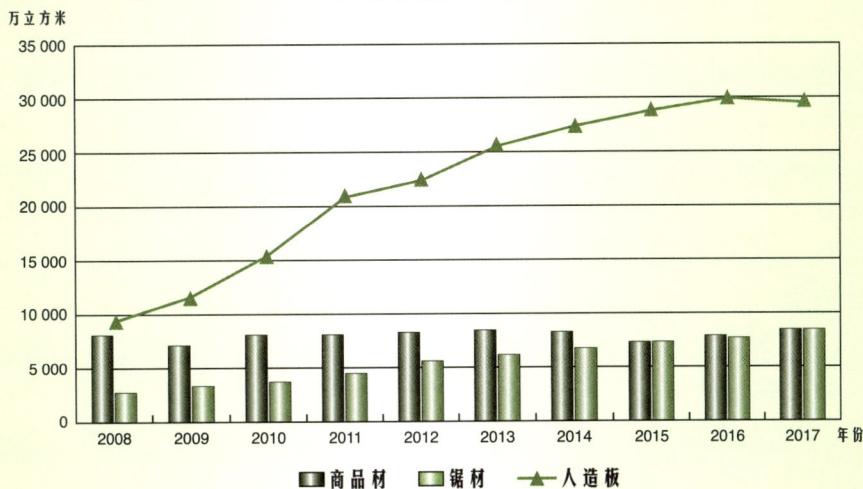

图12 2008－2017年全国商品材、锯材、人造板产品产量

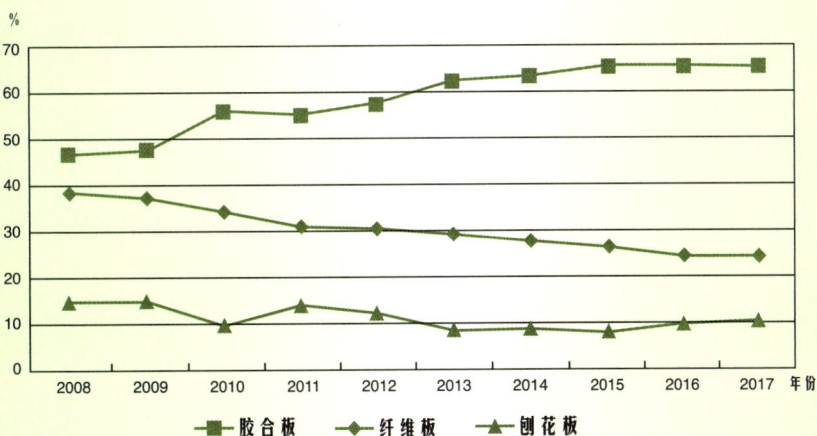

图13 2008－2017年人造板（三板）比重趋势

家具 2017年，全国家具总产量80 703.47万件，比2016年增长1.56%。其中，木制家具总产量27 072.93万件，比2016年增长3.92%。

木浆 2017年，纸和纸板总产量11 130万吨，比2016年增长2.53%；纸浆产量7 949万吨，比2016年增长0.30%，其中，木浆产量1 050万吨，比2016年增长4.48%。

木竹地板 2017年，全国木竹地板产量为8.26亿平方米，比2016年减少1.43%。其中，实木地板1.29亿平方米，占全部木竹地板产量的15.62%；实木复合地板2.10亿平方米，占全部木竹地板产量的25.42%；强化木地板（浸渍纸层压木质地板）3.61亿平方米，占全部木竹地板产量的43.70%；竹地板1.20亿平方米，占全部木竹地板产量的14.53%；其他木地板（含软木地板、集成材地板等）0.06亿平方米，占全部木竹地板产量的0.73%。

林产化工产品　2017年，全国松节类产品产量27.82万吨，樟脑产量1.50万吨，紫胶类产品产量0.71万吨，分别比2016年增长1.61%、4.90%、42.00%。2017年，全国松香类产品产量166.50万吨，冰片产量0.11万吨，栲胶类产品产量0.47万吨，分别比2016年减少9.45%、84.06%、6.00%。

经济林产品　2017年，全国经济林产品产量达到1.88亿吨，比2016年增长4.44%。从产品类别看，水果产量为15 737.86万吨，干果产量1 116.04万吨，林产饮料产品（干重）253.94万吨，林产调料产品的产量77.52万吨，森林食品384.10万吨，森林药材319.60万吨，木本油料产量697.40万吨，松脂、油桐等林产工业原料产量194.70万吨。

油茶　2017年，全国新造油茶面积13.77万公顷，低改面积14.19万公顷，年末实有油茶林面积407.18万公顷；繁殖苗圃个数425个；苗木产量7.61亿株；油茶籽产量243万吨；油茶企业2 236个。

核桃　2017年，全国年末实有核桃种植面积795.50万公顷；定点苗圃个数639个，定点苗圃面积0.98万公顷；苗木产量7.70亿株；核桃产量（干重）417万吨。

花卉　2017年，年末实有花卉种植面积144.89万公顷。切花切叶193.80亿支，盆栽植物50.44亿盆，观赏苗木20.22亿株，草坪4.87亿平方米，花卉市场4 108个，花卉企业6.00万家，花农149.56万户，花卉产业从业人员567.52万人，控温温室面积0.58亿平方米，日光温室面积2.07亿平方米。

林业旅游与休闲　2017年，全国林业旅游与休闲的人次达31.02亿人次，旅游收入10 676.00亿元，人均旅游消费344元，直接带动的其他产业产值11 050.05亿元。

全国森林旅游呈现良好的发展态势，森林旅游游客量继续保持两位数的年增长率，达到13.9亿人次，占国内旅游人数的比例约28%，创造社会综合产值11 500亿元。森林旅游成为继经济林产品种植与采集业、木材加工与木竹制品制造业之后，年产值突破万亿元的第三个林业支柱产业。

林业生物质能源产品　2017年，全国木竹热解产品（木炭、竹炭、活性炭等）产量176.75万吨，比2016年增长0.05%；木质生物质成型燃料产量87.29万吨，比2016年增长7.73%。

会展经济　2017年，国家林业局与各地方人民政府联合举办了5个国家级林业重点展会。分别是：第十四届中国林产品交易会、第四届中国中部家具产业博览会、第十届中国义乌国际森林产品博览会、第十三届海峡两岸林业博览会暨投资贸易洽谈会和2017中国—东盟博览会林产品及木制品展。5个展会展览总规模达到198万平方米，共设置7 723个标准展位，参观人数达到近100万人次，现场交易额也达到65亿元人民币。

专栏6 《林业产业发展"十三五"规划》

2017年，国家林业局、国家发展和改革委员会、科学技术部、工业和信息化部、财政部、中国人民银行、国家税务总局、国家食品药品监督管理总局、中国证券监督管理委员会、中国保险监督管理委员会、国务院扶贫开发领导小组办公室联合制定了《林业产业发展"十三五"规划》（以下简称《规划》）。

发展目标：《规划》提出到2020年，实现林业总产值达到8.7万亿元的总体目标。林业产业结构进一步优化，第一、二、三产业结构比例调整到27∶52∶21。全国林产品进出口贸易额将由1 379亿美元提高到1 600亿美元。林业就业人数由5 247万人提高至6 000万人。国家林业重点龙头企业数由294个提高到500个等。森林资源支撑能力显著增强，林产品产量平稳较快增长，产业集中度和创新能力大幅提升，林业产业促进农民和林区职工增收贡献率明显提高，建立起适应市场经济的林产品生产、销售和服务的现代产业体系，形成有利于产业持续健康发展的政策、法规、标准体系和市场环境，实现林业产业发展模式由资源主导型向自主创新型、经营方式由粗放型向集约型、产业升级由分散扩张向龙头引领转变。

主要任务：一是着力供给侧结构性改革，提高资源供给能力，加快结构调整，优化产业链条，推行清洁生产。二是强化林业产业创新发展，强化制度创新，促进科技创新，推动模式创新。三是促进林业产业融合发展，促进林业一、二、三产业融合发展，促进林业产业与信息技术、林业产业与金融业、林业产业与现代流通融合发展。四是推进林业产业集群发展，发展特色产业集聚地，建设林业产业示范园区，扶持林业龙头企业，培育新型经营主体。五是加强林业产业标准体系建设，优化标准结构与布局，加强重点领域标准制修订，强化标准实施与监督，推进标准化试点示范。六是加强林业产业品牌建设，优化品牌创建环境，实施品牌培育战略，推进林业企业整合及品牌重塑。七是扩大林业产业对外开放合作，加快"一带一路"国际合作，实施林业产业走出去战略，积极参与国际规则制定。

    重点领域：一是加快传统产业改造升级，改造提升木材培育产业、木材加工产业、木浆造纸产业、林产化工产业、林业机械产业。二是着力发展特色富民产业，着力发展林下经济、竹藤产业、木本油料产业、种苗花卉产业、林药材产业、优势特色经济林产业、野生动植物繁（培）育利用产业、沙产业。三是大力培育新兴产业，大力培育生物质能源产业、林业新材料产业、林业碳汇产业、森林食品产业、森林生物制药产业。四是促进现代林业服务业快速发展，大力培育林业旅游、康养产业，加快发展林产品电子商务产业、生态文化产业、林业会展经济、全国重点林产品市场监测预警体系建设。

    《规划》还提出完善林业产业发展保障体系措施，加大林业改革力度、完善投融资政策、发挥市场决定性作用、加强科技支撑体系等政策措施。

生态公共服务

- 基础设施
- 文化活动
- 传播与传媒
- 生态文明教育

生态公共服务

2017年，生态公共服务基础设施建设水平稳步提升，文化活动开展得有声有色，生态传播影响力逐步增强，生态文明教育日益规范、精进。

（一）基础设施

1. 生态文化场馆

2017年，各地生态文化场馆建设水平稳步提升，地域特色浓郁，对传承弘扬生态文化具有重要的实践意义。陕西秦岭国家植物园开园，园区由植物迁地保护区、生物就地保护区、动物迁地保护区（历史文化保护区）和复合生态功能区四大部分构成。国内首家互动体验式自然博物馆在青岛开馆，馆内使用数字影像、虚拟现实、人机交互、多元显示等技术，还原珍稀野生动物生存场景，全景展示生态文化魅力。我国规模最大的野生鸟类专题博物馆——黄河三角洲鸟类博物馆开馆，集收藏、展示、宣传、教育、科研、休闲等多功能于一体，带动公众爱护鸟类、保护自然。

2. 生态休憩场所

2017年，生态休憩场所建设取得较大进展。林业系统国家级自然保护区增加17处、国家森林公园增加54处，新批准建立国家湿地公园试点64处、国家沙漠（石漠）公园33处、国家林木（花卉）公园4处、国家生态公园（试点）4处。截至2017年底，国家级森林公园881处，国家沙漠（石漠）公园103处，国家林木（花卉）公园12处、国家生态公园（试点）18处。

3. 生态示范基地

2017年，河北塞罕坝国家森林公园等99家单位被授予2017"中国森林体验基地""中国森林养生基地"和"中国慢生活休闲体验区、村（镇）"。福建武夷山国家级自然保护区等110家单位荣膺"第四批全国林业科普基地"称号。湖北罗霄山等21个国家森林公园开展了国家级森林公园自然教育示范点建设。云南新增省级生态文明教育基地6个。河南新增省级生态文明建设示范县9个。

2017年，中国生态文化协会授予北京市平谷区山东庄镇桃棚村等116个行政村"全国生态文化村"称号，授予宁夏林业研究院森淼现代林业科技园为"全国生态文化示范基地"的称号。截至2017年，"全国生态文化村"已达679个，"全国生态文化示范基地"13个。浙江新授予江干区皋亭山景区等52家单位"浙江省生态文化基地"称号。中国野生动物保护协会授予9个市、县为"中国野生动物之乡"。

（二）文化活动

1. 森林城市建设

2017年，国家林业局授予河北省承德市等19个城市"国家森林城市"称号（表1）。截至2017年，全国有137个城市被授予"国家森林城市"称号。

表1　2017年授予的"国家森林城市"名单

序号	城市	省份	序号	城市	省份
1	承德市	河北省	11	张家界市	湖南省
2	通化市	吉林省	12	佛山市	广东省
3	铜陵市	安徽省	13	江门市	广东省
4	福州市	福建省	14	百色市	广西壮族自治区
5	泉州市	福建省	15	攀枝花市	四川省
6	上饶市	江西省	16	宜宾市	四川省
7	赣州市	江西省	17	巴中市	四川省
8	景德镇市	江西省	18	临沧市	云南省
9	日照市	山东省	19	安康市	陕西省
10	莱芜市	山东省			

2. 古树名木保护行动

2017年，各地继续深入开展古树名木保护活动。福建省开展"树王"评选活动，不断增强民众对古树名木的保护意识；浙江省出台了《浙江省古树名木保护办法》，进一步加强古树名木的保护，促进生态文明建设；广西壮族自治区推进古树名木资源普查，录入古树名木6.17万株，进一步提高精准化管理水平；广东省推出了"广东古树名木"APP，以信息化方式保护管理古树名木；安徽省对第三次古树名木资源普查数据进行录入，合肥市为市内的古树名木贴上"二维码"；由北京林业大学设立国内首个高校古树名木保护基地落户山东邹城，旨在发挥高校科研机构优势，提高古树名木保护的技术水平。

3. 文艺创作

2017年，生态文艺创作持续繁荣。国家林业局精选林业亮点参加"砥砺奋进的五年"大型成就展，展示林业成就、扩大林业影响力。成功举办了"弘扬生态文明·建设美丽中国"书法作品展、"百花齐放 百家争鸣"放眼绿水青山创作活动。

生态文艺活动形式多元，载体丰富。2017年，国家林业局与中央电视台联合主办的《绿野寻踪》《绿色时空》电视栏目，共计播发林业专题节目104期。

国家林业局举办了"森林城市·绿色家园"摄影主题大赛，编纂出版了《"森林城市·绿色家园"——2017森林城市摄影集》，并在《中国绿色时报》、关注森林网和中国林业网等媒介刊发展览。国内首个林业航空摄影协会成立，组织推荐成都大熊猫照片入选《时代周刊》年度动物照片。国家林业局相继举办了中国自然影像展、"雪山之王——中国雪豹保护摄影展"、2017"中国纸业生态杯"森林旅游风光摄影大赛、首届"森林中国"全国林业新闻摄影大赛等。制作《联合国防治荒漠化公约》第十三次缔约方大会官方宣传片《防治荒漠化·中国在行动》和纪录片《瀚海绿洲》，拍摄保护珍稀野生动物绿孔雀电视公益广告。生态公益电影《山丹丹花儿开》《大漠雄心》分获美国迈阿密国际电影节"最佳生态影片奖"和休斯敦国际电影节雷米白金奖，自然类纪录片《改变世界的中国植物》、以防沙治沙用沙为题材的电视剧《沙漠绿洲》开拍，中国杭州低碳科技馆科普剧《新卖炭翁》获国际科普剧表演大赛冠军，举办了第二届生态文明主题微电影展示交流活动和国家森林城市形象标识征集活动。

4. 理论研究

2017年，中国生态文化协会编撰了《森林的文化价值评估》一书，涵盖居民身心健康、生活质量和幸福指数等内容，为我国森林资源核算提供了重要参照。出版了《华夏古村镇生态文化纪实》一书，描述人与自然和谐发展、生态文化遗产与生态文化原生地一体保护的理念。

我国第一个以林业、生态等领域的文化与自然遗产为研究对象的专门机构——北京林业大学文化与自然遗产研究院成立，通过开展林业与生态文化遗产底数清查、挖掘文化遗产精髓等研究活动，大力推广具有中国特色的林业和生态文化与自然遗产保护的核心理念。亚热带森林培育国家重点实验室落户浙江农林大学。

（三）传播与传媒

1. 社会媒体宣传

利用《人民日报》、新华社、中央电视台等中央主流媒体和地方媒体，新浪、人民网官方微博等社交媒体，围绕林业的重大战略和中心工作，开展国土绿化、荒漠化防治、天然林保护、三北防护林建设、森林资源保护、野生动植物保护、集体林权制度改革、生态文明建设范例、国家公园体制试点、国有林区和国有林场改革、林业扶贫、对外宣传等一系列主题宣传和深度报道，全面展示林业生态保护成就。

2017年，各主要新闻单位和网站共刊播生态文明建设报道15 500多条（次），其中，《人民日报》320条（一版28条、专版7个），新华社1 700多条（次），中央电视台《新闻联播》138条、《焦点访谈》新闻专题11期等。

塞罕坝 生态文明建设范例 专题宣传	国家林业局会同中共中央宣传部组织中央媒体开展宣传，形成报道及转载 1 600 篇，视频报道点击量上亿次，其中包括《人民日报》、中央电视台播发新闻联播 22 篇（条）和《焦点访谈》3 期专题报道。
荒漠化防治 主题宣传	在国务院新闻办公室就中国荒漠化防治有关情况举行新闻发布会，推出一批综述评论、专题访谈和系列报道，特别是联合中央以及境外媒体在全球 30 多个国家全程报道《联合国防治荒漠化公约》第十三次缔约方大会，刊播习近平总书记致会贺信、摘编汪洋副总理和张建龙局长讲话内容，共发报道 4 866 条，在海内外掀起了展示我国防沙治沙成就的热潮。
集体林权 制度改革 主题宣传	与中共中央宣传部共同策划福建林改宣传活动，组织重点媒体集中报道集体林权制度改革的历程、举措、成效和经验，央视《新闻联播》头条播发"福建林改：生态美了·百姓富了"，《人民日报》等媒体刊发报道 655 篇，参与报道网站 300 余家。

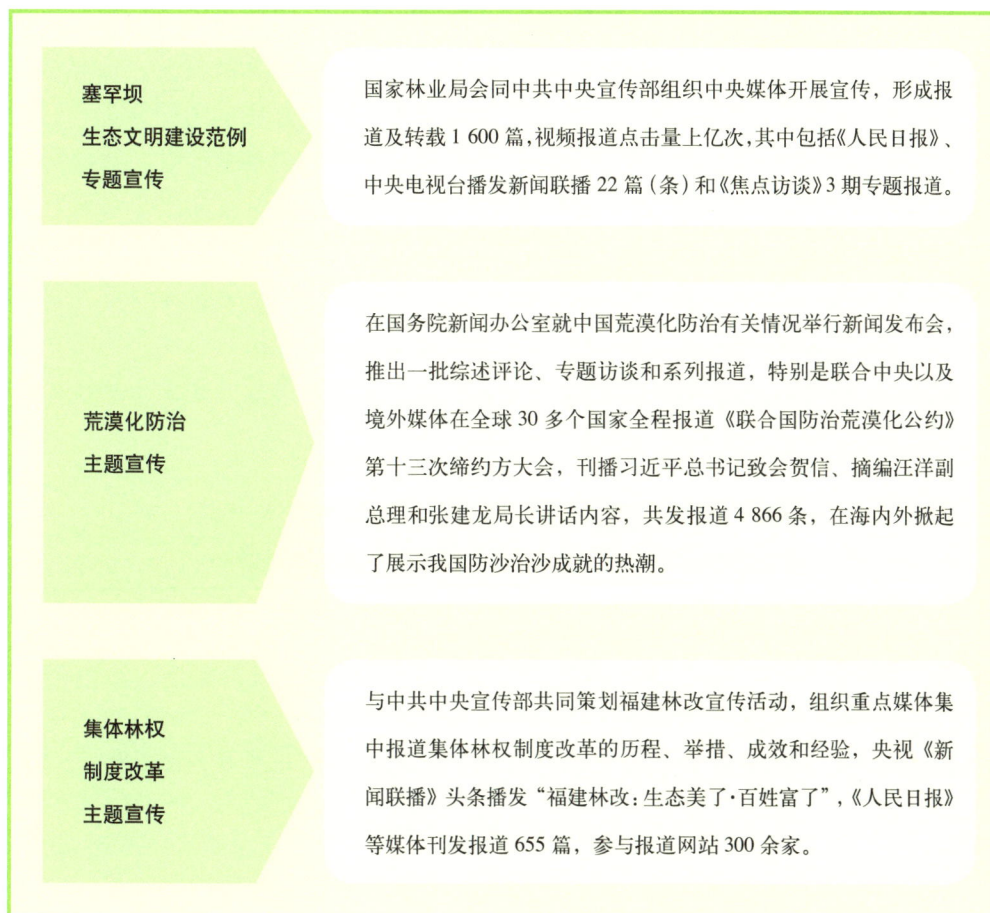

2. 林业报刊图书出版

《中国绿色时报》《中国林业》《国土绿化》《林业产业》《生态文化》等林业报刊为生态文明建设加大了宣传力度，营造了良好的社会舆论氛围。2017年，《中国绿色时报》15件作品荣获第三十一届中国产经新闻奖，在新浪网新开通官方微博及上线手机报，综合运用10个微信公众号和3个微博平台推送优质内容，有效扩大了林业新闻传播的覆盖面；组织报送及推荐的一系列图书项目取得新成绩，《中国林业国家级自然保护区》等入选2017年度国家出版基金项目，《生态文明建设文库》等申报"十三五"国家重点图书出版规划的增补项目；出版了《新时期国家生态保护和建设研究》《中国鸟类识别手册》《2017中国木家具设计年鉴》等系列丛书；《中国花文化史》荣获"优秀出版物"图书奖。

3. 展览展会论坛

2017年，以展示林业改革发展和弘扬生态文化为主线的展览会、文化节、论坛在规格和规模上再创新高。一是涉林博览会、展览会相继召开。包括第九届中国花卉博览会、2017昆明南亚东南亚国际木文化博览会、2017国际（永安）

竹具博览会、2017中国（上海）国际竹产业博览会、2017中国（赣州）第四届家具产业博览会、第十三届海峡两岸林业博览会暨投资贸易洽谈会、首届中国绿色产业博览会、2017中国—东盟博览会林木展、第十九届中国国际花卉园艺展览会等。二是涉林文化节相继举行，包括2017中国森林旅游节、"放眼绿水青山 喜迎十九大生态文化书画摄影展"、北京市第五届森林文化节和第八届北京郁金香文化节等。三是涉林论坛相继举办，包括第九届中国生态文化高峰论坛、2017生态文明试验区贵阳国际研讨会、首届"生态文明·绿色发展论坛"、沙区生态文明建设暨"一带一路"蒙元文化传承论坛、全国林木种质资源利用与生态建设高端论坛、中俄可持续林业产业发展论坛、第十一届中国花卉产业论坛、2017现代林业发展高层论坛等。

专栏7 第九届中国花卉博览会召开

2017年9月1日至10月7日，第九届中国花卉博览会在宁夏银川召开，来自全国32个省、自治区、直辖市的花卉协会及港澳台花卉协会、中国花卉协会14个分支机构参展。

原全国人大常委会副委员长、全国妇联主席、中国花卉协会名誉会长陈至立，中国花卉协会会长江泽慧，国家林业局局长张建龙，国家财政部副部长胡静林，宁夏回族自治区党委书记石泰峰，宁夏回族自治区主席咸辉，宁夏回族自治区政协主席齐同生，银川市市长白尚成，以及海关总署、检验检疫总局、宁夏回族自治区委、银川市政府有关领导出席，各省（自治区、直辖市）主管部门、政府领导及协会组织、中国花卉协会及直属分支机构参加了大会。其中，陈至立副委员长，张建龙局长，江泽慧会长在大会上做了重要讲话。

本届花卉博览会是在我国西北少数民族地区首次举办的花博盛会，以"花儿绽放新丝路"为主题，以生态花博、人文花博、科技花博为理念，不同层次展示了我国各地生态建设、花卉产业发展成果。花卉博览会期间举办了第十一届中国花卉产业论坛、第七届中国花卉交易会、第二届中国杯盆景大赛、全国兰花展，以及丝绸之路生态文化万里行、生态文化进校园等丰富多彩的活动。超过160万国内外游客云集银川花卉博览会，日均4万余人游园。

（四）生态文明教育
1.青少年生态文明教育

2017年，青少年生态文明教育的科学化、制度化水平不断提升，长期性和稳定性日益增强。组织2名优秀林业学子参加国际青少年林业比赛，开展"生态文化进校园"和"生态文化小标兵"评选活动，授予100名小学生"生态文化小标兵"称号。举行2017年绿桥、绿色长征活动推进会。相继举办中国林学会第34届青少年林业科学营、华夏青少年生态体验营、第七届"森林与人"青少年森林体验夏令营、生态保护科普巡展走进北京中小学等活动。举办第二届全国职业院校林业技能大赛，召开2017中国风景园林教育大会暨（国际）CELA教育大会，中国林业教育学会自然教育分会成立。四所林业院校入选"双一流"，举行首届全国林业院校校长论坛，中国林业科学研究院建立3个风景园林专业学位研究生实践教学基地，北京林业大学与贵州省林业厅等四方合作创立西南生态环境研究院，南京林业大学与美国北卡罗来纳州立大学签署联合培养硕士协议，生态文明建设创新型人才培养体系日臻完善。

2. 社会公众生态文明教育

2017年，社会公众生态文明教育活动普及度提升并向常规化发展。国家林业局在北京地铁4号和14号线开展了历时两个月的"生态中国自然影像展"主题宣传活动，受众人数超过1.14亿人次。塞罕坝林场建设者获联合国"地球卫士奖"，续写美丽中国的绿色传奇。北京、黑龙江、江西等地在"爱鸟周"活动中，开展多项主题活动，倡导社会公众关注鸟类生存环境。北京举办"2017·爱绿一起"首都家庭绿色体验活动，号召首都市民植绿爱绿、保护环境。中国林学会举办"2017全国林业科普微视频大赛"，提升公众生态保护意识、弘扬生态文化。相继举行"国际森林日"植树纪念活动、全国林业科技活动周、2017森林中国大型公益系列活动、中国林学会百年纪念林植树活动、浙江省"3·19"森林消防宣传日等活动，广泛动员社会力量参与生态文明建设，用实际行动传播生态文化。

3. 企业生态公益

2017年，各类企业积极投身生态公益活动。国家林业局、全国工商联中国光彩事业促进会联合举办了"2017年民营企业家及管理干部林业培训班"，对参与林业建设的民营企业家进行业务培训。中国林产工业协会邀请林业企业家参与修订《中国林产工业企业社会责任报告编制指南(试行)》及编写《2017年中国林产工业企业社会责任报告》、建设规范的林业企业社会责任体系。山西省林业厅邀请京企入晋助力山西生态产业脱贫攻坚，共同搭建产业发展平台。中国绿化基金会发起了以"责任创新·引领绿色新主张"为主题的"绿色思想荟"公益沙龙，交流、分享新形势下的绿色公益创新模式。举办了"绿手帕基金公益活动——走进甘肃"活动，引导企业家保护林木资源，共建生态文明。相继举办第五届中国企业绿色契约论坛、"重温书香 文明纸路"公益赠书活动、"关爱家园——中国家居业植树节"等公益活动，鼓励更多企业关注和支持生态建设、参与绿色公益事业。

E

P55-84

改革、政策与法制

- 林业改革
- 林业政策
- 林业法制

改革、政策与法制

　　2017年，国有林区和国有林场改革继续推进，重点国有林区停伐政策全面落实，富余职工基本得到安置，社会管理职能逐步移交剥离，内蒙古大兴安岭重点国有林管理局正式挂牌成立，迈出了重点国有林区管理体制改革的关键一步；国有林场改革取得决定性进展，77%的国有林场基本完成改革，国有林场（苗圃）财务制度出台，国有林场管护点用房建设试点启动，国有林场基础设施建设取得突破。集体林权制度改革继续深化，32个集体林业改革示范区基本完成阶段性任务，近100项改革试验成果转化为政策。一系列林业政策和林业部门规章出台。生态保护红线、国家公园和自然资源管理体制、国家级公益林、支持林业发展的金融税费等政策出台。新修订的《中华人民共和国野生动物保护法》自2017年1月1日起正式施行，制定、修改并颁布部门规章5部。

（一）林业改革

1. 国有林区改革

　　主要举措　根据中发〔2015〕6号文件精神，一是有序停止天然林商业性采伐，确保森林资源稳步恢复和增长。二是因地制宜逐步推进国有林区政企分开。三是形成精简高效的国有森林资源管理机构，依法负责森林、湿地、自然保护区和野生动植物资源的保护管理及森林防火、有害生物防治等工作。四是创新森林资源的管护机制和监管体制，建立归属清晰、权责明确、监管有效的森林资源产权制度，建立健全林地保护制度、森林保护制度、森林经营制度、湿地保护制度、自然保护区制度、监督制度和考核制度。五是妥善安置富余职工，确保职工基本生活有保障。

　　为加强对国有林区改革的组织领导，协调解决改革中遇到的困难和问题，国家成立了由国家发展和改革委员会和国家林业局牵头，民政、财政等多个部门参加的国有林场和国有林区改革工作小组。国家林业局和内蒙古、吉林、黑龙江3省（自治区）也成立了领导小组，国家林业局多次组织开展改革督察和调研，多次召开会议部署、推进改革。为支持改革，积极协调相关部门增加投入，完善配套政策。天然林资源保护工程森林管护和社会保险缴费补助标准进一步提高，对与木材停伐相关金融机构债务每年安排贴息6.37亿元。社会性基础建设项目中央投资比例由80%提高到90%。交通运输部印发《关于贯彻落实中发〔2015〕6号文件促进国有林场（区）道路持续健康发展的通知》，将国有林区道路按照道路属性类别纳入相关公路网规划。国家发展和改革委员会启动了国有林区森林防火应急道路和管护用房建设试点，已安排投资5.4亿元。

2017年，中央共安排国有林区投入244亿元，比2014年改革启动前增加99亿元，增长了68%，有力地保障了国有林区改革和林区社会稳定。

进展和成效 一是改革方案全部获批。会同国家发展和改革委员会先后批复了3省（自治区）改革方案，重点国有林区改革进入全面推进阶段。二是停伐政策全面落实。全面停止天然林商业性采伐，每年减少木材产量373.4万立方米，安排停伐补助和相关债务利息补助，标志着重点林区以牺牲森林资源为代价的发展历史彻底结束，进入了全面保护培育森林资源的新阶段。三是富余职工基本得到安置。通过增加管护岗位、发展特色产业、劳务输出等方式，共转岗安置富余职工6.94万人，职工收入逐步提高，林区社会保持稳定。四是社会管理职能逐步移交剥离。内蒙古森工集团承担的社会职能已全部剥离移交，吉林、龙江、长白山森工集团完成了部分社会职能的移交。五是国有林管理机构组建积累了经验。内蒙古大兴安岭重点国有林管理局挂牌成立，迈出了重点国有林区管理体制改革的关键一步。吉林省在林业厅职能处室加挂了牌子，履行重点国有林区森林资源管理职责，龙江森工和大兴安岭林业集团公司正在开展试点。六是森林资源保护管理不断加强。开展了重点国有林区森林资源二类调查、森林经营方案编制和可持续经营试点，在内蒙古组织开展了毁林开垦专项整治行动，森林资源得到有效保护。

存在的问题 一是对改革的认识仍需加强。随着中央投入的不断增加，企业生存压力减小，一些地方安于现状，缺乏改革的积极性和主动性。有的地方不愿放弃已有的行政权力，求稳怕乱、患得患失，对推进改革存在畏难情绪。二是重点国有林管理机构组建进展缓慢。2017年2月，内蒙古大兴安岭重点国有林管理局挂牌成立，但没有明确机构的职能和性质。吉林省在林业厅职能处（室）加挂牌子，没有专门管理机构，没有增加人员编制，难以适应重点国有林区森林资源管理工作的需要。龙江、大兴安岭林业集团公司机构组建仍在研究。同时，国家没有明确省级国有林管理机构性质等。三是社会职能移交难度大。天然林资源保护工程政策性、社会性补助标准偏低，与地方水平存在差距较大，而地方财力薄弱，难以协调资金问题，剥离移交难度大。在剥离企业承担的社会职能过程中，从事社会职能人员很多是企业职工身份，地方政府难以解决转换人员身份需要的编制问题，对社会职能的剥离造成了影响。同时，由于很多森工企业所在地为乡镇甚至没有乡镇，还有的地方为林业自建政府或没有得到正式批准的政府，靠林业资金支持维系，无力承接有关职能。四是林区基础设施建设落后。重点国有林区的通讯、道路、供电、饮水等基础设施建设多未纳入当地经济社会发展规划及投资计划，发展长期滞后。森林防火、野生动植物保护、资源管理、林业执法、有害生物防治等现代装备手段落后。

专栏8 全国国有林场和国有林区改革推进会召开

全国国有林场和国有林区改革推进会于2017年12月11日在北京召开。中共中央政治局常委、国务院副总理汪洋出席会议并讲话。汪洋强调，国有林场和国有林区改革是党的十八大以来部署的重大改革任务，是生态文明体制改革的重要组成部分，是维护国家生态安全、建设美丽中国的重大举措。要认真贯彻落实党的十九大精神，以习近平总书记新时代中国特色社会主义思想为指导，落实新发展理念，增强四个意识，按照党中央确定的改革方案，强化落实责任，确保如期完成各项改革任务，为推动绿色发展，建设生态文明提供有力的制度保障。近两年，国有林区林场改革取得显著成效，天然林商业性采伐全面停止，林区民生持续改善，国有林业管理体制正逐步理顺。下一步，要勇于打好改革的攻坚战，加快推进国有林区林场政、事、企分开，完善森林资源监管体制，转变林区林场发展方式，全面加强森林保护，改善林区林场基本民生。要认真对照党中央提出的目标和要求，增强林区林场改革的责任感和紧迫感，落实改革主体责任，加强对改革的督导检查，建立考核机制，鼓励先进，批评后进，确保改革扎实有序向前推进。

专栏9 2017年内蒙古重点国有林区改革进展情况

内蒙古自治区党委、政府高度重视国有林区改革工作，成立了国有林区改革工作领导小组，编制印发了《内蒙古大兴安岭重点国有林区改革总体方案》。改革取得重要阶段性成果。

强化功能定位，林区职能职责实现根本性转变。一是全面停止天然林商业性采伐。从2015年4月1日开始，林区全面停止天然林商业性采伐，每年停伐木材产量110万立方米，累计减少森林蓄积消耗462万立方米。二是组建成立重点国有林管理局。2017年2月，内蒙古大兴安岭重点国有林管理局正式挂牌。履行林区森林资源保护管理、生态建设的主体责任，逐步完善森林资源监督制度。三是探索组建专业服务队伍。在根河等四个林业局开展森林管护等生态保护建设内部购买服务试点。

主攻重点难点，剥离办社会和企业划转工作基本完成。一是社会职能有序归位。将原来由林区承担的社会管理职能全部移交属地政府管理，剥离移交机构22个，涉及人员4 411人、资产6.76亿元。二是企业分类划转处置有序推进。森工集团全面停止企业经营行为，所属的78户经营性企业分类确定了划转处置方式，8家国有或国有控股企业划转属地政府，26家燃油供应企业进行重组，44家股权多元的中小企业依法依规进行了转制、注销处置。三是确保国有资产不流失。剥离移交办社会职能和企业划转处置过程中，严格履行国有资产划拨手续。

加强林区监管，森林资源管护体系日益完善。一是管护理念实现转变。在全林区树立了大资源观、大生态系统观、"全员大管护"理念，把森林生态系统要素全部纳入保护范围，注重高新技术设备及现代交通工具等装备的应用，做好管护工作。二是监管手段不断丰富。健全森林管护三级责任体系，完善四级管护网络，对1.45亿亩林地全部落实了管护责任。探索实施固定管护站与移动管护叠加的方式，增加管护的密度和频次；新建改造管护站房124个；严格林权证内的自然资源管理，保持对毁林开垦等违法行为的高压态势。三是探索开展森林资源监管体制试点。国家在阿尔山林业局开展森林资源资产有偿使用试点，在满归、阿尔山林业局开展重点国有林区内建设用地变更登记试点工作，提升监管监测的时效性和精准性。四是保护层次明显提高。提高自然保护区、湿地公园档次，探索在北部原始林区建立国家公园体制的生态保护新模式，形成了区域保护体系。

着力保障民生，林区职工各项保障水平明显提高。一是富余职工得到妥善安置。全面停伐后，将从事与木材生产相关的13 046名职工进行转岗安置，加强职业技能培训，确保职工尽快融入新岗位。二是林区职工生活条件明显改善。改革以来，林区职工平均工资由2014年的3.66万元提高到2017年5万余元。三是林区经济社会发展逐步纳入属地经济社会发展总体规划。林区道路4 611千米纳入国、省、县、乡、村五级交通路网规划，道路3 704千米纳入自治区道路建设规划。农村路及具有农村公路属性的道路1 979千米纳入自治区"十三五"道路建设规划。2017年升级改造防火道路120千米。

转变发展思路，林区走上可持续发展之路。一是林区经济实现多元化发展。依托林下资源、种苗资源、旅游资源等多样的优势，发展林下产业、绿化产业、特色经济林和旅游业，林区产业结构逐步优化。二是林区发展模式实现转变。由木材生产为主向生态修复建设为主转变，由利用森林获取经济利益为主向保护森林提供生态服务为主转变，由传统经营"养人伐木"向现代发展"养人看护"转变。

2. 国有林场改革

2017年国有林场改革取得决定性进展。

77%的国有林场基本完成改革　截至2017年，北京、天津、山西、辽宁、上海、江苏、安徽、浙江、福建、江西、河南、湖北、湖南、广西、海南、重庆、贵州、陕西、青海、宁夏、新疆21个省（自治区、直辖市）完成了市县改革方案审批，占全国的68%，1 702个县（市）已有90%完成市县级改革方案审批，3 776个国有林场基本完成了改革任务，占全国4 855个国有林场的77%。

改革配套政策顺利出台并逐步落实　中央改革补助政策已落实，中央财政国有林场改革补助已安排133.8亿元，其中，2017年安排24.26亿元。财政部、国家林业局联合印发了国有林场（苗圃）财务制度。国有林场管护点用房建设试点启动，已在内蒙古、江西和广西3省份展开，中央财政投入1.8亿元，这是推进国有林场基础设施建设的重大突破。

改革成效显现　通过国有林场改革，初步建立了功能定位明确、生态民生改善、资源监管有效、发展活力增强的新体制。首先，国有林场属性实现合理界定，完成改革的3 618个林场中95.81%被定为公益性事业单位。其次，职工生产生活条件明显改善。国有林场职工危旧房完成改造54.4万户，完成改革的林场职工平均工资达4.5万元左右，比改革前提高了80%左右，基本养老、医疗保险实现全覆盖，富余职工得到妥善安置。第三，资源保护监管力度明显加大。全国国有林场全面停止了天然林商业性采伐，每年减少天然林消耗556万立方米；一些省（自治区）采取立法、林地落界确权、出台监管办法、强化国有林场管理机构建设等措施加强了森林资源监管。第四，林场发展活力明显增强。北京、浙江、广东、宁夏等省（自治区、直辖市）初步建立了以岗位绩效为主的收入分配制度和以聘用制为主的新型用人制度，调动了职工积极性。国有林场造林抚育和森林管护等环节初步建立了社会化购买服务的机制。

但在改革中，还存在总体进展不平衡、政策支持不到位、任务落实不全面、地方财政保障能力不足等问题，需加大改革督查，加强政策支持，完善法律制度体系，确保各项改革措施落实到位。

专栏10　2017年安徽省国有林场改革情况

改革前，全省共有国有林场141个，其中，全额拨款事业单位2个，差额拨款事业单位75个，自收自支事业单位50个，企业性质14个；国有林场职工17 826名，其中，在职职工9 998名、离退休人员7 828名；经营总面积418万亩。

2016年3月28日，省委、省政府正式印发了《安徽省国有林场改革实施方案》，到2017年12月，经省级评估验收，全省各地均已完成国有林场整合、定性、定编、岗位设置，政事、事企分开，妥善安置富余职工，落实财政预算和社保政策，创新监管体制和管护机制等改革主体任务，并达到预期目标。主要成效包括：

有效理顺管理体制。根据机构精简和规模经营的改革要求，将全省原

有 141 个国有林场整合为 100 个。单个林场经营规模明显增大，最大面积
由之前 8 万多亩扩大到 16 万多亩；面积在 10 万亩以上的大型国有林场达
到 7 个。国有林场办社会职能得到剥离，全省 8 县（市、区）11 个国有林
场原管辖的 8 所中小学、2 所医院和 24 个行政村（居委会、村民组）等已
全部移交所在地方政府；场办企业得到剥离；对林场商品林采伐、林业特
色产业和森林旅游等暂不能分开的经营活动，严格实行"收支两条线"管理。

　　着力强化生态保护。经过改革，全省国有林场承担保护培育森林资源
等生态服务的职责更加明晰，新的管理体制机制正在形成，森林资源和资
产依法得到了严格保护，公益林和天然林全面禁止商业性采伐，商品林采
伐大幅下降。全省"十三五"期间国有林场年森林采伐限额压减到 34.34 万
立方米，比"十二五"时期下降 34.45%。据典型调查，全省国有林场森林
资源总量持续增长，森林蓄积量较 2015 年上升 6.7%。

　　切实保障和改善职工民生。按照"内部消化为主，多渠道解决就业"和"以
人为本，确保稳定"的原则，妥善安置国有林场富余职工 3 700 多人。其中，
通过购买服务方式从事森林管护抚育的占 16%，由林场提供林业特色产业
等工作岗位逐步过渡到退休的占 21%，通过加强有针对性的职业技能培训
和鼓励引导职工转岗就业的占 9%，符合条件自愿并经批准提前退休的占
36%，经协商一致同意解除、终止人事劳动关系等其他方式安置的占 18%。
全省国有林场职工养老保险和医疗保险参保率由改革前的 54.6% 和 56.3%
提高到 100%，实现了全覆盖。

　　全面完成定性定编定岗。全省整合后的 100 个国有林场中，有 97 个林
场被定为公益性事业单位，有 3 个林场被定为公益性企业，核定国有林场
事业编制 4580 名，较改革前压减了 45% 左右。100 个国有林场均已完成岗
位设置，其中，管理岗位数占 15.2%、专业技术岗位数占 42.2%、工勤技能
岗位数占 39.9%、后勤保障岗位数占 2.7%，符合改革有关要求。

　　进一步加强国有林场基础设施建设。各地将国有林场基础设施建设纳
入了同级政府建设计划，省林业厅将国有林场发展和建设纳入全省"十三五"
林业发展规划，印发了《安徽省国有林场中长期发展规划》，在现有专项资
金渠道内，加大对基础设施建设的投入。省交通运输厅和省财政厅已将国
有林场林区道路纳入"四好农村路"建设规划。在解决了国有林场 3 万多
名职工及家属安全饮水问题基础上，省国家发展和改革委员会又将其纳入
了"十三五"农村饮水安全巩固提升规划。一年来，全省国有林场新建和
维修林区道路 335 千米，电网建设和改造 180 千米。

　　创新监管体制和管护机制。省、市、县三级进一步强化对国有林场林
地和林木资源的动态监管，完善国有林场森林资源保护管理实绩的考核，
并将考核结果作为综合考核评价政府和有关部门主要负责人政绩的重要依

据。林业行政主管部门加快职能转变，落实了国有林场法人自主权，实行场长负责制。在探索推进"林长制"过程中，各地将国有林场纳入"林长"的责任范围，创新国有林场森林资源监管机制的"安徽模式"。创新并完善以购买服务为主的国有林场公益林管护机制，积极探索公益性企业林场发展新模式。

3. 集体林权制度改革

重大举措　一是贯彻落实习近平总书记指示精神。以国家林业局文件印发了《关于深入学习贯彻习近平总书记重要指示精神 进一步深化集体林权制度改革的通知》，对学习贯彻习近平总书记对福建省集体林权制度改革工作重要指示做出部署。配合中央宣传部和有关媒体开展集体林权制度改革系列宣传活动，宣传推介了福建武平等一批集体林权制度改革典型。二是召开了全国深化集体林权制度改革经验交流座谈会。2017年7月26～27日，在福建武平召开座谈会，国务院副总理汪洋出席会议并讲话，现场学习了武平县深化林权制度改革的经验，系统总结了2008年以来集体林权制度改革的经验和成效，部署了当前和今后一个时期的集体林权制度改革工作。通过召开座谈会，推动集体林权制度改革由明晰产权、承包到户阶段正式转段为深化改革、完善政策阶段。三是指导督促各地深化集体林权制度改革。认真落实国办发83号文件，指导各地制定出台完善集体林权制度的实施方案。各省（自治区、直辖市）均召开了推进集体林权制度改革工作会议，截至2017年，有24个省（自治区、直辖市）出台了深化集体林权制度改革的文件。同时，探索推行了一系列改革举措，如福建试点重要生态区位商品林赎买制度，浙江首创公益林补偿收益权确权登记制度，江西建立林地适度规模经营奖补制度，四川探索林业共营制和林业职业经理人支持政策等。

集体林地承包经营　全国确权集体林地面积27.05亿亩，占纳入集体林权制度改革林地面积的98.97%；发放林权证1.01亿本，发证面积达26.41亿亩，占已确权林地总面积的97.65%。

林权纠纷调解仲裁　集体林地承包经营纠纷调处继续纳入2017年综合治理工作（平安建设）考核范围，印发了《国家林业局关于印发〈2017年集体林地承包经营纠纷调处考评工作实施方案〉的通知》（林改发〔2017〕102号），完成了集体林地承包经营纠纷调处考评工作，有力地推进了纠纷调处工作，从源头上减少纠纷隐患，促进了林区和谐稳定。

新型林业经营主体发展　全国已成立各类新型林业经营主体25.42万个，经营林地面积5.29亿亩。印发《关于加快培育新型林业经营主体的指导意见》，指导各地大力培育新型林业经营主体，采取多种方式兴办林业专业合作社、家庭林场、股份合作林场等，强化服务管理和加大扶持力度，促进林地适度规模经营。指导地方出台支持新型林业经营主体发展的相关政策。一些地方采取了有力措施，对新型林业经营主体建立奖补制度、加强政策扶持、优化管理服务等，扶持发展规模化、专业化、现代化经营。

集体林业改革试验区建设　委托第三方对集体林业综合改革试验区工作进行了总结评估。32个改革试验区基本完成阶段性任务，近100项改革试验成果转化为政策，形成了一批成功经验和典型做法。2017年11月，在四川崇州召开了集体林业综合改革试验工作推进会，交流改革试验工作经验，研究部署推进改革试验工作。

按照中央的有关要求，进一步深化集体林权制度改革，抓好集体林业改革试验工作，推行集体林地"三权分置"，完善集体林业社会化服务体系，加快培育新型林业经营主体，促进多种形式的适度规模经营。

专栏 11　全国集体林权制度改革先进集体和先进个人受到表彰

为总结集体林权制度改革成效，深入推进集体林权制度改革，2017年5月，经中央批准，人力资源社会保障部和国家林业局联合下发了《关于做好全国集体林权制度改革先进集体和先进个人推荐评选工作的通知》（人社部函〔2017〕48号），在全国开展了集体林权制度改革先进集体和先进个人评选表彰工作。

全国集体林权制度改革先进集体和先进个人评选重点面向基层。评选表彰工作坚持公平、公正、公开的原则，经自下而上、逐级推荐、民主择优的方式，严格执行初审和复审两次审核，分别在本单位、省级范围和全国范围进行公示。经过"两审三公示"评选程序，评选出全国集体林权制度改革先进集体100个，包括省级林业部门的集体林权制度改革管理处（室）及相关行业管理部门、市（地）或县级林业部门、林权管理服务机构、乡（镇）人民政府、村委会、村民小组等集体；先进个人100名，包括从事集体林权制度改革的一线人员，省级及以下林业部门和相关行业部门的干部职工、县乡级人民政府的干部职工、村委会或村民小组的工作人员。2017年7月，人力资源社会保障部和国家林业局联合下发了《关于表彰全国集体林权制度改革先进集体和先进个人的决定》（人社部发〔2017〕56号）予以全国通报表彰，并对受表彰的先进集体和先进个人颁发了奖牌、奖章和证书。

（二）林业政策

1.生态保护政策

划定并严守生态保护红线意见出台　2017年2月，中共中央办公厅、国务院办公厅发布了《关于划定并严守生态保护红线的若干意见》，明确了生态保护红线划定范围，包括水源涵养、生物多样性维护、水土保持、防风固沙等生态功能重要区域，以及水土流失、土地沙化、石漠化、盐渍化等生态环境敏感脆弱区域，涵盖所有国家级、省级禁止开发区域，以及有必要严格保护的其他各类保护地等。通过自然资源统一确权登记明确用地性质与土地权属，形成生态保护红线全国"一张图"。严守生态保护红线，明确属地管理责任，地方各级党委和政府是严守生态保护红线的责任主体；生态保护红线划定后，相关规划要符合生态保护红线空间管控要求，不符合的要及时进行调整。生态保护红线原则上按禁止开发区域的要求进行管理。严禁不符合主体功能定位的各类开发活动，严禁任意改变用途。生态保护红线划定后，只能增加、不能减少，因国家重大基础设施、重大民生保障项目建设等需要调整的，由国务院批准。因国家重大战略资源勘查需要，经批准后予以安排。加快健全生态保护补偿制度，完善国家重点生态功能区转移支付政策。加强生态保护与修复，优先保护良好生态系统和重要物种栖息地，分区分类开展受损生态系统修复。建设和完善生态保护红线综合监测网络体系，建立国家生态红线保护监管平台。加快制定有利于提升和保障生态功能的土地、产业、投资等配套政策。推动生态保护红线有关立法，各地要出台相应的生态保护红线管理地方性法规。

《生态保护红线划定指南》发布　2017年5月，环境保护部办公厅、国家发展和改革委员会办公厅印发《生态保护红线划定指南》，明确了划定原则、管控要求、划定工作程序和划定技术流程，确保划定范围涵盖国家级和省级禁止开发区域，以及其他有必要严格保护的各类保护地。

国家级和省级禁止开发区域包括国家公园、自然保护区、森林公园的生态保育区和核心景观区、风景名胜区的核心景区、地质公园的地质遗迹保护区、世界自然遗产的核心区和缓冲区、湿地公园的湿地保育区和恢复重建区、饮用水水源地的一级保护区、水产种质资源保护区的核心区以及其他类型禁止开发区的核心保护区域，根据生态评估结果最终确定纳入生态保护红线的具体范围。位于生态空间以外或人文景观类的禁止开发区域，不纳入生态保护红线。

其他各类保护地是指除上述禁止开发区域以外，各地可结合实际情况，根据生态功能重要性，将有必要实施严格保护的各类保护地纳入生态保护红线范围，主要涵盖：极小种群物种分布的栖息地、国家一级公益林、重要湿地（含滨海湿地）、国家级水土流失重点预防区、沙化土地封禁保护区、野生植物集中分布地等重要生态保护地。本指南自发布之日起实施，《生态保护红线划定技术指南》（环发〔2015〕56号）同时废止。

国家级公益林政策 新修订的《国家级公益林管理办法》明确，中央财政安排资金，用于国家级公益林的保护和管理。权属为国有的国家级公益林，管护责任单位为国有林业局（场）、自然保护区、森林公园及其他国有森林经营单位。权属为集体所有的国家级公益林，管护责任单位主体为集体经济组织。权属为个人所有的国家级公益林，管护责任由其所有者或者经营者承担。无管护能力、自愿委托管护或拒不履行管护责任的个人所有国家级公益林，可由县级林业主管部门或者其委托的单位，对其国家级公益林进行统一管护，代为履行管护责任。严格控制勘查、开采矿藏和工程建设使用国家级公益林地，经审核审批同意使用的国家级公益林地，实行占补平衡。一级国家级公益林原则上不得开展生产经营活动，严禁打枝、采脂、割漆、剥树皮、掘根等行为，不得开展任何形式的生产经营活动。集体和个人所有的一级国家级公益林，以严格保护为原则，根据其生态状况需要开展抚育和更新采伐等经营活动，或适宜开展非木质资源培育利用的，应当符合相关技术规程的规定，按相关程序实施。二级国家级公益林可以按照有关规定开展抚育和更新性质的采伐，适度开展林下种植养殖和森林游憩等非木质资源开发与利用。国有二级国家级公益林需要开展抚育和更新采伐或者非木质资源培育利用的，还应当符合森林经营方案的规划，并编制采伐或非木质资源培育利用作业设计，经县级以上林业主管部门依法批准后实施。

对国家级公益林实行"总量控制、区域稳定、动态管理、增减平衡"的管理机制。国家级公益林的调出，以不影响整体生态功能、保持集中连片为原则，一经调出，不得再次申请补进。国有国家级公益林原则上不得调出；集体和个人所有的一级国家级公益林原则上不得调出，但对已确权到户的苗圃地、竹林地，以及平原农区的国家级公益林，其林权权利人要求调出的，可以按照本办法规定调出；集体和个人所有的二级国家级公益林，林权权利人要求调出的，可以按照本办法的规定调出。除补进国家退耕还林工程中退耕地上营造的符合国家级公益林区划范围和标准的防护林和特种用途林外，在本省行政区域内，可以按照增减平衡的原则补进国家级公益林，补进的国家级公益林应当符合《国家级公益林区划界定办法》规定的区划范围和标准。单次调出或者补进国家级公益林超过1万亩的，由省级林业主管部门会同财政部门在报经省级人民政府同意后，报国家林业局和财政部审定。本办法自印发之日起施行，有效期至2025年12月31日。国家林业局和财政部2013年发布的《国家级公益林管理办法》（林资发〔2013〕71号）同时废止。

天然林保护政策基本实现全覆盖 经国务院同意，"十三五"期间全面取消了天然林商业性采伐限额指标，在实施天然林资源保护工程二期的基础上，中央财政安排森林管护费补助和全面停止天然林商业性采伐补助，全国国有天然林都纳入了补助范围，并对有天然林资源分布的16个省（自治区、直辖市）的部分集体和个人所有天然商品林实行停伐管护补助政策，基本实现天然林保护政策全覆盖。天然林管护面积达到12 880万公顷，较二期任务增加2亿亩。

天然林保护有关补助标准逐步提高 国有林管护补助标准从2014年的每年每亩5元逐步提高到2015年6元、2016年8元和2017年的10元，翻了一番。对集体和个人所有天然商品林停止商业性采伐，比照国家级公益林生态效益补偿标准每年每亩给予15元停伐管护补助；天然林资源保护工程社保补助标准提高到2013年各地社会职工平均工资的80%为缴费基数。天保工程公益林建设等造林补助标准也得到较大幅度提高。

2017年，中央财政共安排停伐补助资金（含管护）123.77亿元，比2016年增加7.3亿元。

规划体系不断充实 2017年，国家先后编制印发了《全国湿地保护"十三五"实施规划》《全国沿海防护林体系建设工程规划（2016－2025年）》《"十三五"森林质量精准提升工程规划》《林业产业发展"十三五"规划》等，分别明确了湿地保护修复、沿海防护林、林业产业发展和森林质量精准提升等领域发展的规划目标、主要任务、总体布局和建设内容等。

全国湿地保护"十三五"实施规划

- 发布单位：国家林业局、国家发展和改革委员会、财政部
- 规划期限：2016 － 2020 年
- 规划目标：到2020年，全国湿地面积不低于8亿亩，湿地保护率达50%以上，恢复退化湿地14万公顷，新增湿地面积20万公顷（含退耕还湿）；建立比较完善的湿地保护体系、科普宣教体系和监测评估体系，明显提高湿地保护管理能力，增强湿地生态系统的自然性、完整性和稳定性。
- 规划主要任务：根据湿地全面保护的要求，划定并严守湿地生态红线，对湿地实行分级管理，实现湿地总量控制。根据湿地重要程度，对国际重要湿地、国家重要湿地、国家级湿地自然保护区和国家湿地公园等重要湿地实施严格保护，禁止擅自占用这部分湿地。按照湿地面临的威胁和问题，突出重点并分类施策。对江河源头和上游的湿地，要以封禁等保护为主，重点加强对水资源和野生动植物的保护。对于大江大河中下游和沿海地区等湿地，要在严格控制开发利用和围垦强度的基础上，积极开展退化湿地恢复和修复，扩大湿地面积，引导湿地可持续利用。对西北干旱半干旱地区的湿地，重点加强水资源调配与管理，合理确定生活、生产和生态用水，确保湿地生态用水需求。
- 建设内容：规划包括全面保护与恢复湿地、湿地保护与恢复重点工程、可持续利用示范和能力建设等四方面建设内容。

全国沿海防护林体系建设工程规划（2016－2025年）

- 发布单位：国家林业局、国家发展和改革委员会
- 规划期限：2016－2025年
- 规划目标：通过继续保护和恢复以红树林为主的一级基干林带，不断完善和拓展二、三级基干林带，持续开展纵深防护林建设，初步形成结构稳定、功能完备、多层次的综合防护林体系，使工程区内森林质量显著提升，防灾减灾能力明显提高，经济社会发展得到有效保障，城乡人居环境进一步改善。到2020年，森林覆盖率达到39.8%，林木覆盖率达到42.7%，红树林面积恢复率达到55.0%，基干林带达标率达到75.0%，老化基干林带更新率达到55.0%，农田林网控制率达到90.0%，村镇绿化率达到27.0%。到2025年，森林覆盖率达到40.8%，林木覆盖率达到43.5%，红树林面积恢复率达到95.0%，基干林带达标率达到90.0%，老化基干林带更新率达到95.0%，农田林网控制率达到95.0%，村镇绿化率达到28.5%。
- 分区布局：以气候带、自然灾害特点、行政单元为分区布局主导因子，将工程区从北至南划分为4个建设类型区，分别是环渤海湾沿海地区、长江三角洲沿海地区、东南沿海地区、珠江三角洲及西南沿海地区。在4个建设类型区，根据海岸地貌特征、基质类型的不同，划分为13个类型亚区。
- 建设内容：一是沿海基干林带建设，二是纵深防护林建设，三是科技支撑体系建设，四是基础设施建设。

"十三五"森林质量精准提升工程规则

- 发布单位：国家林业局、国家发展和改革委员会、财政部
- 规划期限：2016－2020年
- 规划目标：通过建设森林质量精准提升的支撑体系，建立森林质量精准提升工程建设标准，实施精准作业、精准管理和精准监测，着力推进全国天然林保育、人工林经营和灌木林复壮。"十三五"期间，基本完成各级森林经营规划和森林经营方案编制，全国林木良种使用率达到75%以上，科技进步贡献率达到55%以上。完成森林抚育4 000万公顷，退化林修复1 000万公顷。

  到2020年，全国森林覆盖率提高1.38个百分点，森林蓄积量增加14亿立方米。乔木林每公顷蓄积量达到95立方米以上、年均生长量达到4.8立方米以上。混交林面积比例达45%以上，珍贵树种和大径级用材林面积比例达到15%以上。森林年生态服务价值达15万亿元以上，森林植被总碳储量达95亿吨以上。全国森林生态资源持续增加，国土生态安全屏障更加稳固，优质生态产品和林产品更加丰富，加速推进林业现代化建设，为全面建成小康社会提供更好的生态条件。
- 总体布局：按照自然条件、森林类型、质量状况和主体功能相似的原则，将全国森林质量提升划分为6个片区，分别是长江片区、南方片区、中部片区、京津冀片区、西北片区、东北片区。在全面停止天然林商业性采伐的同时，分区施策，确定各片区森林质量提升的主攻方向和重点，全面实施森林质量精准提升。

　　义务植树尽责形式管理办法出台　2017年6月，全国绿化委员会印发《全民义务植树尽责形式管理办法（试用）》，明确了全民义务植树尽责形式为8类，分别是造林绿化、抚育管护、自然保护、认种认养、设施修建、捐资捐物、志愿服务、其他形式，规定了每类尽责形式的折算标准。办法明确，各级绿化委员会负责公民义务植树的组织协调、指导督促、宣传发动、调度统计等工作。按照谁组织、谁证明的原则，具备条件的，可对完成当年植树义务的公民颁发《全民义务植树尽责电子证书》。全国绿化委员会办公室负责《全民义务植树尽责电子证书》式样制定、监督管理等工作。各地按照本办法制定义务植树尽责形式管理实施细则。地方法规规章另有规定的，从其规定。

2. 生态修复政策

　　《贯彻落实〈湿地保护修复制度方案〉的实施意见》印发　2017年5月，国家林业局、国家发展和改革委员会等8部门印发《贯彻落实〈湿地保护修复制度方案〉的实施意见》，到2020年，建立较为完善的湿地保护修复制度体系，各地要制定湿地保护修复的工作方案，完善工作机制，把《湿地保护修复制度方案》提出的相关制度和政策转化为实实在在的政策措施和制度办法，强化监督检查，严格考核问责，要将湿地面积、湿地保护率、湿地生态状况等保护成效指标纳入本地区生态文明建设目标评价考核等制度体系，建立健全奖励机制和终身追责机制，落实经费保障。

　　陡坡耕地基本农田退耕还林还草规模扩大　2017年5月，国务院批准了国家林业局与有关部门联合上报的《关于核减基本农田保护面积 扩大新一轮退耕还林还草规模的请示》（发改西部〔2017〕262号），将有关省份符合规定条件的3 700万亩陡坡耕地基本农田调整为非基本农田，从而使新一轮退耕还林总规模扩大近1倍，有效破解了制约退耕还林健康发展的难题。

　　退耕还林种苗造林费补助标准提高　国家发展和改革委员会等5部门在《关于下达2017年度退耕还林还草任务的通知》中将退耕还林种苗造林费补助标准从每亩300元提高到400元，提高种苗造林费补助标准。

　　退化防护林修复技术规定出台　2017年1月，国家林业局印发了《退化防护林修复技术规定（试行）》，明确了退化防护林界定标准、退化等级、修复方式和技术要求，提出了限制修复区域。该规定出台，进一步规范了退化防护林修复技术，科学指导退化防护林修复工作，提高修复质量和效益。

　　另外，国家发布了《低效林改造技术规程》《三北防护林退化林分修复技术规程》等一系列技术规范。

3. 自然保护地保护政策

　　《建立国家公园体制总体方案》出台　2017年9月，中共中央办公厅、国务院办公厅印发了《建立国家公园体制总体方案》，一是明确了国家公园的定义和定位。国家公园是指由国家批准设立并主导管理，边界清晰，以保护具有国家代表性的大面积自然生态系统为主要目的，实现自然资源科学保护和合理利用的特定陆地或海洋区域。国家公园是我国自然保护地最重要类型之一，属于全国主体功能区规划中的禁止开发区域，纳入全国生态保护红线区域管控范围，实行最严格的保护。国家公园的首要功能是重要自然生态系统的原真性、完整性保护，同时兼具科研、教育、游憩等综合功能。确定国家公园的空间布局，制定国家公园设立标准，明确国家公园准入条件。国家公园建立后，在相关区域内一律不再保留或设立其他自然保护地类型。二是建立统一事权，分级管理体制。建立统一管理机构，由一个部门统一行使国家公园自然保护地管理职责，可根据实际需要，授权国家公园管理机构履行国家公园范围内必要的资源环境综合执法职责。国家公园内全民所有自然资源资产所有权由中央政府和省级政府分级行使。国家公园可作为独立自然资源登记单元，依法对区域内水流、森林、山岭、草原、荒地、滩涂等所有自然生态空间统一进行确权登记。三是建立资金保障制度。中央政府直接行使全民所有自然资源资产所有权的国家公园支出由中央政府出资保障。委托省级政府代理行使全民所有自然资源资产所有权的国家公园支出由中央和省级政府根据事权划分分别出资保障。国家公园实行收支两条线管理。四是完善自然生态系统保护制度。严格规划建设管控，除不损害生态系统的原住民生产生活设施改造和自然观光、科研、教育、旅游外，禁止其他开发建设活动。国家公园区域内不符合保护和规划要求的各类设施、工矿企业等逐步搬离，建立已设矿业权逐步退出机制。实行差别化保护管理方式。五是构建社区协调发展制度，建立社区共管机制，健全生态保护补偿机制和完善社会参与机制。

健全国家自然资源资产管理体制试点方案出台　2017年2月，中共中央办公厅、国务院办公厅印发《关于健全国家自然资源资产管理体制试点方案》，试点范围是将国家生态文明试验区、三江源国家公园、东北虎豹国家公园等明确为健全国家自然资源资产管理体制试点区，时间为1年半左右。试点任务：一是将全民所有自然资源资产所有者职责从自然资源管理部门分离出来，集中统一行使；二是探索中央、地方分级代理行使全民所有自然资源资产所有权；三是按照精简统一效能的原则整合设置国有自然资源资产管理机构。试点内容：关于国家生态文明试验区，在已经中央批复的国家生态文明试验区（福建）进行试点，除中央直接行使所有权的外，将福建省分散在国土、水利、林业等部门的全民所有自然资源资产所有者职责剥离出来，整合组建福建省国有自然资源资产管理机构，试点期间，经福建省政府授权，承担全民所有自然资源资产所有者职责；关于三江源国家公园，结合三江源国家公园试点工作，组建三江源国有自然资源资产管理机构，与三江源国家公园管理局"一个机构、两块牌子"；关于东北虎豹国家公园，试点区域全民所有自然资源资产所有权由国务院直接行使，试点期间，具体委托国家林业局代行，所在行政区域内的地方政府不再行使试点区内自然资源资产所有者职责，继续行使辖区内（含试点区域）经济社会发展综合协调、公共服务、社会管理、市场监管等职责。

自然保护区监督管理 2017年4月，国家林业局办公室印发《关于进一步加强林业自然保护区监督管理工作的通知》。通知要求如下。一是要严格执行建设项目审批制度。二是对自然保护区建设项目实行严格管制。自然保护区内原则上不允许新建与自然保护区功能定位不符的项目，包括但不限于以下项目：高尔夫球场开发、房地产开发、索道建设、会所建设等项目；光伏发电、风力发电建设项目；社会资金进行商业性探矿勘查，以及不属于国家紧缺矿种资源的基础地质调查和矿产远景调查等公益性工作的设施建设；野生动物驯养繁殖、展览基地建设项目；污染环境、破坏自然资源或自然景观的建设设施；对自然保护区主要保护对象产生重大影响、改变自然资源完整性和自然景观的设施；其他不符合自然保护区主体功能定位的设施。三是强化保护执法监管。各级林业主管部门要进一步加强各级各类自然保护区日常监管和监督检查，充分运用遥感等先进技术手段，确保违法违规问题及时发现，要进一步强化自然保护区执法力量的配备，强化执法能力。四是建立健全约谈工作机制。对发生违法违规活动的自然保护区，由国家林业局约谈地方政府、林业主管部门、自然保护区管理局，并可邀请媒体报道，实现约谈工作的常态化、公开化。

珍稀濒危野生动物保护 2017年11月，国家林业局印发《关于切实做好东北虎豹、大熊猫、雪豹等珍稀濒危野生动物和森林资源保护工作的通知》，要求各有关省林业主管部门要按照"谁管辖谁负责"的要求，切实负责好本区域东北虎豹、大熊猫、雪豹等珍稀濒危野生动物和森林资源保护工作。要对试点区珍稀濒危野生动物主要活动区域划定保护责任区，明确负责机构、负责领导和具体责任人，确保试点区内东北虎豹、大熊猫、雪豹等珍稀濒危野生动物的安全。各有关省林业主管部门要开展大规模的"清山清套"活动，彻底清除园区内的猎套、猎夹、网具、陷阱等猎捕工具和设施。严防乱捕滥猎和损毁珍稀濒危野生动物栖息地等违法活动。严格禁止在园区内新批采矿权、探矿权，已审批的采矿权、探矿权要限期退出。

城郊森林公园意见印发 2017年6月， 国家林业局印发《关于加快推进城郊森林公园发展的指导意见》，一是要加强科学布局，实现每个县城至少建设1处城郊森林公园的发展目标。二是加强生态修复。加强对受损森林、湿地等自然生态系统的修复，优先使用乡土树种和本地野生花卉，营建近自然森林，形成多树种、多层次、多色彩的森林结构和森林景观，逐步恢复森林植被的自然性。三是加强基础建设。四是加强自然教育建设。每个公园至少建设一处森林课堂、一条森林教育步道或自然体验小径，鼓励有条件的公园建设森林体验中心、森林博物馆或自然学校；加强中小学生自然生态教育建设，每个公园要与中小学合作，组织开展"森林课堂"等活动；加强森林讲解员、解说员队伍建设。五是加强示范公园建设。积极培育先进典型，研究制定城郊森林公园的建设标准，5年内创建100处全国示范城郊森林公园，发挥典型示范和品牌带动作用。明确要建立起多元的投融资机制，按照"谁投资、谁经营、谁受益"的原则，鼓励金融和社会资本参与城郊森林公园建设；要推动地方性法规建设，制定城郊森林公园管理办法或条例；对于新建城郊森林公园要按程序批复为相应级别的森林公园，纳入森林公园管理体系。

《国家沙漠公园管理办法》出台　2017年9月，国家林业局印发了《国家沙漠公园管理办法》。办法明确，国家沙漠公园原则上以县域为单位组织建设，申报国家沙漠公园需具备5个基本条件。国家沙漠公园建设单位实行滚动式管理，采取"准入—退出"机制。国家沙漠公园所在地县级以上地方人民政府应当设立或者指定专门的管理机构，统一负责国家沙漠公园的建设与管理工作。国家沙漠公园建设要合理进行功能分区，包括生态保育区、宣教展示区、沙漠体验区、管理服务区，生态保育区面积原则上应不小于国家沙漠公园总面积的60%，沙漠体验区面积原则上不超过国家沙漠公园总面积的20%，管理服务区面积应不超过国家沙漠公园总面积的5%。禁止在国家沙漠公园内开展房地产、高尔夫球场、大型楼堂馆所、工业开发、农业开发等建设项目，禁止直接排放或者堆放未经处理或者超标准的生活污水、废水、废渣、废物及其他污染物；禁止其他破坏或者有损荒漠生态系统功能的活动。

4. 集体林权管理政策

加快培育新型林业经营主体意见出台　2017年7月，国家林业局印发《关于加快培育新型林业经营主体的指导意见》（以下简称《意见》）。《意见》明确，要培育林业专业大户、家庭林场、农民林业专业合作社、股份合作社、林业龙头企业5类新型林业经营主体。

《意见》提出，要加大财税支持力度，鼓励地方扩大对各类新型林业经营主体的财政扶持范围和扶持资金规模。鼓励地方通过直接补助、以奖代补、奖补结合和贷款贴息等方式，支持新型林业经营主体开展基地建设、储藏加工等，改善生产经营条件，增强发展能力。有条件的地方，可对流转林地面积达到一定规模且集中连片的给予奖补。允许财政项目资金直接投向符合条件的新型经营主体，允许财政投入形成的集体资产转交新型林业经营主体持有和管护。新型林业经营主体在宜林荒山荒地、沙荒地、采伐迹地、低产低效林地进行人工造林、更新改造、营造混交林，发展木本油料、林下经济和其他林业特色产业，以及开展间伐、补植、退化林修复等生产作业所需劳务用工和机械燃油等可享受中央财政林业补助。

《意见》明确，要优化金融保险扶持政策，支持新型林业经营主体以林权、固定资产、公益林补偿收益等办理抵押质押贷款，符合财政贴息政策的，享受中央财政林业贷款贴息。支持政策性担保机构将符合条件的林业新型经营主体纳入贷款担保服务范围。创新金融服务，把新型林业经营主体纳入银行业金融机构客户信用评定范围，对符合条件的进行综合授信，对信用等级较高的在同等条件下实行贷款优先等激励措施。《意见》明确，县级以上林业主管部门要指导和帮助新型林业经营主体编制森林经营方案，新型林业经营主体依法自主采伐自有林木的，按照森林经营方案优先安排采伐指标。采伐经济林、薪炭林、竹林以及非林地上的林木，可由新型林业经营主体自行设计，自主决定采伐年龄和方式。新型经营主体在经营区范围内修筑直接为林业生产服务的设施，可依法向县级以上林业主管部门申请审批使用林地。新型经营主体投资建设生态林等连片面积达到一定规模的，允许在符合林地管理法律法规和林地利用总体规划、依法办理使用林地手续、坚持节约集约用地的前提下，利用一定比例的林地开展森林康养等经营活动和配套基础设施建设。

林权抵押贷款深入推进 2017年12月，中国银监会、国家林业局、国土资源部出台了《关于推进林权抵押贷款有关工作的通知》，林权抵押贷款重点支持林业经营主体的林业生产经营、国家储备林建设、森林资源培育和开发、林下经济发展、林产品加工、森林康养、旅游等涉林资金需求，要向贫困地区重点倾斜，支持林业贫困地区脱贫攻坚。

各地林业主管部门要为林业规模经营主体提供点对点服务，推广"林业经营主体申请、部门推荐、银行审批"的运行机制。要会同当地银监局定期评选辖内具有一定经济实力、诚信经营、发展前景良好、示范带动作用强的林业规模经营主体，建立林业规模经营主体名录库，实行名录库动态管理，帮助金融机构识别优质林业规模经营主体、提供信贷支持。银行业金融机构要因地制宜，开发适合当地林业经营的贷款品种，适度提高林权抵押率，贷款期限要与林业生产周期相适应。推广林权按揭贷款、林权直接抵押贷款、林权反担保抵押贷款、林权流转交易贷款、林权流转合同凭证贷款和"林权抵押+林权收储+森林保险"贷款等林权抵押贷款模式，引导降低综合信贷成本。

通知明确，要完善林权评估机制，对于贷款金额在30万元以上（含30万元）的林权抵押贷款项目，具备专业评估能力的银行业金融机构可以自行评估，也可以依照相关规定，通过森林资源调查和价格咨询等方式进行评估。对于贷款金额在30万元以下的林权抵押贷款项目，银行业金融机构要参照当地市场价格自行评估。要建立林权收储机制，完善担保和处置方式，鼓励国有、民营等不同所有制经济主体设立林权收储担保机构，有条件的地方要探索建立政策性林权收储担保机构。支持省级以上的林业重点龙头企业、林业专业合作社开展林业经营主体间林权收储担保业务。各单位要共同加强抵押林权的产权保护工作，保护银行业金融机构的财产处置权和收益权。抵押期间，抵押人办理林权类不动产登记、林权流转或抵押、林种变更、林木采伐等手续时，应主动提交债权人银行业金融机构书面同意证明材料并对其真实性负责。符合采伐条

73 —————

件的抵押林权，必须通过林木采伐解决的，林业主管部门应予安排采伐指标，确保信贷资金及时收回。

林下经济示范基地管理加强 2017年9月，国家林业局印发了《关于加强林下经济示范基地管理的通知》，继续开展"国家林下经济示范基地"创建工作，定期将林下经济规模大、管理水平高、产品质量优、带动能力强、扶贫效果好的县及专业合作社或龙头企业等新型林业经营主体遴选命名为"国家林下经济示范基地"。通知明确了国家林下经济示范基地的必备条件和命名程序，加强考核监督和动态管理，支持经营主体以林权、固定资产、公益林补偿收益等办理抵押贷款，对符合条件的予以贴息。支持政策性担保机构将符合条件的经营主体纳入担保服务范围，并优先提供担保服务。对生态脆弱区域、少数民族地区、边远地区及国家贫困地区国家林下经济示范基地，要重点予以扶持。

农村集体资产清产核资展开 2017年12月，农业部、财政部、国土资源部、水利部、国家林业局等9部门联合印发《关于全面开展农村集体资产清产核资工作的通知》，全面开展集体资产清产核资工作，从2017年开始，力争用3年左右时间基本完成，重点工作：一是清查核实资产，资源性资产清查要与土地、林地、草原等不动产登记、自然资源确权登记工作相衔接；二是明确产权归属，将集体资产确权到乡镇、村、组集体经济组织成员集体，不能打乱原集体所有的界限，对于政府拨款、减免税费等形成的资产，要把所有权确权到农村集体经济组织成员集体；三是健全管理制度；四是加快平台建设。《农村集体资产清产核资办法》明确了农村集体资产清产核资的对象、范围、登记时点、集体资产、负债和所有者权益清查内容，对集体经济组织成员集体所有的未纳入会计核算或无原始凭证的资产要进行资产估价与价值重估，对资产所有权进行确权和资产监管，建立年度资产清查制度和定期报告制度，推动农村集体资产财务管理制度化、规范化、信息化。

5. 林业精准扶贫政策

2017年，国家林业局印发《关于加快深度贫困地区生态脱贫工作的意见》（以下简称《意见》），明确到2020年，在深度贫困地区，力争完成营造林面积1 200万亩，组建6 000个造林扶贫专业合作社，吸纳20万贫困人口参与生态工程建设，新增生态护林员指标的50%安排到深度贫困地区，通过大力发展生态产业，带动约600万贫困人口增收。

《意见》指出，加强深度贫困地区生态脱贫，将围绕3项重点任务展开。一是全面实施生态保护脱贫。针对"三区三州"森林、湿地、沙化土地等面积较大、生物多样性资源丰富的优势，加大中央财政资金投入力度，扩大生态护林员选聘规模。健全各级财政森林生态效益补偿标准动态调整机制，扩大深度贫困地区森林生态效益补偿受益范围。二是大力推动生态治理脱贫。推广造林合作社脱贫，组织建档立卡贫困人口组建扶贫攻坚造林专业合作社承担营造林工程。合作社中贫困人口比例不低于60%。加大深度贫困地区新一轮退耕还林支持力度。三是积极开展生态产业脱贫。在深度贫困地区打造一批各具特色的木本油料、特色林果、竹藤、种苗、花卉、林下经济示范基地，建立利益连接机制，引导贫困人口通过特色林业产业促进增收。加大深度贫困地区生态旅游扶贫的指导和扶持力度，打造多元化的生态旅游产品。

2017年11月，国家林业局办公室、财政部办公厅、国务院扶贫办综合司联合下发了《关于开展2017年度建档立卡贫困人口生态护林员选聘工作的通知》，安排21个省份贫困地区生态护林员中央投资25亿元，比2016年增加5亿元，生态护林员规模从28.8万人增加到37万人，精准带动130多万人增收和脱贫。

6. 林业安全生产

加强林业安全生产的意见出台　2017年10月，国家林业局印发《关于加强林业安全生产的意见》（以下简称《意见》），各级林业主管部门要建立安全生产委员会或安全生产工作领导小组，明确承担林业安全生产工作的机构和职责，落实专人负责林业安全生产工作，保障相应工作经费，要严格落实林业安全生产属地管理责任。

《意见》明确，林业生产经营单位对本单位安全生产工作负主体责任，林业生产经营单位法定代表人和实际控制人为安全生产第一责任人，国有林业生产经营单位党政主要负责人同为安全生产第一责任人。内蒙古、吉林、龙江、大兴安岭、长白山森工（林业）集团公司应发挥安全生产工作示范带头作用，自觉接受属地监管。

《意见》提出，地方各级林业主管部门应建立与属地林业生产经营单位隐患排查治理系统联网的信息平台和重大隐患治理督办制度，督促林业生产经营单位消除重大隐患，要加强林业安全生产应急管理机构建设，建立健全生产安全事故应急救援预案，要建立林业安全生产责任追究机制。

7. 林业产业政策

《林业产业发展"十三五"规划》出台　2017年5月，国家林业局、国家发展和改革委员会等11个部委联合印发了《林业产业发展"十三五"规划》。规划提出，一是加大林业改革力度。减少林业行政审批项目，建立林业产业负面清单制度，研究建立健全林业资源资产产权制度，推行森林资源管理制度改革，建立企业信用评价体系，健全产业安全和产品质量监督机制。二是完善投融资政策。优化财政投入机制，创新金融服务机制，进一步促进投资主体多元化，建立林业保险制度，推进林业资源资产化和资本化进程。三是发挥市场决定性作用。充分释放市场活力，建立健全林产品市场体系，全面推进林业资源配置市场化全球化，充分激发社会组织活力，完善应对贸易摩擦和境外投资重大事项预警协调机制。四是加强科技支撑体系。改革科技创新体制机制，加强科技创新能力建设，推动科技成果转化，强化科技人才队伍建设，加强知识产权保护。

森林体验基地和森林养生基地试点建设意见出台　2017年6月，国家林业局森林旅游管理办公室印发《全国森林体验基地和全国森林养生基地试点建设工作指导意见》，试点建设的总体目标是每个试点单位通过3~5年努力，完成试点建设工作，基地的基础服务设施完善、产品特色鲜明、功能服务配套、人员训练有素，能够为公众提供比较系统、专业的森林体验或森林养生服务。试点建设的主要产品方向是森林体验产品和森林养生产品。试点建设要点，一是明确基地范围。基地可以是现有森林旅游地（森林公园等）的一部分，也可以是其他森林区域，必须做到范围明确、"四至"清晰，在基地范围内，所有管理、建设、经营工作都应围绕提供高品质的森林体验或森林养生服务展开。二是做好与相关规划的衔接。基地建设应当满足相关上位规划的控制要求，必要时应编制符合相关规定的专项规划，以确保各项工作的顺利推进。三是做好总体策划。四是编制试点建设工作方案等。

《境外林木引种检疫审批风险评估管理规范》出台　2017年6月，国家林业局印发《境外林木引种检疫审批风险评估管理规范》，明确了评估程序和方法，规定了评估结果处理，加强和规范境外林木引种检疫审批工作，有效提高林木引种检疫审批风险评估工作的科学性、统一性和规范性，降低外来有害生物入侵风险。

8. 财政税费政策

进口种用林木种子（苗）税费政策　2017年6月，国家林业局印发《关于加强"十三五"期间种用种子（苗）免税进口管理工作的通知》，免税进口林木种子（苗）的条件为，进口的林木种子（苗）要符合《"十三五"期间进口种子种源税收政策管理办法》规定的免税条件。进口林木种子（苗）具有下列情形之一的，不予免税。一是进口带花（含带花苞）的花卉，高度在2米以上或胸径在5厘米以上的苗木。二是进口的林木种子（苗）用于度假村、俱乐部、高尔夫球场、足球场等消费场所或运动场所建设和服务的。三是超过财政部、海关总署和国家税务总局下达的该品种当年免税进口计划剩余额度的。四是未申报当年度林木种子（苗）免税进口计划的。五是有资格的进口单位代理其他用户申请免税进口不允许转让和销售的货品的。六是提供虚假申报材料的。

国有林场（苗圃）财务制度出台　2017年6月，财政部和国家林业局联合印发了《国有林场（苗圃）财务制度》，对财务管理体制、预算、收入、支出、成本费用、结转和结余、流动资产、固定资产、林木资产、无形资产、对外投资、负债、专用基金、财务清算、财务报告与分析、财务监督等内容进行了规范。本制度自2018年1月1日起执行。《财政部关于颁发<国有林场与苗圃财务制度>（暂行）和<国有林场与苗圃会计制度>（暂行）的通知》（财农字〔1994〕371号）中《国有林场与苗圃财务制度（暂行）》同时废止。

林业资金稽查工作规定印发 2017年6月，国家林业局印发《国家林业局林业资金稽查工作规定》，国家林业局依法开展林业资金稽查，重点是稽查国家林业局审批的项目资金。林业资金稽查对象为承担林业资金项目、使用管理的省级及以下林业主管部门、林业资金使用单位。主要对林业资金收支的真实、合法情况依法进行稽查监督，主要包括资金计划的申请、下达，资金的拨付、使用、管理及其他有关情况。对稽查方式、组织、程序、稽查结果运用做出了明确规定。本规定自2017年7月1日起实施，有效期至2022年6月30日。其他有关林业资金稽查的规定与本规定不一致的，以本规定为准。

（三）林业法制

1. 林业立法

法律修改 稳步推进《中华人民共和国森林法》修改工作。在前期工作基础上，一是完善提请审议程序，将《中华人民共和国森林法》修改由国务院提请全国人民代表大会审议调整为由全国人大农业与农村委员会提请审议，并将《中华人民共和国森林法》修改列入全国人大常委会2017年立法工作计划；二是进一步明确修改的目标、责任以及重点修改内容；三是赴黑龙江、福建等地就木材运输、经营加工等进行专题调研；四是密切联系全国人大农业与农村委员会、全国人大常委会法制工作委员会，争取将《中华人民共和国森林法》修改继续列入2018年立法工作计划。

法规制定 2017年，推动湿地立法工作，一是配合国务院法制办审查《中华人民共和国湿地保护条例（草案）》，争取国务院法制办的理解和支持；二是结合十二届全国人大五次会议有关湿地立法议案，研究推动湿地立法工作。

规章制定和修改 2017年，国家林业局制定和修改并颁布的部门规章有5部，分别是《主要林木品种审定办法》（局令第44号）、《国家林业局委托实施林业行政许可事项管理办法》（局令第45号）、《野生动物及其制品价值评估方法》（局令第46号）、《野生动物收容救护管理办法》（局令第47号）、《湿地保护管理规定》（局令第48号）。

其他林业立法工作 一是继续配合全国人大农业与农村委员会《中华人民共和国农民专业合作社法》修订工作，推进《中华人民共和国农村土地承包法》修改工作；二是对全国人民代表大会、国务院法制办公室、国务院有关部委征求意见的法律法规草案，共办理征求意见80余件；三是认真办理全国"两会"建议提案以及全国人大环境与资源保护委员会和全国人大农业与农村委员会转交国家林业局办理的议案，其中，全国人大环境与资源保护委员会和全国人大农业与农村委员会转来议案19件，全国"两会"建议提案12件；四是指导地方林业立法工作，协助、指导《甘肃省实施〈中华人民共和国森林法〉办法》《甘肃省祁连山国家级自然保护区管理条例》《广东省种子条例》《宁夏回族自治区六盘山、贺兰山、罗山国家级自然保护区条例》等10部地方性法规的修改工作等。

规范性文件管理 2017年，一是做好规范性文件合法性审查。根据国务院文件要求，对上报国务院的文件以及国家林业局上报中央备案的党组文件进行合法性审查，2017年共审查6件上报中央和国务院的文件；加强规范性文件合法性审查工作，按照《国务院关于在市场体系建设中建立公平竞争审查制度的意见》要求，开展了公平竞争审查，细化审查标准，明确审查程序，对规范性文件质量严格把关，2017年审查发布22件规范性文件（表2）。二是开展规范性文件清理工作。按照国务院关于清理"简政放权、放管结合、优化服务"改革涉及的规范性文件有关要求，对现有规范性文件进行了全面清理，印发了《国家林业局关于废止部分规范性文件的通知》（林策发〔2017〕129号），宣布废止了25件规范性文件（表3）。

表2 2017年国家林业局发布的规范性文件目录

序号	文件名称	文　号	发布日期
1	国家林业局关于印发《退化防护林修复技术规定(试行)》的通知	林造发〔2017〕7号	2017/1/24
2	国家林业局办公室关于进一步加强林业自然保护区监督管理工作的通知	办护字〔2017〕64号	2017/4/28
3	国家林业局 财政部关于印发《国家级公益林区划界定办法》和《国家级公益林管理办法》的通知	林资发〔2017〕34号	2017/4/28
4	国家林业局办公室关于印发《全国森林旅游示范市县申报命名管理办法》的通知	办场字〔2017〕73号	2017/5/11
5	中华人民共和国濒危物种进出口管理办公室（上海市野生动植物进出口行政许可改革）公告	濒管办公告〔2017〕5号	2017/5/11
6	国家林业局办公室关于印发《东北内蒙古重点国有林区森林经营方案审核认定办法（试行）》的通知	办资字〔2017〕76号	2017/5/12
7	国家林业局办公室关于国家重点保护野生动物行政许可相关问题的复函	办护字〔2017〕80号	2017/5/18
8	国家林业局关于加强"十三五"期间种用种子（苗）免税进口管理工作的通知	林场发〔2017〕52号	2017/6/13
9	国家林业局公告2017年第12号（修改2项行政许可项目服务指南）	国家林业局公告〔2017〕12号	2017/6/9
10	国家林业局关于印发《境外林木引种检疫审批风险评估管理规范》的通知	林造发〔2017〕49号	2017/6/9
11	国家林业局关于印发《林业科技推广成果库管理办法》的通知	林科发〔2017〕59号	2017/6/21

（续）

序号	文件名称	文 号	发布日期
12	国家林业局关于印发《国家林业局林业资金稽查工作规定》的通知	林基发〔2017〕63 号	2017/6/26
13	国家林业局办公室关于印发《国际湿地城市认证提名暂行办法》的通知	办湿字〔2017〕120 号	2017/7/11
14	国家林业局办公室关于印发《国家林业局重点实验室评估工作规则》的通知	办科字〔2017〕137 号	2017/8/11
15	国家林业局公告 2017 年第 14 号（国务院规定行政许可审批机关的物种范围）	国家林业局公告〔2017〕14 号	2017/8/21
16	国家林业局关于印发《国家林业局林业社会组织管理办法》的通知	林人发〔2017〕99 号	2017/9/21
17	国家林业局关于印发《国家沙漠公园管理办法》的通知	林沙发〔2017〕104 号	2017/9/27
18	国家林业局公告 2017 年第 16 号（将上海自贸区行政许可委托事项复制推广至上海市）	国家林业局公告〔2017〕16 号	2017/10/24
19	国家林业局关于加强林业安全生产的意见	林改发〔2017〕120 号	2017/10/27
20	国家林业局公告 2017 年第 19 号（取消 5 项行政许可事项）	国家林业局公告〔2017〕19 号	2017/10/30
21	国家林业局关于印发《国家湿地公园管理办法》的通知	林湿发〔2017〕150 号	2017/12/27
22	国家林业局关于印发《国家林业局行政许可随机抽查检查办法》的通知	林策发〔2017〕152 号	2017/12/28

表3　2017年国家林业局决定废止的规范性文件目录

序号	名 称	文号
1	关于颁发《林业部关于加强森林资源管理若干问题的规定》的通知	（林资字）〔1988〕297 号）
2	林业部关于县级以上林业行政主管部门依法行使保护管理陆生野生动物行政处罚权有关问题的通知	（林护通字〔1994〕109 号）
3	林业部关于森林植物检疫处罚有关问题的答复（林函策〔1995〕133 号）	（林函策〔1995〕133 号）
4	林业部关于在野生动物案件中如何确定国家重点保护野生动物及其产品价值标准的通知	（林策通字〔1996〕8 号）
5	林业部关于重申已核发《林权证》的林地不应再办理《土地使用证》的函	（林函资字〔1997〕111 号）
6	国家林业局关于公路护路林更新采伐有关问题的复函（林策发〔1999〕297 号）	（林策发〔1999〕297 号）
7	国家林业局关于森工企业修筑直接为林业生产服务的工程设施法律适用问题的复函（林函策字〔2000〕139 号）	（林函策字〔2000〕139 号）

（续）

序号	名　称	文号
8	国家林业局关于对非法经营木材有关问题的复函	（林函策字〔2000〕275号）
9	国家林业局关于《中华人民共和国森林法实施条例》第四十三条"责令限期恢复原状"规定具体应用有关问题的复函	（林函策字〔2001〕80号）
10	国家林业局关于对国有森林经营单位发放土地证有关问题的复函	（林函资字〔2001〕201号）
11	国家林业局关于印发《林木种苗工程管理办法》的通知	（林场发〔2001〕533号）
12	国家林业局关于京津风沙源治理工程人工造林有关问题的通知	（林沙发〔2002〕258号）
13	国家林业局关于适用《中华人民共和国森林法实施条例》第四十条有关规定的函	（林函策字〔2003〕148号）
14	国家林业局关于加强自然保护区内进行影视拍摄等活动管理的通知	（林护发〔2006〕120号）
15	国家林业局关于规范国家一级保护野生动物《驯养繁殖许可证》批准核发工作的通知	（林策发〔2006〕224号）
16	国家林业局关于木材经营（加工）单位或者个人异地采购木材如何处理的复函	（林策发〔2007〕102号）
17	国家林业局关于林木采伐和野生植物采集法律适用有关问题的复函	（林策发〔2007〕148号）
18	国家林业局关于查处野生动物违法案件有关问题的复函	（林策发〔2008〕54号）
19	国家林业局关于加强森林凋落物及腐殖质开发利用管理的通知	（林资发〔2008〕170号）
20	国家林业局关于进一步加强象牙及其制品规范管理的通知	（林护发〔2008〕258号）
21	国家林业局关于印发《林业调查规划设计单位资格认证管理办法》的通知	（林资发〔2012〕19号）
22	国家林业局公告（委托上海市林业局实施野生动物行政许可事项）	（国家林业局公告2014年第9号）
23	国家林业局关于进一步改革和完善集体林采伐管理的意见	（林资发〔2014〕61号）
24	国家林业局关于印发《陆生野生动物收容救护管理规定》的通知	（林护发〔2014〕102号）
25	国家林业局公告（支持上海自贸区的野生动物行政许可委托事项）	（国家林业局公告2015年第14号）

2. 林业执法与执法监督

全国林业行政案件查处　2017年，全国共发生林业行政案件17.33万起，较2016年减少2.33万起，下降11.85%，继续呈现下降趋势；查结16.69万起，破案率为96.31%（图14）。违法使用林地案件首次超过非法运输木材案件，高居各林业案件类型发现数量之首，成为破坏森林资源林业行政案件中最突出的问题。全国共恢复林地10 160.10公顷，恢复保护区栖息地456.63公顷；

图 14　2008－2017 年全国林业行政案件发生与查处情况

没收木材16.37万立方米、种子2.03万公斤、幼树或苗木396.94万株；没收野生动物21.74万头（只）、野生植物26.21万株，涉案金额17.03亿元，其中，罚款16.60亿元、没收非法所得0.43亿元；责令补种树木860.43万株，行政处罚17.09万人次。

破坏森林资源案件督查督办　2017年，国家林业局各专员办共督查督办案件3 341起，其中，国家林业局批转899起、监督发现2 328起、媒体曝光及信访114起；案件办结2 947起，办结率88.21%。共处理各类违法违纪人员4 046人，其中，刑事处罚600人，行政处罚1 911人，党纪政纪处分1 535人。收回林地4.5万亩，罚款（金）2.44亿元。

林木种苗执法　2017年，国家林业局继续保持打击假冒伪劣种苗的高压态势，组织全国31个省（自治区、直辖市）、各森工（林业）集团和新疆生产建设兵团开展不同形式的执法检查活动，累计出动检查人员1.5万余人次，检查生产经营单位2万余家，共查处案件71件，办结案件66件，处罚没金额49.8万元，公开案件信息66件；移送司法机关案件1件，涉案金额198.7万元。组织开展了全国林木种苗质量监督抽查工作，对河北、湖南等14个省（自治区、直辖市）及内蒙古森工集团、大兴安岭林业集团的林木种苗质量进行重点抽查，部署其他省（自治区、直辖市）、森工（林业）集团、新疆生产建设兵团进行自查，共抽查林木种子样品83个、苗木苗批465个，涉及118个县266个单位。抽查结果显示，林木种子样品合格率为86.7%，苗圃地苗木苗批合格率为91.0%，造林地苗木抽查合格率为91.0%。

森林公安执法　2017年，全国森林公安机关共立案侦查各类涉林和野生动植物刑事案件3.26万起，比2016年增长9.40%，破案2.55万起，破案率提高了

5.07个百分点（表4）。打击处理违法犯罪人员2.99万余人（次），收缴林木5.80万立方米、野生动物28.63万头（只），全部涉案价值约17.26亿元。

表4　立案侦查各类涉林和野生动植物刑事案件情况

年　份	立案侦查起数（万起）	破案（万起）	破案率（%）
2016	2.98	2.18	73.15
2017	3.26	2.55	78.22

执法专项行动　2017年，国家林业局森林公安局在全国范围内组织开展"打击破坏森林和野生动植物资源违法犯罪专项打击行动"（代号"2017利剑行动"），共立刑事案件6 190起，破4 193起（其中破重大案件205起）；查处林政案件2.5万起，打击处理违法犯罪人员3.1万余人、打掉犯罪团伙62个，收缴林地5 233公顷、野生动物10万余头（只）、林木3.6万立方米，涉案总值8 000余万元，成效十分显著。

林业行政审批制度改革　2017年，国家林业局本级共依法办理林业行政许可事项7 639件。其中，准予许可7 596件，不予许可43件。

行政审批制度改革工作深入推进。一是继续清理行政许可事项。2017年，国务院决定取消1项国家林业局行政许可事项、9项中央指定地方实施林业行政许可事项（表5）。二是大力推进"双随机、一公开"监管工作。制定《国家林业局行政许可随机抽查检查办法》，对行政许可随机抽查检查工作的原则、实施主体、制度安排、结果公开等进行全面规范。三是进一步加强行政许可制度建设，颁布了《在国家级自然保护区修筑设施审批管理暂行办法》。

表5　2017年国务院决定取消国家林业局和中央指定地方实施的
林业行政许可事项

项目名称	审批部门	设定依据	加强事中事后监管措施	文号
在沙化土地封禁保护区范围内进行修建铁路、公路等建设活动审批	国家林业局	《中华人民共和国防沙治沙法》	取消审批后，国家林业局通过以下措施加强事中事后监管：①制定有关标准和条件，铁路、公路等建设项目审批部门按照标准进行审批，严格把关，并征求国家林业局意见。②加强日常巡查检查，设立举报平台，强化社会监督。③严厉处罚在沙化土地封禁保护区范围内的违规建设行为，处罚结果纳入国家信用平台，实行联合惩戒。	国发〔2017〕46号
在非疫区进行植物检疫对象研究审批	省级林业行政主管部门	《植物检疫条例》《国务院关于第三批取消和调整行政审批项目的决定》（国发〔2004〕16号）	取消审批后，林业行政主管部门要严格执行"对植物检疫对象的研究，不得在检疫对象的非疫区进行"的规定，加大执法力度，加强宣传引导，对进行植物检疫对象研究的单位加强监管，禁止将植物检疫对象活体带入非疫区，畅通投诉举报渠道，对违法行为严格处罚。	国发〔2017〕7号

（续）

项目名称	审批部门	设定依据	加强事中事后监管措施	文号
采集国家一级保护野生植物初审	省级林业行政主管部门	《中华人民共和国野生植物保护条例》	取消地方初审后，国家林业局直接受理审批，直接承担相应责任，并进一步明确各级林业行政主管部门的监管责任。	国发〔2017〕7号
出口国家重点保护野生植物或进出口中国参加的国际公约限制进出口的野生植物初审	省级林业行政主管部门	《中华人民共和国野生植物保护条例》	取消地方初审后，国家林业局直接受理审批，直接承担相应责任，并进一步明确各级林业行政主管部门的监管责任。林业行政主管部门要采取专项检查、随机抽查等方式，加强事中事后监管。	国发〔2017〕7号
营造林工程监理员职业资格审核	省级林业行政主管部门	《中华人民共和国劳动法》《国务院关于取消和下放一批行政审批项目的决定》（国发〔2014〕5号）	取消审批后，林业行政主管部门要加强对营造林工程质量的监管，建立营造林工程诚信档案并向社会公布。	国发〔2017〕7号
采集或采伐国家重点保护的天然种质资源初审	省级林业行政主管部门	《中华人民共和国种子法》国家林业局公告（2006年第6号）	取消地方初审后，国家林业局直接受理审批，直接承担相应责任，并进一步明确各级林业行政主管部门的监管责任。要对被许可人开展随机抽查，确保其按照采集或采伐国家重点保护林木天然种质资源审批内容开展相关活动，加强国家林木种质资源库日常管理，避免林木种质资源流失。	国发〔2017〕7号
在林区经营（含加工）木材审批	省、市、县级林业行政主管部门	《中华人民共和国森林法实施条例》	取消审批后，国家林业局要督促地方林业行政主管部门通过以下措施加强事中事后监管：①强化"林木采伐许可证核发""木材运输证核发"，从源头上对乱砍滥伐行为强化管理。②加强与工商部门的信息沟通交流，掌握了解从事木材经营加工企业的工商登记信息，并相应加强实地检查、随机抽查，每年抽查比例不低于本地区木材经营加工企业总数的20%。重点核查经营（加工）场所是否符合相关规定、审查企业原料和产品入库出库台账、审查木材来源是否合法。③违法违规行为处理结果及时通报工商部门，纳入国家企业信用信息公示系统。	国发〔2017〕46号
建立固定狩猎场所审批	省级林业行政主管部门	《中华人民共和国陆生野生动物保护实施条例》	取消审批后，国家林业局要督促地方林业行政主管部门通过以下措施加强事中事后监管：①强化"国家一级保护陆生野生动物特许猎捕证核发""国家二级保护陆生野生动物特许猎捕证核发""猎捕非国家重点保护陆生野生动物狩猎证核发"，依据资源状况依法规范核发特许猎捕证、狩猎证，明确狩猎活动区域、时间和狩猎动物种类、数量、方式。②加强野生动物资源监测工作，制定完善监管制度，加大对违法行为的处罚力度，处罚结果纳入国家信用平台，实行联合惩戒。③加大宣传教育力度，畅通举报渠道，充分发挥社会监督作用。	国发〔2017〕46号

（续）

项目名称	审批部门	设定依据	加强事中事后监管措施	文号
出口国家重点保护的或进出口国际公约限制进出口的陆生野生动物或其产品初审	省级林业行政主管部门	《中华人民共和国陆生野生动物保护实施条例》《中华人民共和国濒危野生动植物进出口管理条例》	取消地方初审后，由国家林业局直接受理审批，并通过以下措施加强事中事后监管：①强化"出口国家重点保护的或进出口国际公约限制进出口的陆生野生动物或其产品审批"，严格把关。②建立完善有效的举报平台或渠道，充分发挥社会监督作用。③加强执法检查，严厉处罚违法违规行为，处罚结果纳入国家信用平台，实行联合惩戒。	国发〔2017〕46号
外来陆生野生动物物种野外放生初审	省级林业行政主管部门	《中华人民共和国陆生野生动物保护实施条例》	取消地方初审后，由国家林业局直接受理审批，并通过以下措施加强事中事后监管：①国家林业局要制定完善外来陆生野生动物物种野外放生的相关规定，明确放生活动的范围，明确要求除为保护、拯救野生动物而进行的放归自然行为外，其他放生活动一律在限定范围内实施。②强化"外来陆生野生动物物种野外放生审批"，严格把关。③加强执法检查，严格处罚违法违规放生行为，处罚结果纳入国家信用平台。④加大宣传教育力度，设立完善举报平台，充分发挥社会监督作用。	国发〔2017〕46号

行政复议与诉讼 一是行政复议案件办理。2017年，国家林业局共办理行政复议案件33起，其中，受理26起，包括驳回4起，维持16起，确认违法4起，撤销1起，申请人主动撤回1起；不予受理7起。完成行政复议裁决答辩及举证工作。2017年，国家林业局共收到国务院行政复议裁决案1起。国务院法制办于2017年5月对该案做出最终裁决，维持国家林业局的行政复议决定和信息公开答复的具体行政行为。二是行政诉讼应诉案件办理。2017年，国家林业局共办理行政诉讼应诉案件46起。其中，国家林业局单独应诉3起，与省级林业主管部门共同应诉43起，胜诉率为100%。上述行政诉讼案件涉及河北、河南、浙江、福建、广东、陕西、江西、辽宁等8个省。三是复议诉讼其他相关工作。继续完善国家林业局法律顾问制度。积极探索法律顾问参与林业行政复议案件、行政诉讼案件的新模式，充分发挥法律顾问的参谋助手作用；加强对地方行政复议、应诉工作的指导。就地方行政复议、应诉工作出现的问题积极进行协调；配合最高人民法院做好行政诉讼有关情况的调研工作，起草完成了《国家林业局关于提升依法执政和加强行政审判工作的意见和建议》，并报送最高人民法院，对促进行政诉讼审判规范化提出意见和建议。

3. 林业普法

执法人员培训考核 2017年，国家林业局举办了林业行政执法暨普法骨干人员培训班，重点就行政复议、行政诉讼应诉，特别是林业行政公益诉讼、行政程序等热点内容进行讲解，对提高行政机关复议、诉讼应诉能力起到了积极的促进作用。举办了林木种苗行政执法和质量管理人员培训班，培训人员130余人，主要讲解种苗行政执法和行政处罚程序、典型案例、文书填写等。

组织普法考试 根据《中央宣传办、司法部、全国普法办公室关于开展2017年"12·4"国家宪法日集中宣传活动的通知》（司发通〔2017〕118号）的要求，下发了《国家林业局普及法律常识办公室关于开展2017年全国林业系统"12·4"普法考试的通知》，在全系统开展以宣传"党的十九大精神和习近平总书记关于全面依法治国重要论述"为主题的普法考试。

普法宣传 2017年，组织开展了《中华人民共和国种子法》网络知识竞赛，全国4.40万人参与。国家林业局组织编写了《林木种苗行政执法手册》，手册内容包含行政执法程序、典型案例分析、文书填写范例、相关法律文件等，免费发放各地，对于指导基层种苗执法具有很强的实用性和指导性，有力地提升了基层一线种苗执法人员的理论水平和实际操作能力。

P85-96

林业投资

- 资金来源
- 资金使用
- 林业固定资产投资
- 林业建设资金管理

林业投资

2017年，面对经济下行、财政收入增速放缓、中央农口资金投入减少的严峻形势，林业部门切实加强沟通协调，着力创新投融资机制，充分发挥财政资金和开发性政策性金融资本的作用，构建了林业多元投入的保障体系。2017年，全国实际完成中央财政资金投入1 107.68亿元，与2016年相比增长4.39%。其中，国家公园体制试点、国家森林公园、国家湿地公园、珍稀濒危野生动植物保护补助项目，是林业建设中央财政资金投入增长的主要渠道。

（一）资金来源

我国林业建设资金主要来源包括：国家预算资金、国内贷款、利用外资、自筹资金和其他来源（如社会集资、无偿捐赠等）。2017年，全国林业建设累计完成投资4 800.26亿元，与2016年相比增长6.45%。其中，国家预算资金2 259.23亿元（中央财政1 107.68亿元），国内贷款466.78亿元，利用外资21.30亿元，自筹资金1 354.04亿元，其他资金698.91亿元。与2016年相比，中央财政、地方财政和自筹资金在林业建设投入资金中的比重都略有下降（图15）。

图 15　2017年林业建设完成投资结构

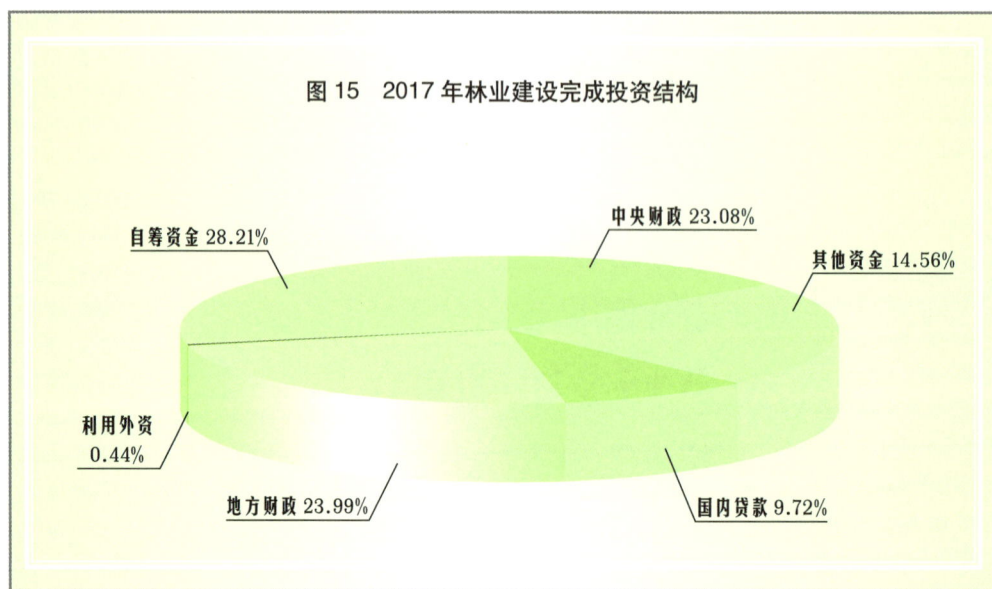

中央财政 23.08%
其他资金 14.56%
国内贷款 9.72%
地方财政 23.99%
利用外资 0.44%
自筹资金 28.21%

1.国家预算资金

国家预算资金是指国家统筹安排用于林业建设与保护的中央财政和地方财政资金，包括中央预算内投资和用于林业建设的财政专项资金。2017年，国家预算资金投入2 259.23亿元，其中，中央财政资金为1 107.68亿元，占全部国家预算内资金的49.03%；地方财政资金1 151.55亿元，占50.97%，中央和地方财政资金占林业生态建设主要资金来源的比重相近，地方财政资金所占比重继续小幅上升。其中，新增国家公园体制试点中央预算投资7.50亿元，国家森林公园、国家湿地公园中央预算投资增加2.42亿元，启动珍稀濒危野生动植物保护补助项目中央财政安排0.42亿元，是林业建设中央财政资金投入增长的主要动力。

2. 国内贷款

国内贷款是指从国内银行和非银行金融机构借入、用于林业建设和发展的资金，包括银行利用自有资金及吸收的存款发放的贷款、上级主管部门拨入的国内贷款、国家专项贷款，地方财政专项资金安排的贷款、国内储备贷款、周转贷款等。2017年林业建设完成投资中，国内贷款466.78亿元。

2017年，中央财政对2016年1月1日至12月31日期间落实的林业贷款进行贴息，共安排贴息资金7.35亿元，与2016年相比增长13.08%；扶持林业贴息贷款规模426.00亿元，与2016年相比增长77.50%。2017年林业贴息贷款中，用于营造生态林（含国家储备林）、木本油料经济林、工业原料林项目的贷款105.40亿元，占当年林业贴息贷款总额的24.74%，中央财政贴息1.75亿元；投向国有林场、重点国有林区，用于保护森林资源、缓解经济压力、开展多种经营项目38.80亿元，占9.11%，中央财政贴息0.60亿元；投向自然保护区、森林（湿地、沙漠）公园，用于开展生态旅游项目14.50亿元，占3.40%，中央财政贴息0.18亿元；以公司带基地、基地连农户（林业职工）的经营形式，用于林业资源开发、带动林区和沙区经济发展的种植业以及林果等林产品加工业项目197.30亿元，占46.32%，中央财政贴息3.58亿元；投向农户和林业职工个人，用于营造林、林业资源开发项目70.00亿元，占16.43%，中央财政贴息1.24亿元。

专栏 12　林业贴息贷款助力江西安远绿色发展

江西省安远县全力推进中央财政林业贷款贴息项目，初步探索出一条以财政贴息资金引导金融资本和社会资金共同推动林业产业升级、群众脱贫攻坚的绿色发展之路。截至 2017 年底，安远县累计发放林业贷款贴息资金 7 226.9 万元，受益林农达 29 817 户（次）。主要做法如下。

完善支持体系　一是成立部门联动、分工明确、协作配合的项目实施领导小组，建立健全部门联席会议制度。二是强化配套支撑。搭建以林权证抵押贷款为主的林业投融资平台，全面实施林权及果权抵押贷款政策。引导金融部门给予林农和果农无抵押、额度为 5 万～30 万元的授信贷款，有效解决林农和果农融资贷款难题。三是深入宣传发动，让贴息政策家喻户晓。

规范项目管理　明确由县林权管理服务中心具体承办项目实施，负责做好贴息计划申报，调取涉林小额贴息贷款客户资料，组织相关部门进行实地核查验收，并做好申报贴息名单的录入。简化申报流程，林农只需要参与贷款用途实地验证、贴息资金发放办理两个环节即可，其余工作均由林业、财政、金融部门承担。同时，在各乡镇设立贴息资金发放网点，实行"一站式"办理，并安排当地护林员做好引导服务。

保障贴息资金安全　一是出台《安远县林业贷款中央财政贴息资金管理实施细则》和《安远县林业贴息资金发放管理办法》，明确林业贴息贷款项目申报程序、监管责任以及违法违规行为的处罚措施，并将项目申报过程进行公示。二是采取"3+1"工作组织模式，在乡镇基层一线全部完成林业贴息申请的审核工作。"1"即申请贴息的林农，"3"即乡镇林业工作站、乡镇财政所、基层金融部门营业网点，联合对林农申请贴息资金的贷款材料进行审核，并对申报人的林业贴息贷款用途及贷款归还等情况实地核查无误后，输机并行文上报。三是组织监察、审计等部门组成林业贴息资金发放督查组，每年随机抽取全县10%的申报贴息林农进行核查，核查结果与事中检查结果相互印证。对不符合条件的一律按规定予以剔除，杜绝了人情贴息、关系贴息现象。

拓展实施路径　一是坚持与生态建设相融合。在林业小额贴息贷款的带动下，全县累计完成社会造林21.30万亩，抚育中幼林26.10万亩，改造低质低效林14.30万亩，发展林果基地36.80万亩，发展金线莲等林下经济15.50万亩。二是坚持与脱贫攻坚相融合。通过贴息项目，培育壮大林业龙头企业（基地），每年带动近万名贫困群众就业创业。同时，在涉林贷款、技术指导等方面给予贫困户倾斜支持，引导他们通过入股林业企业（基地）、林企（基地）+林农等方式，与林业企业建立利益共同体。目前，全县有263户贫困户在林业贴息贷款项目的扶持下实现了稳定脱贫。三是坚持与产业升级相融合。将小额林业贷款贴息项目向符合国家政策支持的林果业、油茶、林产品加工、工业原料林基地建设倾斜，推动县产业结构调整升级。仅脐橙产业一项，累计贴息额就达到3 072.81万元，带动全县发展脐橙36.80万亩，基本达到农村人口人均一亩果，加快了果业产业化、现代化发展进程。

3. 利用外资

利用外资是指当年林业建设中使用的国外资金，包括国外贷款、中外合资项目中的外方投资、无偿援助以及对外发行债券和股票等。2017年，林业实际利用外资3.27亿美元（人民币21.30亿元），与2016年相比增长34.02%。其中，国外借款1.04亿美元，外商直接投资2.11亿美元，无偿援助0.12亿美元，分别占林业实际利用外资总规模的31.80%、64.53%和3.67%。林业实际利用外资金额占全国实际利用外资金额④的0.24%，比2016年上升0.05个百分点（图16）。

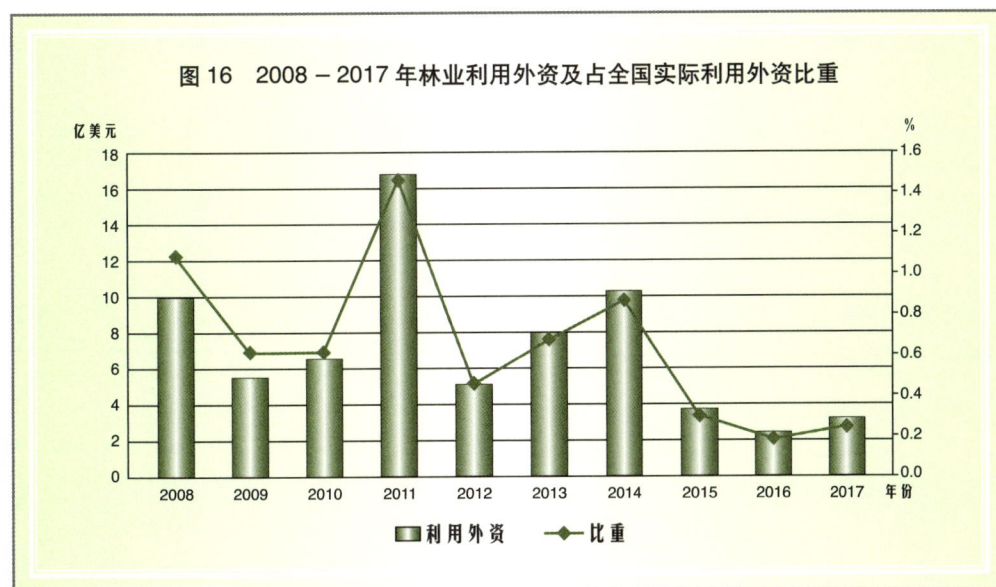

图16　2008－2017年林业利用外资及占全国实际利用外资比重

4. 自筹及其他资金

自筹资金，是指林业建设单位收到来自上级主管部门、地方和企事业单位，用于林业建设与发展的资金。2017年，林业建设与发展完成投资中，由林业单位自筹1 354.04亿元，占当年完成投资的28.21%。与2016年相比，自筹资金总额和在林业建设投资中的比重都明显下降。

其他资金，是指用于当年林业建设与发展的上述其他来源以外的资金，包括个人资金、无偿捐赠和群众集资等。2017年，用于我国林业建设的其他来源资金为698.91亿元，占全年完成投资的14.56%。

（二）资金使用

林业投资主要用于生态建设与保护、林业产业发展、林业支撑与保障体系建设、林业基础设施建设等。分地区看，东部地区林业投资完成额1 244.60亿元，与2016年相比增长6.65%；中部地区林业投资完成额927.99亿元，增长3.57%；西部地区林业投资完成2 263.43亿元，增长6.90%；东北地区林业投资完成额320.34亿元，与2016年相比增长8.13%（图17）。

---

④ 2017年全国实际利用外资8 775.60亿元人民币。

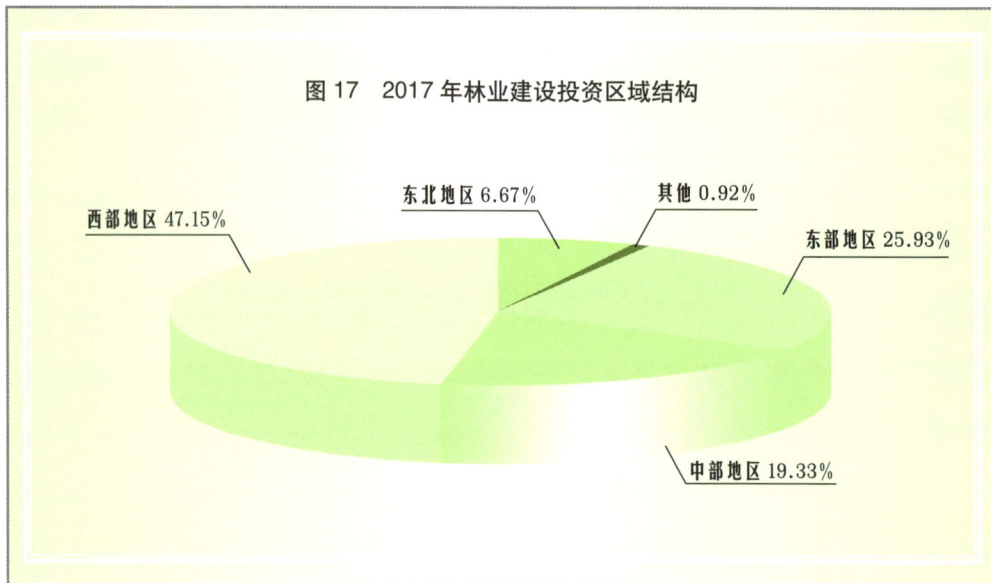

图 17　2017 年林业建设投资区域结构

1. 生态建设与保护

林业生态建设与保护资金主要用于当年的造林抚育与森林质量提升、湿地保护与恢复、防沙治沙、野生动植物保护及自然保护区建设等。2017年，林业生态建设与保护完成投资2 016.29亿元，占全部林业投资完成额的42.00%，所占比重较2016年降低4.79%；其中，中央财政投资893.19亿元，地方财政投资649.57亿元，财政资金依然是林业生态建设与保护投资的主要来源（76.51%）。

林业生态建设与保护投资中，用于造林抚育与森林质量提升1 875.93亿元，与2016年相比增长了37.98%；湿地恢复与保护投入80.66亿元，与2016年相比增长了39.70%；防沙治沙投入22.15亿元，增长了16.09%；野生动植物保护及自然保护区建设投入37.56亿元，与2016年相比提高了57.62%。与2016年相比，湿地保护、防沙治沙、野生动植物保护及自然保护区建设投入资金比重明显增加（图18）。

分区域看，东部地区投入生态建设与保护资金556.58亿元，占全国的27.60%；中部地区林业投资完成额411.45亿元，占全国的20.41%；西部地区林业投资完成795.93亿元，占全国的39.47%；东北地区林业投资完成额229.98亿元，占全国的11.41%。

2. 林业支撑与保障

林业支撑与保障资金主要投向国有林区和国有林场改革，林木种苗，森林防火与森林公安，林业有害生物防治，林业、科技、教育、法制、宣传，林业信息化以及林业管理财政事业等。2017年，全国林业支撑与保障投资为614.35亿

图 18　2017 年生态建设与保护资金投入结构

湿地保护与恢复 4.00%　　防沙治沙 1.10%

野生动植物保护与自然保护区建设 1.86%

造林抚育与森林质量提升 93.04%

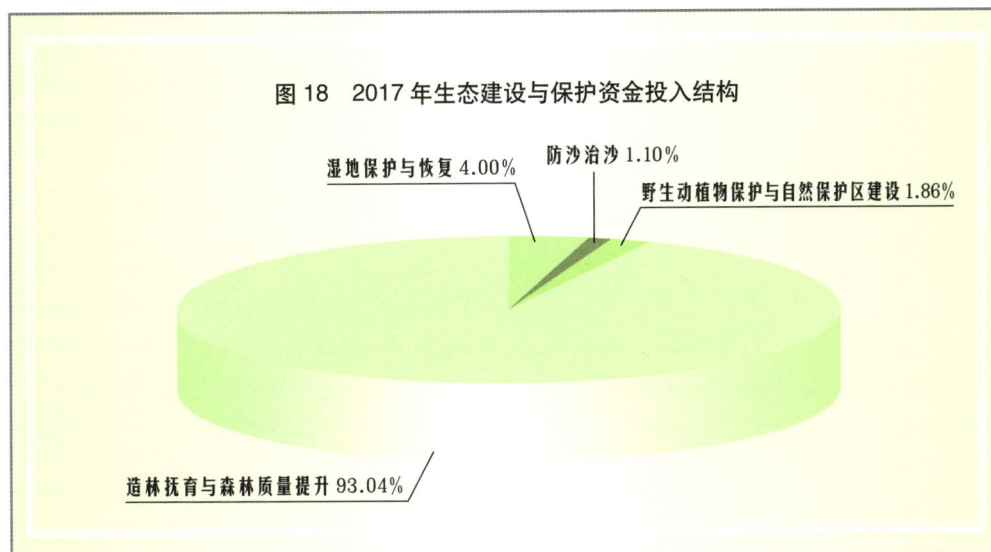

元，占全部林业投资的12.80%，与2016年相比提高了3.86个百分点；其中，中央财政资金156.74亿元，地方财政资金366.14亿元，国家投资占林业支撑与保障投资的85.11%，所占比重较2016年增加了30.85%。

　　林业支撑与保障资金中，国有林区和国有林场改革补助投入123.50亿元；林木种苗培育资金投入84.10亿元，与2016年相比下降7.00%；森林防火与森林公安投入63.37亿元，增长9.67%；林业有害生物防治投入28.60亿元，增长13.36%；林业相关科技、教育、法制、宣传等投入20.75亿元，较2016年有较大幅增长，增长144.98%；林业信息化建设投入6.50亿元，与2016年相比增幅为67.49%；林业管理财政事业费投资287.53亿元（图19）。

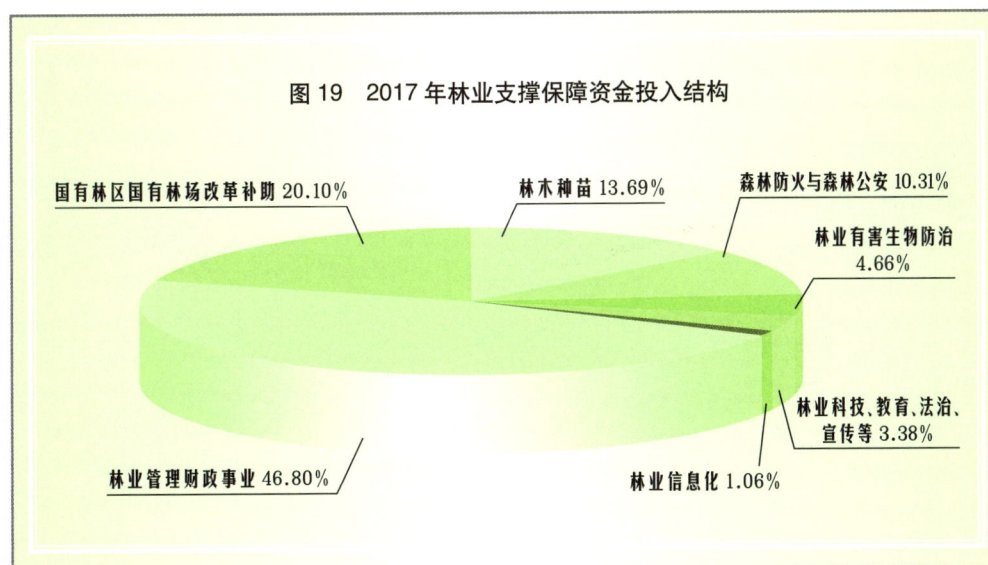

图 19　2017 年林业支撑保障资金投入结构

国有林区国有林场改革补助 20.10%　　林木种苗 13.69%　　森林防火与森林公安 10.31%

林业有害生物防治 4.66%

林业科技、教育、法治、宣传等 3.38%

林业管理财政事业 46.80%　　林业信息化 1.06%

分区域看，东部地区用于林业支撑与保障投资的资金为169.15亿元，占全国的27.53%；中部地区林业投资完成额132.58亿元，占全国的21.58%；西部地区林业投资完成251.92亿元，占全国的41.01%；东北地区林业投资完成额42.86亿元，占全国的6.98%。

3. 林业产业发展

扶持林业产业发展的资金主要用于支持工业原料林、特色经济林、木本油料、花卉种植、林下经济、林产品加工制造以及林业旅游休闲康养等产业发展。2017年，全国扶持林业产业发展投入资金2 007.76亿元，占全部林业完成投资额的41.83%，与2016年相比增加了15.26%；其中，中央财政投资24.67亿元，地方财政投资101.11亿元，国家投资占当年林业产业投资的6.26%，相比2016年继续平稳增长。林业产业发展的主要支撑力量仍来自社会和民间资本，所占比重超过九成。

扶持林业产业发展的资金中，工业原料林建设投入146.48亿元，与2016年相比增长15.08%；特色经济林建设投资193.60亿元，与2016年相比增长了60.30%，增幅明显；木本油料林建设投入87.37亿元，增长24.80%；花卉种植资金投入109.83亿元，增长2.71%；发展林下经济投入260.98亿元，增加10.71%；木竹制品加工制造业投入400.90亿元，增加26.32%；木竹家具制造业投入162.18亿元，与2016年基本持平；木竹浆造纸业投入51.96亿元，下降了45.37%；非木质林产品加工制造业投入38.12亿元，下降46.96%；林业旅游康养业投入资金258.54亿元，与2016年相比增加了22.24%；除此之外，其他投入297.80亿元（图20）。

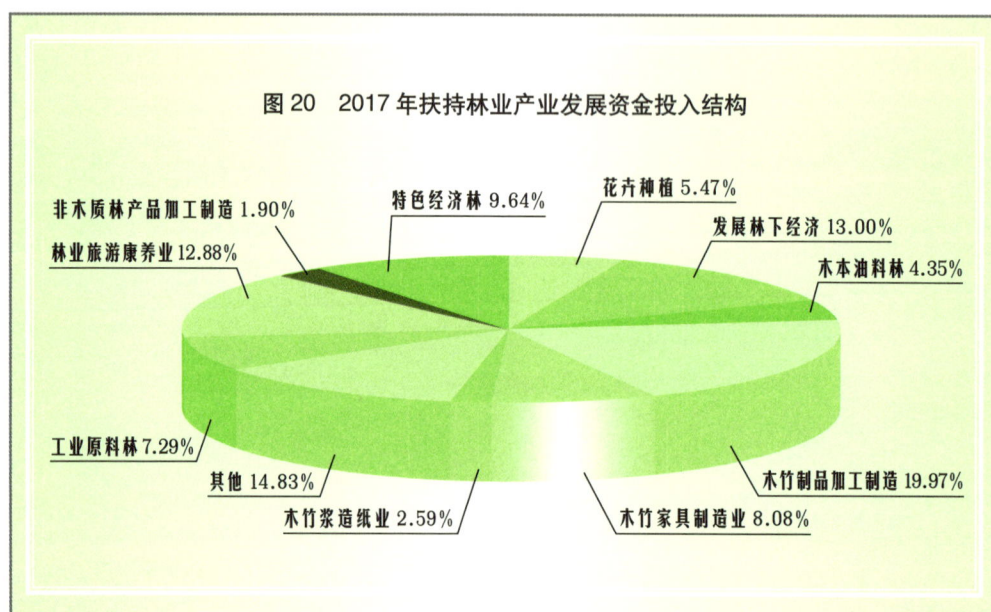

图20　2017年扶持林业产业发展资金投入结构

近年来，种植养殖业和休闲康养产业是政府扶持的重点，林业旅游和休闲康养产业的投资比重在短时间内有了较大幅度的提升，日益接近传统林产加工业（木竹制品加工制造业）的投资规模。

分区域看，东部地区在林业产业发展方面投入的资金为504.87亿元，占全国的25.15%；中部地区林业投资完成额338.28亿元，占全国的16.85%；西部地区林业投资完成1 135.75亿元，占全国的56.57%；东北地区林业投资完成额28.81亿元，仅占全国的1.43%，不均衡情况较为明显（图21）。

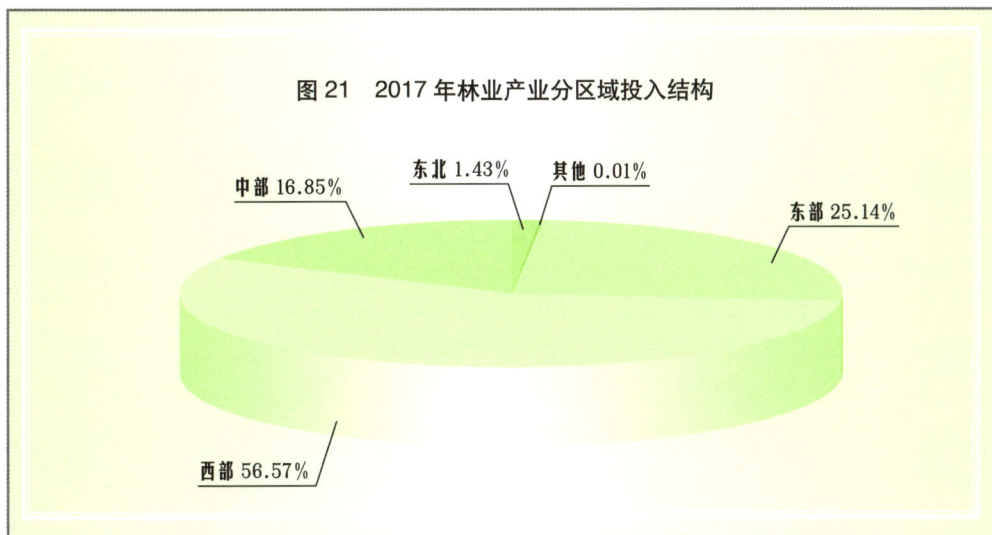

图21　2017年林业产业分区域投入结构

（三）林业固定资产投资

林业固定资产投资[5]是指用于建造和购置使用年限在一年以上，单位价值在规定标准以上，使用过程中保持原来物质形态的资产的林业资金投入。2017年，实际到位林业固定资产投资合计1 559.94亿元，与2016年相比增长7.66%。

1. 投资来源

2017年，全国新到位林业固定资产投资1536.54亿元，占当年林业固定资产投资来源的98.50%，与2016年相比增长7.95%；2016年末结余林业固定资产投资23.40亿元。

2017年新到位林业固定资产投资中，中央财政资金334.29亿元，地方财政资金209.53亿元，与2016年相比国家投资增长38.18%；国内贷款70.26亿元，增长22.83%；利用外资（折合人民币）1.57亿元，减少76.88%，降幅明显；自筹资金716.43亿元，减少14.81%；其他资金来源204.47亿元，增长63.72%（图22）。

---

⑤ 此处的固定资产投资，是指按照项目管理的，计划总投资在500万元以上的城镇林业固定资产投资项目和农村非农户林业固定资产投资。

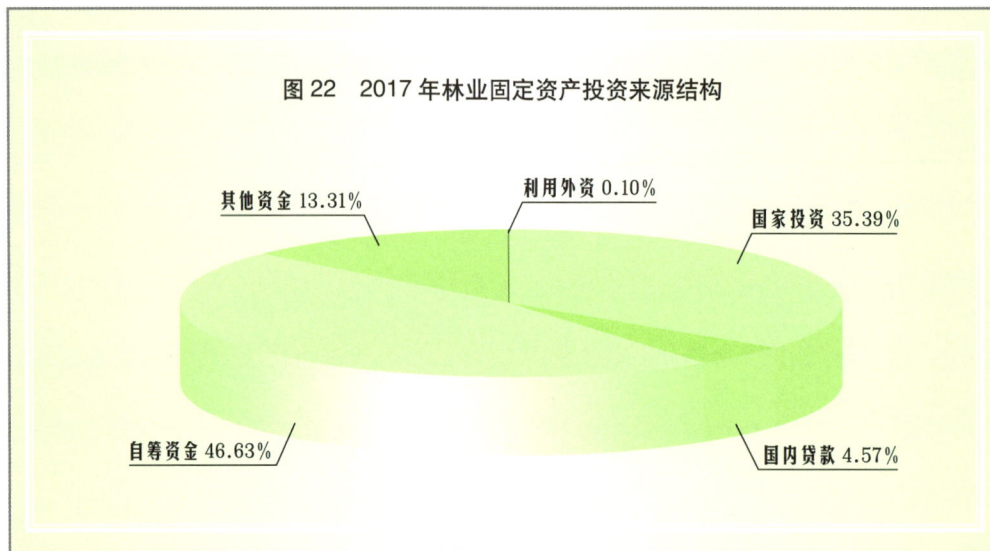

图22　2017年林业固定资产投资来源结构

其他资金 13.31%　　利用外资 0.10%　　国家投资 35.39%

自筹资金 46.63%　　国内贷款 4.57%

2. 投资完成情况

2017年，全国完成林业固定资产投资1 408.09亿元，与2016年相比增长1.36%，计划（1 392.96亿元）完成率为101.09%。

林业固定资产投资按构成分为建筑工程、安装工程、设备工器具购置及其他。2017年，林业建筑工程固定资产投资完成385.43亿元，与2016年相比减少0.90%；安装工程完成固定资产投资77.54亿元，与2016年相比增加了19.18%；设备工器具购置完成固定资产投资131.94亿元，减少27.50%；其他固定资产投资完成额813.19亿元，增长7.96%。总体上，林业固定资产投资结构未发生明显变化（图23）。

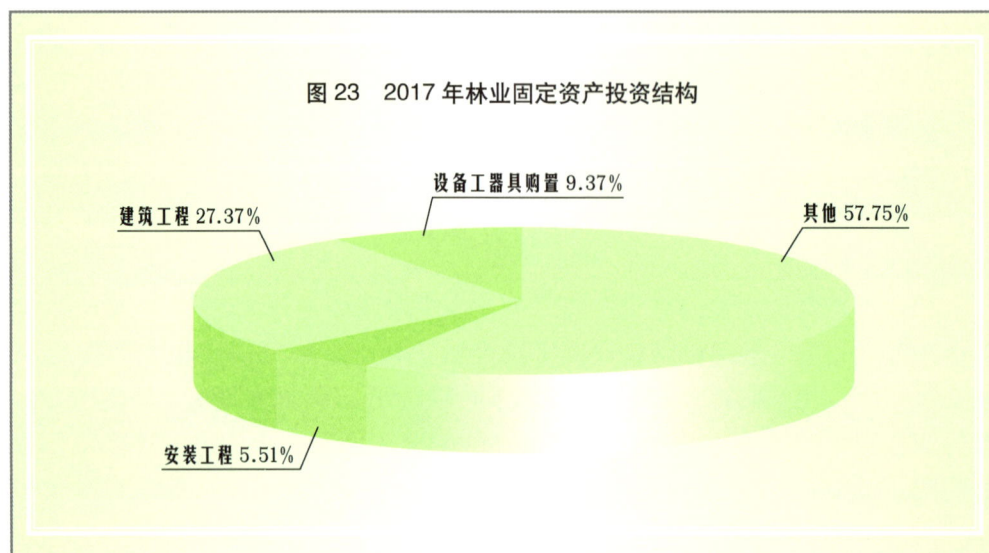

图23　2017年林业固定资产投资结构

建筑工程 27.37%　　设备工器具购置 9.37%　　其他 57.75%

安装工程 5.51%

林业固定资产投资按建设性质划分为新建、扩建、改建和技术改造、单纯建造生活设施、迁建、恢复、单纯购置等。2017年，新建固定资产投资完成868.38亿元，扩建固定资产投资完成279.92亿元，改建和技术改造投资完成187.09亿元，单纯建造生活设施投资4.67亿元，迁建投资4.26亿元，恢复固定资产投资12.83亿元，单纯购置固定资产投资50.94亿元；在当年林业固定资产投资完成总额中所占比重依次为61.67%、19.88%、13.29%、0.33%、0.30%、0.91%和3.62%。

（四）林业建设资金管理

1. 建立健全内控机制

按照深化简政放权、放管结合、优化服务改革要求，加强协同配合，强化三个平台有效运行。将国家级自然保护区和国家级森林公园总体规划审批纳入资金项目会商平台；林业重大项目资金分配建议和审批均由资金项目会商平台会商后，按程序上报局党组会议审议；林业建设项目在线审批监管平台5个子系统投入使用，实现全过程网上受理，协调国家发展和改革委员会与国家平台完成对接。2017年，批复林业基建项目241个，批复总投资40亿元（中央投资34亿元）。建成全国林业财政资金信息管理系统并投入运行，选择10个直属单位、每个单位选择1～3项经济业务开展内部控制建设试点。

2. 开展林业重大工程专项整治行动

国家林业局和中纪委驻农业部纪检组联合组成工作组，赴四川、陕西、甘肃、重庆、湖北、贵州6省（直辖市）开展退耕还林突出问题专项整治督查，及时查处和纠正退耕还林资金使用中的违规违纪问题，进一步规范了退耕还林资金管理及使用，提高了资金使用效益，对确保退耕还林工程的健康发展发挥了积极作用。联合驻部纪检组召开专项整治工作总结电视电话会议，对6个省（直辖市）重点督查发现的问题予以通报，对强化退耕还林等林业扶贫资金项目监督管理进行重新安排，并部署开展野生动植物保护及自然保护区建设工程专项整治行动。

3. 林业资金稽查工作力度加大

2017年，林业资金稽查工作不断加强制度建设、创新工作机制、改进工作方法，强化稽查计划的针对性、稽查过程的科学性、稽查结果的应用性和稽查基础的保障性，稽查工作成效明显。一是稽查制度进一步规范，印发了《国家林业局林业资金稽查工作规定》，明确和规范了林业资金稽查工作的目的、原则、内容、方式、组织、程序、结果运用等。二是建设林业资金稽查信息系统。突出现代信息技术的运用，开发了林业资金稽查监管信息系统，极大降低了监管成本，提高稽查效率和总体水平。

专栏13 2017年国家林业局资金稽查重点项目

2017年，国家林业局开展了对河北、山西、内蒙古、江西、河南、湖南、云南、甘肃、四川、贵州等10省（自治区）以及龙江森工集团公司的稽查工作，重点是2014－2015年国家级自然保护区中央预算内投资、2014－2016年中央财政森林公安补助资金、2015－2016年中央财政森林抚育补贴资金。共派出11个稽查工作组（49人次），稽查资金总额76.35亿元，重点抽查资金5.33亿元，查出违规资金额0.79亿元。

支撑与保障

- 森林资源管理
- 林木种苗
- 森林防火和森林公安
- 林业有害生物防治
- 野生动物疫源疫病监测防控
- 林业安全生产
- 林业科技
- 林业教育
- 林业信息化
- 林业工作站
- 国有林场
- 森林公园
- 林业职工队伍

支撑与保障

2017年，森林资源管理和林业种苗行业管理进一步加强，森林火灾防控能力不断提高，林业有害生物防治稳步推进，林业科技成果推广进一步加快，林业信息化和林业工作站建设能力增强。

（一）森林资源管理

林地占用征收管理　2017年，全国共审核审批建设项目使用林地3.37万项，使用林地面积17.89万公顷，收取植被恢复费274.76亿元。林地审核审批管理进一步规范。一是规范林地管理制度，整合建设项目使用林地及林业部门管理的自然保护区建设审批（核）事项。二是推进政务公开，省、市、县审核审批项目实行网上审批与纸质审批并行办理。三是国家林业局各派驻森林资源监督机构开展占用征收林地行政许可被许可人监督检查工作，共检查227个项目。

林权管理　2017年，林权管理工作服务于国家核心改革工作。一是完成了《国有森林资源有偿使用制度改革方案（送审稿）》起草，国家发展和改革委员会、财政部、国土资源部三部门均已会签此方案。二是在重点国有林区开展有偿使用试点工作，指导阿尔山林业局编制《重点国有林区国有森林资源资产有偿使用试点方案》。三是创新林权管理制度。与国土资源部联合下发《关于印发<国务院确定的重点林区内建设用地变更登记试点方案>的通知》，在重点林区8个林业局开展试点，对重点国有林区范围内建设用地实行属地登记，协调国土资源部将试点林业局建设用地范围底图下发各试点局。四是协同国土资源部做好全民自然资源统一确权登记试点工作的指导和督查，指导大兴安岭、延边重点林区自然资源统一确权登记试点工作。

森林资源清查及动态监测　2017年，森林资源清查及动态监测成果丰富。一是森林资源清查工作进展顺利。完成天津、山东等6省（自治区、直辖市）的森林资源清查工作，清查面积129万平方千米，占国土面积的13.4%，调查固定样地3.9万个。二是推进森林资源监测"一体化"试点。在全国31个省（自治区、直辖市）和4个森工（林业）集团公司分别布设调查了5.2万个和1.3万个1千米×1千米大样地，宏观监测成果初现。三是林地变更调查工作稳步推进。从2017年开始，实施林地年度变更调查，及时更新全国林地"一张图"。全国林地变更调查工作平台启用了，为全国林业系统共享和应用林地"一张图"提供了便利。

森林资源监督　2017年，森林资源监督系统全面落实《关于进一步加强森林资源监督工作的意见》，各专员办把督查督办破坏森林资源案件作为"第一职责"，完善和创新监督工作机制取得明显成效。围绕10个方面的机制创新，各专员办开展试点工作共计120项。其中，监督与监测相结合机制、案件跟踪问效制度、案件报告和反馈制度创新已实现了15个专员办全覆盖。14个专员办实现约谈常态化，各专员办共约谈311次，通过约谈问责2 775人。12个专员办与监督区的省级人民检察院建立了联合工作机制；13个专员办开展了专项巡查、例行督查和专项行动；福州、武汉、云南、广州、上海、北京专员办启动了"森林资源监督专员办事处、林业工作站协同监督"工作机制试点，将监督触角延伸到基层林业站，逐步完善信息共享和联合督办制度。

（二）林木种苗

林木种质资源保护工程　2017年，中央预算内投资计划下达林木种质资源保护工程项目投资1亿元，投资金额与2016年持平。建设河北、辽宁等8省（自治区、直辖市）20个国家林木种质资源库，投资7 122万元；续建西藏林木种苗科技示范基地1处，投资1 608万元；续建甘肃岷县林木良种基地1处，投资822万元；续建甘肃陇南县油橄榄良种育苗基地1处，投资448万元。

林木种苗生产　2017年林木种苗生产总量充足，满足造林绿化需求。育苗面积、可供造林绿化苗木产量略有增加，但育苗总量略减（表6）；园林绿化、观赏、景观苗木生产数量增加势头明显，但市场选择更偏重传统乡土、珍贵用材、彩叶观花观果等类型苗木，标准化、精品化、大规格苗木，新优品种、特色高端工程用苗依然紧俏，仍不能满足市场日益增长的多样性与个性化需求。2017年，全国苗圃新育面积19.2万公顷，占育苗总面积13.5%。国有苗圃（含国有林场等国有单位所属苗圃）4 758个，总育苗面积7.2万公顷。可用于造林绿化苗木434亿株，同比2016年增加15亿株。全国共采收林木种子2 876万千克。其中，良种1 055万千克，穗条49.5亿株。同比2016年，种子采收总量减少306万千克，减少9.6%；良种减少36万千克，减少3.3%；穗条减少20.4亿条（根），减少25.0%。其中，2017年全国生产良种穗条49.5亿条（根），同比减少16.8亿条（根），降低了70.1%。全国建成国家重点林木良种基地294处，其他各类林木良种基地1 200多处，面积66.67多万公顷，采种基地面积40多万公顷。

表6　全国苗圃及育苗面积变化情况

年份	苗圃个数（万个）	育苗面积（万公顷）	育苗总量（亿株）	可供造林绿化苗木量（亿株）
2017	36.8	142	702	434
2016	36.52	140.74	704.4	419

林业种苗行业管理　2017年，林业种苗行业管理进一步加强。一是完成了国家林木种质资源库内保存种质资源的登记工作，99处国家林木种质资源库共

登记、保存林木种质资源4.2万余份。二是确定了第三批共70处国家重点林木良种基地，组织对辽宁、安徽等6个省（自治区、直辖市）的14个第二批国家重点林木良种基地建设和管理情况进行考核，启动了国家重点林木良种基地干部挂职试点工作。三是加快了林木良种化进程步伐。2017年，全国共审（认）定林木良种488个，其中国家级林木良种审定委员会审（认）定32个。种苗质量合格率稳定在90%以上，油茶全面实现良种化。四是强化人才队伍建设。举办了全国林木种苗行政执法和质量管理人员培训班，培训人员130余人。五是加强林木种子苗木进出口管理。印发了《国家林业局关于加强"十三五"期间种用林木种子（苗）免税进口管理工作的通知》，2017年共办理林木种子（苗）免税许可审批1 621件，36家进口单位免税进口林木种子1.18万吨、苗木0.18亿株、种球2.04亿粒，进口总额为7.11亿元，免税金额0.89亿元。

国家林木种质资源设施保存库建设　2017年，一是组织召开三次"国家主库"建设领导小组办公室会议，研究有关建设事宜，成立"国家主库"项目筹建办公室。二是"国家主库"项目经国家发展和改革委员会"全国投资项目在线审批监督平台"预审及林业局批复通过，取得了项目编号和批文。三是对国内重点种质资源设施保存库进行调研，编制完成了《国家林木种质资源设施保存库（主库）可行性研究报告》，组织召开项目专家咨询会，对报告进行咨询论证。四是办理项目前期手续。完成了项目建设地点的测绘、环境影响评价、地质灾害评估和勘察等工作。五是加强引智培训。组织全国从事林木种质资源保护的有关人员23人赴美国开展林木种质资源保护利用培训。

（三）森林防火和森林公安

2017年，全国共发生森林火灾3 223起，比2016年上升了58.46%；其中，一般火灾2 258起，较大火灾958起，重大火灾4起，特大森林火灾3起，分别比2016年提高了68.51%、38.24%、300%和300%；受害森林面积2.45万公顷（图24），比2016年上升了293.64%。人员伤亡46人，比2016年提高27.78%；其中，轻伤8人，重伤8人，死亡30人，轻伤人数比2016年下降11.11%，重伤和死亡人数分别比2016年提高了14.29%、50.00%。由于处置及时果断，最大限度地减少了灾害损失。

2017年，防控森林火灾能力进一步加强。一是完善森林火灾责任追究制度，推进森林防火行政首长负责制落实，强化对有关省（自治区、直辖市）森林火灾责任追究工作。二是建立完善森林防火标准化体系，制定颁布《国家森防指森林防火工作约谈制度(试行)》。三是加大森林防火宣传力度，中国森林防火微信公众号关注人数超过17万人；在《中国绿色时报》推出系列专题报道；全年发放《森林防火知识读本》2.2万册。四是深化森林火灾国际合作，参与"中欧森林火灾应急管理合作项目"、落实中俄第四次边境联防会议和中蒙第三次边境联防会议精神。五是增强队伍作战能力。2017年，中央基本建设投资

图 24　2008－2017 年森林火灾及受害森林面积

14亿元，启动实施各类建设项目103个。中央投资9582万元用于购置森林防火大型装备。调拨各类扑火装备物资4万余件（台、套），有力支援了当地的防火扑火工作。协调财政部、税务总局办理220辆专用车免税手续。规范专业队、半专业队建设，全国现建有专业森林消防队伍3 260支，共12.1万人，半专业森林消防队伍1.9万支，共48万人，举办3期森林防火高级指挥员培训班，培训学员262人（其中厅级干部65人）。举办全国军地联合灭火演习暨"五联"机制建设试点现场会。组织专家对重特大典型火灾案例进行评析。

　　2017年，森林公安工作成果丰富。一是加强森林公安队伍建设。举办16期、1 847人次各类培训，选派3名优秀骨干和教员赴新疆参与互助训练。推动"双千计划"稳步实施，南京森林警察学院和相关省份互派24人。二是加大在中央电视台等主流媒体的宣传力度，利用"中国森林公安"微信公众号、官网等宣传森林公安在保护林业生态方面的作用，提高森林公安执法效果。组织开展"维护生态安全·森林公安在行动"征文、举办"改革创新促发展，忠诚为民保平安"主题微视频大赛，参与第二届生态文明主题微电影展示交流、第十三届"金盾文化工程"优秀作品评选等活动。三是推进森林公安基础设施建设及装备水平。中央财政森林公安转移支付资金6.2亿元多元，推进基础信息化建设，全年信息化建设投入1.25亿元，公安金盾网总体接入率达到98%，数字证书配发5.2万个，配备执法记录仪3.5万台，全国森林公安信息采集室建成率66%，执法场所视频监控建成率71%。重新划分五大警务合作区，全国20余个省级、200余个地市级、1 000余个区县级森林公安机关与周边地区协同建立了跨区域警务合作机制，森林公安警务合作能力及实战化水平大幅提升。四是继续推进森林公安改革。全国33个省级、363个地级、2 113个县级将森林公安经费保障纳入财政预算，分别占总数的97.1%、92.1%和88.4%；16个省级、122个市级、897个县级森林公安机关实现与地方公安同步规划、同步建设业务用房等基础设施；25个省（自治区、直辖市）纳入当地公安信息化整体布局，26个省（自治区、直辖市）与地方公安机关实现信息共享，全国九成以上涉林刑事案件实现网上流转办理。

（四）林业有害生物防治

2017年，全国主要林业有害生物发生面积1 253.12万公顷（表7），防治面积962.17万公顷（累计防治作业面积1 611.75万公顷次），主要林业有害生物成灾率控制在4.5‰以下，无公害防治率已达到85%以上。2008－2017年林业有害生物发生趋势见图25。

表7　2017年林业有害生物发生情况

指　标	面积（万公顷）	与2016年相比（%）
全国主要林业有害生物发生面积	1253.12	3.45
其中：森林虫害	905.97	5.71
有害植物	19.88	−0.20
森林病害	133.09	−4.18
森林鼠（兔）害	194.20	−0.67

图 25　2008－2017 年林业有害生物发生面积

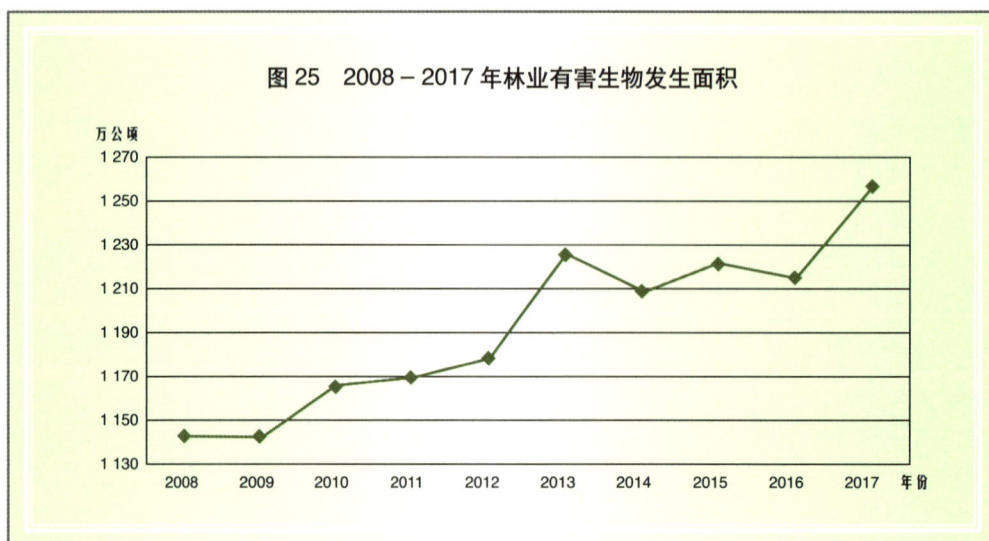

2017年，林业有害生物防治工作进一步强化。一是印发《2017年全国林业有害生物防治工作要点》《林用农药安全使用综合治理实施方案》。二是落实《国务院办公厅关于进一步加强林业有害生物防治工作的意见》，及时向国务

院办公厅报告国家林业局及各地的重大措施和重要成果；编印出版了《〈国办意见〉贯彻落实文件汇编》。三是加强疫情灾情核查督办。启动松材线虫病、美国白蛾、重要林果入侵害虫等重大林业有害生物的核查督办工作，对湖北、重庆、浙江等15个省（自治区、直辖市）开展了松材线虫病等重大林业有害生物的核查、督导，并向12个省政府、林业主管部门及相关市（县）政府发送了督办函进行重点督办。四是强化有害生物灾害预防。联合印发了《全国动植物保护能力提升工程建设规划》，启动了国家级中心测报点基础设施建设，完成了第三次全国林业有害生物普查成果汇总工作。向社会发布了2017年全国松材线虫、美国白蛾疫区，印发了《警惕国际重大造瘿类林木害虫——松针鞘瘿蚊危害的警示通报》。向中央委员会办公厅、国务院办公厅报送了2017年发生趋势与应对措施，并在央视气象栏目及时播报发生趋势预报预警信息。四川等地运用无人机、卫星遥感等先进监测技术的天空地一体化立体监测模式雏形基本形成。五是严格审批管理。加强植物检疫审批管理，依法清理了114家需注销的松材线虫病疫木加工板材定点加工企业和普及型国外引种试种苗圃，并以国家林业局公告形式向社会发布；印发《境外林木引种检疫审批风险评估管理规范》，规范了林木引种检疫审批风险评估工作。在全国推广运用了网络版全国林业植物检疫管理信息系统，实现检疫审批全网络化管理。六是强化检疫执法。配合最高人民检察院、公安部出台了《最高人民检察院、公安部关于公安机关管辖的刑事案件立案追诉标准的规定（一）的补充规定》中"妨害动植物防疫、检疫案"的立案追诉标准，指导各地依法查办"妨害动植物防疫、检疫罪"刑事案件4起，为历年最多。七是加强部门协作。与中共中央直属机关绿化委员会办公室联合完成了北戴河联峰山及周边地区有害生物3年防治任务，该地区生态系统已得到有效复壮。与国家质检总局联合启动在宁波为期两年的"林安"专项执法行动。

（五）野生动物疫源疫病监测防控

2017年，野生动物疫源疫病监测防控工作有序推进。一是强化组织领导。下发《关于加强鸟类等野生动物疫源疫病监测防控和强化保护管理措施的紧急通知》《关于加强野猪非洲猪瘟监测防控工作的紧急通知》等3件文件。二是加强应急值守抽查力度。加大国家级监测站督查力度，通过抽查、信息管理系统督促等方式，对686站（次）的国家级监测站应急值守情况进行抽查。三是加强督导检查。全年派出6个督导组赴辽宁、江苏、湖北等15个省（自治区、直辖市）开展了野生动物疫源疫病监测防控督导工作；配合国务院H7N9疫情联防联控机制工作组对广西、江苏等重点省份人感染H7N9流感疫情防控和救治情况进行了联合督导。四是妥善处置突发野生动物疫情。及时组织有关专家成功阻断了鸿雁、黑天鹅等高致病性禽流感、北山羊小反刍兽疫等疫情的扩散蔓延。

五是开展技能培训。举办了3期国家层面、10余期省级层面，惠及近1 000人次的技能培训和应急演练。

（六）林业安全生产

一是健全完善制度。出台《国家林业局关于加强林业安全生产的意见》；组织编制并印发了《国家林业局生产安全事故应急预案（试行）》，要求地方各级林业主管部门要结合当地实际制修订相应的林业生产安全事故应急预案，并向同级政府和上级林业主管部门备案。二是完成安全生产巡查任务。与国务院安全生产委员会第十九督查组共同深入吉林省，完成综合督查任务。三是抓实行业督导和隐患整改。结合林业工作实际，组织开展了安全生产大检查、危险化学品安全综合治理、消防安全检查、汛期安全生产检查、电气火灾等专项整治；印发了《国家林业局办公室关于做好林业安全生产大检查发现问题整改工作的通知》，组织各地开展林业行业安全生产大检查"回头看"。四是加强宣传培训。开展了第一个《安全生产法》宣传周活动。举办林业安全生产风险防控培训班，对34个省级单位负责林业安全生产的处级干部进行培训。

（七）林业科技

2017年，中央财政投入林业科技资金11亿元。其中，投入国家重点研发计划相关专项5.46亿元；投入林业科技推广项目资金4.87亿元；安排生态定位站等平台运行资金0.25亿元，林业标准及质检机构投资0.28亿元等。启动实施了一批重大科技项目，"基于木材细胞修饰的材质改良与功能化关键技术""竹木生态系统碳汇监测与增汇减排关键技术及应用""中国松材线虫病流行规律与防控新技术"3项成果获得国家科技进步二等奖，张守攻、蒋剑春两位同志当选中国工程院院士。

林业科学技术研究　2017年，22项国家重点研发计划专项项目获批立项，65项林业公益性行业科研专项验收完成，87项引进国际先进林业科学技术计划项目到期验收。编制了"种业自主创新""主要经济作物优质高产与产业提质增效科技创新"和"森林质量精准提升科技创新"等重点专项实施方案。"林业资源培育及高效利用技术创新""典型脆弱生态修复与保护研究"和"畜禽重大疫病防控与高效安全养殖综合技术研发"三个国家重点研发专项获得批复，共立项22项，经费达5.46亿元。批复成立京津冀生态率先突破、长江经济带生态保护、"一带一路"生态互联互惠三大区域协同科技创新中心。

林业科技成果及推广　依托林业公益性行业科研专项、引进国际先进林业科学技术计划项目和局重点项目，2017年共计认定成果160项，申请获得专利98件，行业及地方标准18项。发布了《2017年重点推广林业科技成果100项》，指导全国各地加快新技术成果的推广应用。组织全国各地分类实施各级推广项目，推广六大类先进实用的科技成果400多项。组织实施国家级推广项目33项，重点推广用材林培育、经济林丰产栽培等领域先进技术。2017年，成立了长期科研试验示范规划领导小组和编写组，印发了《国家林业局促进科技成果转移转化行动方案》和《林业科技推广成果库管理办法》。加强研建和完善"国家林业科技推广成果库管理信息系统"和"国家林业科技推广项目库管理信息系统"，2017年共有1 048项成果入库，共录入各领域科技推广项目近500次。

林业标准化建设和林产品质量安全　2017年，印发了《林业标准体系》，发布林业国家标准29项、行业标准163项。配合国家标准化管理委员会启动了6个国家级林业标准化示范区建设工作，开展了37个林业标准化示范区建设项目，联合国家标准委认定了46家国家林业标准化示范企业。2017年，共监测林木制品、经济林产品、林化产品和花卉等4大类14种产品，涉及24个省（自治区、直辖市），共监测产品和产地土壤3 726个批次。成立了国家林业局经济林产品质量检验检测中心（合肥）、国家林业局经济林产品质量检验检测中心（昆明）、国家林业局经济林产品质量检验检测中心（乌鲁木齐）、国家林业局花卉产品质量检验检测中心（昆明），逐步建立健全林业质量检验检测体系。成立了国家林业局林业品牌工作领导小组，出台了《国家林业局关于加强林业品牌建设指导意见》和《林业品牌建设与保护行动计划（2017－2020年）》。

林业科技平台建设　2017年，一是构建成果转化平台。完成了油松、林浆纸一体化、绿洲林业、杏、榛子、华北乡土树种、森林经营、小浆果、南方天敌繁育与应用等9个工程中心批复工作。二是推进生态站网建设。印发了《国家陆地生态系统定位观测研究网络中长期发展规划（2008－2020年）》（修编版），发布了山西太原城市生态站等9个生态站加入国家生态系统定位观测研究站网。

林业植物新品种保护　一是林业植物新品种申请量、审查量大幅上升。全年受理林业植物新品种权申请623件，同比增长55.8％。完成423个申请品种的特异性、一致性、稳定性DUS现场审查，同比增长123.81％。对272件实审材料进行补正，同比增长48.6％。授权160件，授权总数1 358件。二是开展《中华人民共和国植物新品种保护条例》修订工作并制定工作方案。参与最高人民法院《关于审理侵犯植物新品种权纠纷案件具体应用法律问题的若干规定》的修订工作。三是落实《国务院关于新形势下加强打击侵犯知识产权和制售假冒伪劣商品工作的意见》，印发了《国家林业局科技发展中心关于继续开展打击侵犯林业植物新品种权专项行动的通知》。四是编辑出版了《中国林业植物授权新品种（2016）》，举办了《林业植物新品种保护管理》和《林业植物新品种测试技术》培训班。五是发布《国家林业局植物新品种保护办公室关于停征植物新品种保护权收费的公告》，自2017年4月1日起停止征收植物新品种保护收费。

林业生物安全管理　一是继续修订《开展林木转基因工程活动审批管理办法》。二是做好林木转基因工程活动行政许可。全年受理南京林业大学、北京林业大学和东北林业大学申请的转基因林木行政许可事项23项，组织专家对三家单位申请的转基因杨树、百合、白桦和菊花等中间试验和环境释放进行了安全评审，并按程序进行了许可。三是组织实施2项转基因林木生物安全监测项目，分别为河北农业大学和北京林业大学的转基因杨树环境释放和生产性试验安全监测。四是在山西、安徽、湖北等10个省份组织开展林业外来入侵物种调查与研究。

林业生物遗传资源管理 一是落实《中国林业遗传资源保护与可持续利用行动计划》，在23个省（自治区、直辖市）开展核桃遗传资源调查编目；二是组织专家对云南林业遗传资源及相关传统知识进行调查，并在贵州省黔东南苗族侗族自治州开展林业遗传资源及相关传统知识的试点工作；三是在西藏林芝举办全国核桃遗传资源调查编目培训班。通过经验交流、答疑讨论和现场培训教学等方式，就核桃遗传资源编目的调查范围、组织实施、技术路线、取得成效及下一步工作计划等方面进行讨论研究。

森林认证体系建设 一是与中国国家认证认可监督管理委员会共同发布公告，将《中国森林认证 生产经营性珍稀濒危植物经营》标准纳入《森林认证规则》；二是完善森林认证审核员考试大纲，为开展审核员考试提供依据和指南；三是组织专家对森林认证制度试点进行验收评估；四是组织实施14项森林认证项目，依托中国林业科学研究院、北京林业大学、大兴安岭林业集团公司等科研院所、大专院校及林业企业在黑龙江、山东等10余个省（自治区、直辖市）推进非木质林产品、竹林、自然保护区、野生动物等认证实践；五是联合有关行业协会以及地方主管部门开展多项培训和森林认证推广活动，累计培训超2 000人次。

智力引进及派出 一是推进外国专家引进工作，组织实施引进国（境）外技术、管理人才项目4项，聘请专家44人次；二是推荐专家获得中国政府"友谊奖"；三是组织实施4项短期出国（境）培训项目，培训总人数87人；四是组织实施"欧洲荚 优良品种示范推广"和"日本花椒繁育及高效栽培基地建设示范"等 9项引智成果示范推广项目；五是设定项目绩效评价指标体系，对"十二五"期间开展的林业引智项目进行了绩效评价并形成评价报告。

林业知识产权保护 一是发布了《2017年加快建设知识产权强国林业推进计划》，明确了2017年林业知识产权的18项重点任务和工作措施。二是组织开展了林业知识产权宣传周活动，制作了专门宣传网站，在《绿色时报》上做了林业知识产权成就专版宣传，出版了《2016中国林业知识产权年度报告》。三是强化了林业知识产权试点示范、转化运用及联盟建设工作，对"针叶聚戊烯醇生产专利技术产业化项目"等22项林业专利等知识产权进行产业化推进。四是完善和建设林业专利、植物新品种权、林产品地理标志等15个林业知识产权基础数据库，维护和管理《中国林业知识产权网》，全年新增入库记录达5万条，入库数据记录累计70多万条，网站的用户访问量达到10多万人次。五是开展了木门、木塑复合材料和木地板锁扣技术3项技术的专利分析研究，开展了湿

107

地、白蚁、碳汇、纳米纤维素技术和植物新品种基因育种技术的专利分析研究并提供研究成果的网上共享。六是跟踪国内外林业知识产权动态、政策、学术前沿和研究进展，编辑发行6期《林业知识产权动态》内部刊物。七是组织推荐第十九届中国专利奖项目，北京林业大学申报的"自热式生物质快速热解液化装置"专利获得中国专利优秀奖。

（八）林业教育

毕业生 2017－2018学年，全国林业研究生教育和高等林业职业教育（专科）毕业生人数比上一学年略有增加；林业本科教育毕业生人数增幅较大；中等林业职业教育毕业生人数略有减少（图26）。全国普通高等林业院校、科研单位毕业研究生和其他普通高等院校、科研单位林业学科（以下简称"林业研究生教育"）毕业生7 529人，比上一学年增长6.27%。其中，全国林业学科博士、硕士毕业生4 260人（博士林业学科毕业生679人，硕士林业学科毕业生3 581人），比上一学年下降5.86%。全国普通高等林业院校本科毕业生和其他高等学校林业学科专业本科(以下简称"林业本科教育")毕业生5.54万人，比上一学年增长10.58%。其中，林业学科专业本科毕业生3.30万人，比上一学年增长13.79%。全国高等林业（生态）职业技术学院毕业生和其他高等职业学院林科专业（以下简称"林业高职教育"）毕业生4.51万人，比上一学年增长2.27%。其中，林业学科专业毕业生1.67万人，比上一学年下降5.11%。全国普通中等林业（园林）职业学校毕业生和其他中等职业学校林科专业（以下简称"林业中职教育"）毕业生4.43万人，比上一学年下降6.34%。其中，林业学科专业毕业生3.45万人，比上一学年下降4.70%。

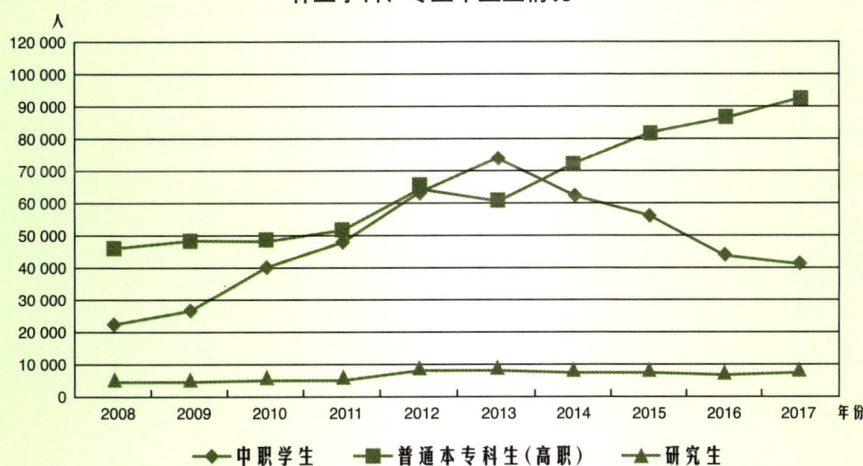

图26　2008/2009－2017/2018学年全国林业院校及其他院校林业学科、专业毕业生情况

招生 2017－2018学年，林业研究生招生数增幅明显；本科、高职招生大幅增加；中职招生呈逐年萎缩趋势（图27）。林业研究生教育招生1.22万人，比上一学年增加38.42%。其中，林业学科招收博士、硕士生6 768人（博士生779人，硕士生5 989人），比上一学年增长16.51%。林业本科教育招生5.59万人，比上一学年增长9.18%。其中，林科专业本科招生3.14万人，比上一学增长10.95%。林业高等职业教育招生4.85万人，比上一学年增长13.85%。其中，林科专业招生1.86万人，比上一学年增长24.00%。林业中职教育招生3.85万人，比上一学年下降2.78%。其中，林科专业招生2.92万人，比上一学年下降9.32%。

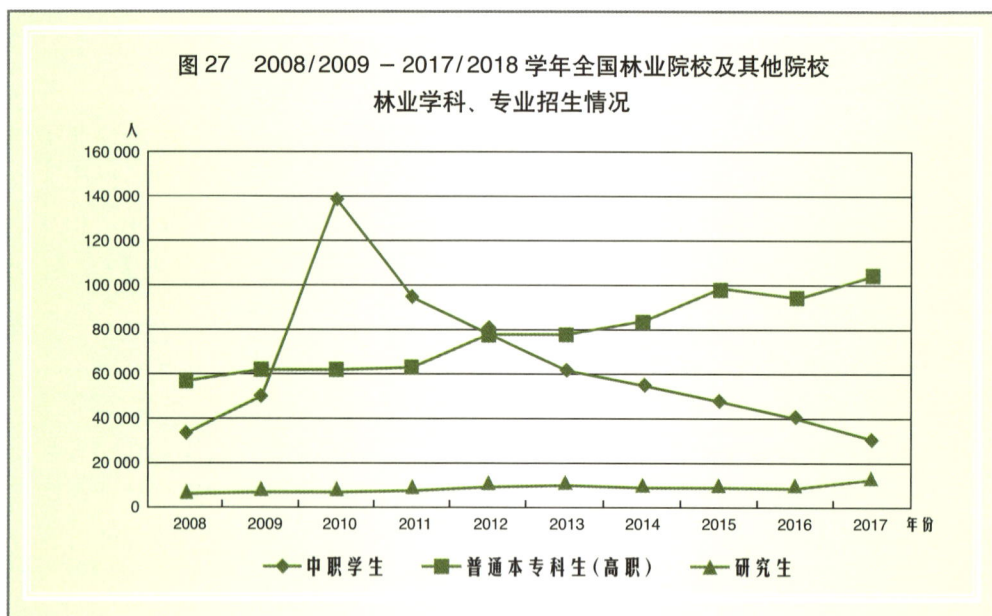

图27　2008/2009－2017/2018学年全国林业院校及其他院校林业学科、专业招生情况

教育、教学改革及成果 一是2017年1所林业高校纳入了一流大学建设高校名单，有3所林业高校纳入一流学科建设高校名单；有3所林业院校被教育部认定为"全国第二批深化创新创业教育改革示范高校"；1所普通中小学、1所中职院校、2所高职院校、2所本科院校被教育部认定为国防教育特色学校；4名林业院校、科研机构学者当选中国工程院院士；1名林业高校教师被教育部确定为2017年度长江学者特聘教授、3名林业高校教师被确定为长江学者青年学者；37名林业院校教师入选"全国万名优秀创新创业导师人才库"。二是开展涉林院校共建，与吉林省签署了合作共建北华大学协议，与教育部、有关省人民政府合作共建的普通高等院校已达17所。三是会同教育部等6部门确定了天津市武清区等51个单位为第二批国家级农村职业教育和成人教育示范县创建合格单位，进一步推动了县域农村职业教育和成人教育健康发展。四是完成了高职7个林业类专业国家教学标准的制订和林业类中职专业目录的修订调整，组织开展了中职新专业申报，均通过教育部专家验收。五是出版了《国家林业局重点

学科（2016）》。

行业培训与人才开发　2017年，干部教育培训改革继续推进。一是制定了《国家林业局干部教育培训工作实施细则》，印发了《全国林业教育培训"十三五"规划》。二是国家林业局干部培训项目管理系统已投入使用；完善了国家林业局干部培训师资库，规范了中国林业教育培训网；制作完成全国党员干部现代远程教育林业专题教材课件128个、3 120分钟。三是有2门培训课程被中央组织部确定为全国干部教育培训好课程；组织编写的《林业政策法规知识读本》《林业改革知识读本》2本教材已出版发行。四是国家林业局举办了各类林业干部培训361期，培训约3.4万人次。

2017年，按照中央相关要求，进一步清理规范林业职业资格。森林消防员和林业有害生物防治员两个职业纳入人力资源社会保障部公布的国家职业资格目录。启动了《森林消防员》国家职业技能标准修订工作。全年林业行业职业技能鉴定2.08万人次，其中，初级技能0.1万人次，中级技能0.79万人次，高级技能0.96万人次，技师0.16万人次，高级技师0.07万人次。

（九）林业信息化

2017年，成功召开第五届全国林业信息化工作会议，全面谋划新时代林业信息化建设。印发《国家林业局关于促进中国林业云发展的指导意见》和《中国林业移动互联网发展指导意见》。积极推进"金林工程"等重点项目建设。

林业网络安全建设　强化网络安全保障，完成重大活动期间的网络安全保障工作，对近20个新系统进行安全渗透测试，完成46个系统的漏洞扫描和升级整改工作，举办2期网络安全培训班，完成网络安全检查、网络保密大检查等多项检查工作。做好日常运维服务，全年实行7×24小时值班，对中心机房服务器进行实时监控，及时处理各类服务器硬件故障1525次，对内外网8套数据库集群进行数据备份，对中心机房应用系统备份，处理各类应用系统故障1 605次。完成国家电子政务外网接入。

林业信息化率　开展了2017年全国林业信息化率评测工作。评测结果显示，2017年林业信息化率为70.35%，较2016年提高4.31%，其中，国家级信息化率为83.77%，省级信息化率为67.79%，市级信息化率为60%，县级信息化率为45%。

网站建设　中国林业网新建各类子站300多个，推进科研站群、重点龙头企业站群建设，主站编发信息6.41万条、图片5 316张，开展16期在线访谈直播，设计制作19个热点专题热点信息。"中国林业发布"微博全年共发博文9 460条，粉丝82万多人；"中国林业网"微信公众号发布信息1 130条，粉丝数达5.24万人；中国林业网移动客户端发布信息4.5万条；"中国林业网"网易号发布消息1 737条，总订阅数5 913人，总阅读31.7万人/次。国家林业局办公网采编加载信息1.66万条，更新电子阅览室数据12.92万篇，电子大讲堂数据6.83万条，发布出国公示、回国公开信息246次。中国林业网蝉联部委网站总分第二名并荣获"政务公开领先奖""中国最具影响力政府网站""创新发展领先奖"，荣列三大优秀部委网站，中国林业网微信荣获网易"最受网友欢迎中央政务机构"。开展了2017年全国林业网站绩效评估。

重点项目 完成"金林工程"初步设计及投资概算报告，国家发展和改革委员会正式批复生态大数据基础平台体系建设项目，完成京津冀、长江经济带、"一带一路"林业数据资源协同共享项目，开展东北虎豹国家公园监测数据平台和全国林业高清视频会议系统建设。与国家发展和改革委员会联合开展生态大数据应用与研究战略合作，成立国家生态大数据研究院。开展生态数据基础平台体系项目、国有林管理现代化局省共建示范项目，启动东北生态大数据中心建设。推进国家林业局政务信息系统整合共享相关工作。完善国家林业局网上行政审批平台、国有林场（林区）智慧监管平台、领导决策服务平台、智慧生态系统建设示范、鄂尔多斯"互联网+"义务植树物联网示范点等项目建设。开展第三批全国林业信息化示范市、示范县及第二批全国林业信息化示范基地建设。发布首批中国智慧林业最佳实践50强。

标准建设和培训交流 制定发布《林业物联网 第4部分：手持式智能终端通用规范》等首批3项林业信息化国家标准，制定发布《林业信息交换格式》等13项林业信息化行业标准。《林业信息化标准体系》已列入《林业标准体系》（2017版），涵盖95项信息化标准制（修）订内容，基本能够满足当前林业管理和服务需求。举办第五届林业CIO研修班、林业信息化基础知识暨OA系统培训班、全国林业网站群建设培训班、全国林业网络安全培训班等各类培训，累计培训近千人次。与人工智能产业技术创新战略联盟、清华大学等单位合作，成立人工智能+生态专业委员会，共同推进人工智能技术和成果在生态领域的应用。

智慧办公 实施国家林业局公文传输系统升级改造，114家单位全部切换至新系统收发文件，增强电子文件交换的安全性。对国家林业局移动办公系统升级改造，提高内部通讯的准确性、便利性。启动国家林业局身份认证系统算法升级，保证内外网系统身份认证的合法性、安全性、有效性。完成综合办公系统数据库优化，提升系统相应速度。完成内网个人邮箱扩容工作，对领导日程、联合发文、盖章提取、工资查询等功能进行优化完善。全年综合办公系统共进行了8万多件文件的办理，累计数据量超600GB。

（十）林业工作站

2017年，全国完成林业工作站基本建设投资3.63亿元，比2016年减少21.09%；其中，中央投资0.96亿元，比2016年减少4.00%。全国乡（镇）林业工作站减少了476个。通过开展标准化林业工作站建设等措施，全国共有265个林业工作站新建了办公用房，632个站配备了通讯设备，478个站配备了机动交通工具，1 353个站配备了计算机。

截至2017年底，全国有地级林业工作站216个，管理人员2 209人（图28），有县级林业工作站1 820个，管理人员21 182人。与2016年相比，地级林业工作站增加5个，管理人员增加47人；县级林业工作站减少了204个，管理人员减少了1 323人。全国现有乡镇林业工作站23 162个，比2016年减少了2.01%；其中，管理体制为县级林业主管部门派出机构的站有8 456个，县、乡双重管理的站有3 215个，乡（镇）管理的站11 491个，分别占总站数的36.51%、13.88%、49.61%。全国乡（镇）林业工作站核定编制84 651人，比2016年减少0.81%；年末在岗职工94 017人，比2016年减少7.25%，其中，长期职工92 799万人，比2016年减少7.02%。在岗职工中，经费渠道为财政全额的有81 942人，财政差额的3 606人，林业经费的4 432人，自收自支的4 037人，分别占在岗职工总数的87.16%、3.84%、4.71%、4.29%。林业工作站长期职工中，35岁以下的19 461人，36岁至50岁的56 340人，51岁以上的16 998人，分别占长期职工总数的20.97%、60.71%、18.32%。

图28　2008－2017年地级林业工作站和人员数量

2017年，全国林业工作站工作稳步推进。一是按照《全国省级林业工作站年度重点工作质量效果跟踪调查办法》，对各省站年度重点工作进行了跟踪与量化，分省下发了通报。二是编印出版《筑牢林业基石 装点绿水青山——标准化林业工作站建设》图集。三是在两年试点实施的基础上，对《标准化林业工作站建设检查验收办法（试行）》进行修订，并印发《标准化林业工作站建设

检查验收办法》。四是开展标准化林业工作站建设国家核查工作，确认2017年
度全国共有477个林业工作站达到合格标准，被国家林业局授予"全国标准化林
业工作站"称号。五是加大培训力度，印发了《国家林业局关于加强和改进林
业工作站培训工作的指导意见》，稳步推进"在线学习平台"工作，注册学员
8.3万人，上线各类课程300余门，学课总时长143万学时。六是指导组织完成林
业重点工程造林面积257.5万公顷，指导组织完成封山育林面积139.2万公顷，四
旁植树12.4亿株，育苗面积37.1万公顷，抚育作业面积428.3万公顷。七是6 488
个林业工作站加挂了野生动植物保护管理站的牌子，3 914个林业工作站加挂了
科技推广站牌子，5 346个林业工作站加挂了公益林管护站牌子，3 003个林业
工作站加挂了森林防火指挥部牌子，3 492个林业工作站加挂了病虫害防治站牌
子，412个林业工作站加挂了林业仲裁委员会牌子。9 593个林业工作站受委托
行使林业行政执法权，较2016年下降了7.73%，全年受理林政案件近4.1万件，
较2016年增加1 254件。

全国林业工作站工作进展情况

- 共指导组织完成造林面积381万公顷。
- 全国林业工作站管理指导乡村护林员近65万人，其中，专职护林员30万人，兼职35万人，指导建档立卡贫困人口生态护林员30多万人。
- 全国林业工作站加强了对全国近1.7万个集体林场、6 000个联办林场和1.7万个户办林场的业务指导和管理。
- 指导、扶持的林业经济合作组织11万个，带动农户273万户。
- 全国林业工作站共建立站办示范基地30.4万公顷，推广面积93.3万公顷，培训林农近760万人次。

（十一）国有林场

2017年，国有林场工作取得积极进展。一是印发了《国家林业局关于进
一步做好国有贫困林场扶贫工作的通知》，明确到2020年我国现行标准下国有
贫困林场实现脱贫的指导思想和工作目标。二是落实2017年国有贫困林场扶贫
资金5.5亿元，用于支持765个国有贫困林场实施扶贫项目。三是印发《国有林
区（林场）管护用房建设试点方案（2017－2019年）的通知》，在内蒙古、江
西、广西3省（自治区）启动国有林场管护用房建设试点，新建、加固和功能
完善管护点用房868个，建筑面积5.9万平方米，中央投资1.8亿元。四是印发了
《国家林业局办公室关于开展森林特色小镇建设的通知》，全国32个省（自治
区、直辖市、森工集团）推荐上报了125个涵盖森林旅游、森林康养、民俗民化
等为主要特色的森林小镇。五是举办了3期国有林场场长培训班和2期国有林场
改革和信息员培训班，累计培训基层骨干460余人次。六是国有林场GEF项目正

113

式启动，编制完成项目实施方案。

（十二）森林公园

2017年，森林公园建设和管理进一步加强。一是全国森林公园共投入建设资金573.89亿元，其中，用于生态建设的资金达60.38亿元，新营造风景林7.36万公顷，改造林相13.53万公顷；森林公园的游步道总长度达8.77万千米，旅游车船3.51万台（艘），接待床位105.68万张，餐位205.31万个；从事森林公园管理和服务的职工达17.63万人，其中，导游1.59万人。二是全国新建各级森林公园113处，森林公园（含国家级森林旅游区）总数达3 505处，其中，国家级森林公园881处，国家级森林旅游区1处，省级森林公园1 447处，市、县级森林公园1 176处，森林公园资源保护总面积2 028.19万公顷。三是依法强化森林公园管理。环境保护部和国家发展和改革委员会联合印发《生态保护红线划定指南》，明确森林公园的核心景观区和生态保育区划定为生态保护红线；国家林业局印发了《关于公布第七批获得中国国家森林公园专用标志使用授权的国家级森林公园名单的通知》，授权山西太行洪谷等64处国家级森林公园使用中国国家森林公园专用标志。截至2017年底，全国共有729处国家级森林公园被授权使用中国国家森林公园专用标志；组织了2013年批建的15处国家级森林公园相关负责人会议，听取汇报后提出整改要求。四是生态公共服务效益显著，2017年，全国森林公园共接待游客9.62亿人次，直接旅游收入878.50亿元，据推测带动社会综合收入近8 800亿元。其中，1147处森林公园免费接待公众，年接待游客达2.83亿人次。五是城郊森林公园发展势头良好。国家林业局印发《关于加快推进城郊森林公园发展的指导意见》。山西省新批建了4处县级城郊森林公园；太原市东西两山启动建设20处城郊型森林公园，全省82处城郊型森林公园日均接待游客40多万人次；广东省城郊森林公园（含镇级森林公园）总数超900处，免费开放的623处城郊森林公园年接待游客超1亿人次；黑龙江省森林工业总局将24处城郊公园评选为森工系统美丽林城公园；宁夏回族自治区建成了26处市民休闲森林公园；重庆市南川区批建了6处社区森林公园。六是国家林木（花卉）公园和国家生态公园进一步发展，全国共批建12处国家林木（花卉）公园和18处国家生态公园（试点）。据不完全统计，2017年国家林木（花卉）公园共投入建设资金2.86亿元、接待游客1 016.53万人次、综合收入达3.25亿元，国家生态公园（试点）共投入建设19.97亿元、接待游客691.67万人次、综合收入达1.55亿元。

（十三）林业职工队伍

2017年，全国林业系统有各类经济单位41 285个，按单位性质分，企业单位2 667个、事业单位33 451个、机关单位5 167个，分别占各类经济单位总数的6.46%、81.02%和12.52%；按行业分，农林牧渔业17 897个、制造业567个、服务业22 515个、其他行业306个，分别占各类经济单位总数的43.35%、1.37%，54.54%和0.74%。2017年，林业系统年末职工总人数140.07万人，其中，单位从业人数116.24万人，离开本单位仍保留劳动关系人员23.83万人，分别占年末职工总人数的82.98%和17.02%。在单位从业人数中，在岗职工105.99万人，其他从业人员10.25万人。农林牧渔业单位从业人员77.68万人、制造业单位从业人员3.62万人、服务业单位从业人员33.48万人、其他行业单位从业人员1.46万人，占单位从业人员总数的66.83%、3.11%、28.80%和1.26%。

2017年，林业系统在岗职工年平均工资5.31万元（图29），离退休人员年平均生活费3.11万元，分别比2016年增加13.70%和0.65%。在岗职工年平均工资，农林牧渔业4.48万元，制造业3.89万元，服务业7.28万元，其他行业6.29万元，分别比2016年增加13.13%、11.78%、11.83%和7.71%。在所有行业在岗职工平均工资中，林业工程技术与规划管理行业最高，达到9.66万元。

图29　2008－2017年职工人均工资与职工人数变化情况

区域林业

- 国家战略下的区域林业发展
- 传统区划下的林业发展
- 东北、内蒙古重点国有林区林业发展状况

区域林业

我国各区域的林业发展各具特色和优势。"一带一路"建设实施的各项林业合作成果显著，长江经济带林业发展工作扎实有效，京津冀协同发展林业生态率先突破，工作持续有效进行。传统的东、中、西和东北各区域间和区域内的林业发展更趋均衡。

（一）国家战略下的区域林业发展

1. "一带一路"区域林业发展

"一带一路"区域涉及18个省（自治区、直辖市），包括新疆、陕西、甘肃、宁夏、青海、内蒙古等西北的6省（自治区），黑龙江、吉林、辽宁等东北3省（包含大兴安岭地区），广西、云南、西藏等西南3省（自治区），上海、福建、广东、浙江、海南等5省（直辖市），内陆地区则是重庆市。林业发展是共建绿色"一带一路"的重要组成部分，也是"一带一路"建设的基础性支撑保障。

据统计，该区18个省（自治区、直辖市）行政区划面积为748.18万平方千米，占全国的77.26%；共有常住人口6.08亿人，占全国的43.72%；地区生产总值为38.44万亿元，占全国的46.48%；人均地区生产总值为6.32万元。

森林资源状况

- 林地面积为2.16亿公顷，占全国的69.18%。
- 森林面积为1.58亿公顷，占全国的76.30%。
- 森林蓄积量110.44亿立方米，占全国的72.96%。
- 湿地面积为4 042.08万公顷，占全国的75.41%。

造林和森林灾害发生状况

- 2017年造林面积为375.62万公顷，占全国的48.90%，与2016年基本持平。
- 共发生森林火灾1 880次，占全国的58.33%，受害森林面积为2.10万公顷，占全国的85.71%。
- 林业有害生物发生较为严重，发生面积为786.63万公顷，占全国的62.77%；发生率为4.37%，防治率为72.93%。

林业产业及林产品生产状况

- 林业产业总产值为 3.42 万亿元，占全国的 47.97%，比 2016 年增长 5.88%。林业产业总产值占地区生产总值的 8.90%。
- 林下经济总产值为 3 731.52 亿元，占全国的 49.71%。
- 商品材产量为 5 794.22 万立方米，占全国的 68.99%。

林业投资和林业从业人员状况

- 累计完成林业投资额 2 587.70 亿元，占全国的 53.91%，比 2016 年增长 3.76%，单位林地面积投资额为 1 198.01 元 / 公顷。
- 林业系统从业人员数 82.12 万人，比 2016 年增长 4.45%，在岗职工 75.49 万人，分别占全国的 70.65% 和 71.22%，在岗率为 91.93%。

"一带一路"建设林业合作成果显著　2017年，正式启动实施的新一期沿海防护林体系建设工程，通过保护和恢复以红树林为主的沿海防护林体系一级基干林带，为海上丝绸之路建设提供了更好的生态条件。5月，中国绿色碳汇基金会、甘肃省林业厅和世界自然基金会等在甘肃兰州举办"一带一路"生态修复论坛，中外专家探讨干旱半干旱地区植被修复和生态保护与"一带一路"建设的结合方式。5月，联合国环境署在京举行"一带一路"绿色发展国际联盟高级别介绍会，讨论了沙漠治理与生态环境修复等重要议题。10月，《联合国防治荒漠化公约》第十三次缔约方大会期间，"一带一路"防治荒漠化合作机制在内蒙古鄂尔多斯正式启动。该合作机制主要内容包括各方共识、机制目标、机制参与方、机制框架、合作方式、资金筹集和使用以及机制发展战略及执行评估等。

专栏 14　我国林业对外经贸合作日益繁荣

　　借助"一带一路"建设契机，我国与沿线国家全面加强经贸合作。2017年，我国与"一带一路"沿线国家的林产品贸易额达 504.9 亿美元，同比增长 10.4%，高出全国林产品贸易增速 0.3 个百分点。其中，出口 221.2 亿美元，与 2016 年度基本持平；进口 283.7 亿美元，同比增长 20.6%。我国主要林产品出口前 15 位国家中，有 6 个属于"一带一路"沿线国家，分别是越南、马来西亚、泰国、新加坡、印度和菲律宾，其中越南是我国第四大林产品出口国。"一带一路"沿线国家也是我国木材进口的主要来源国，其中，俄罗斯是我国最大的木材供给国。2017 年，我国从俄罗斯进口原木 1 127 万立方米，锯材 1 558 万立方米。

林业对外投资方面，在俄罗斯、缅甸、乌兹别克斯坦、哈萨克斯坦等19 个"一带一路"沿线国家，我国林业企业已设立了 589 家境外分支，投资近 32 亿美元。境外林业投资合作租用林地规模达 6 000 多万公顷，大中型投资合作项目近 200 个，输出劳务人员 1 万多人，为东道国提供 3 万多个就业岗位。在俄罗斯、新西兰、加蓬等国家的森林可持续经营项目进展顺利，合作方式已从木材贸易为主向投资、深加工、贸易并举转变，木材工业园区建设已成为合作新模式，且正在快速推进。

2. 长江经济带区域林业发展

长江经济带覆盖上海、江苏、浙江、安徽、江西、湖北、湖南、重庆、四川、云南、贵州11个省（直辖市）。长江经济带是我国最大的流域性经济带，是我国经济发展的主要引擎，还是我国重要的生态屏障带，是我国生态保护与修复的主战场，是维护长江水安全和沿江城市群生态宜居的重要基础。

据统计，该区11个省（直辖市）行政区划面积为205.30万平方千米，占全国的21.20%；共有常住人口5.95亿人，占全国的42.80%；地区生产总值为37.38万亿元，占全国的45.19%；人均地区生产总值为6.28万元。

森林资源状况

- 林地面积为 1.06 亿公顷，占全国的 33.78%。
- 森林面积为 0.85 亿公顷，占全国的 40.76%。
- 活立木总蓄积量 58.74 亿立方米，占全国的 35.74%。
- 森林蓄积量 53.10 亿立方米，占全国的 35.08%。
- 森林覆盖率为 41.24%，远高于全国平均水平。
- 湿地总面积为 1 154.23 万公顷，占全国的 21.53%。

造林及森林灾害发生状况

- 2017 年造林面积为 341.75 万公顷，占全国的 44.49%，比 2016 年增多 12.91%。
- 森林火灾偏重发生，共发生森林火灾 1 325 次，占全国的 41.11%；受害森林面积为 0.36 万公顷，占全国的 14.69%。
- 林业有害生物发生面积为 363.12 万公顷，占全国的 28.98%；发生率为 4.26%，防治率为83.10%。

林业产业和林产品生产情况

- 林业产业较为发达，林业产业总产值为3.36万亿元，占全国的47.12%，比2016年增加16.26%；林业产业总产值占地区总产值的8.99%；林业区位熵为1.04；人均林业产业总产值为5 647.06元/人，单位森林面积林业产业产值为3.95万元/公顷；三次产业结构比为31.14∶42.17∶26.69。
- 竹产业总产值为1 701.51亿元，占全国72.53%。
- 油茶产业产值790.86亿元，占全国86.74%。
- 林下经济总产值为4 725.59亿元，占全国的62.95%。
- 林业旅游与休闲产业收入6 843.05亿元，占全国的64.10%；直接带动的其他产业产值8 514.64亿元，占全国的77.06%。
- 商品材产量为2 443.40万立方米，占全国的29.09%。
- 经济林产品总量5 912.81万吨，占全国的31.45%。
- 花卉产业较为发达，种植面积84.59万公顷，花卉市场2170个，分别占全国的58.38%和52.82%。

林业投资和林业从业人员状况

- 累计完成林业投资额1 574.17亿元，占全国的32.79%，比2016年增加16.03%。
- 林业系统从业人员数28.82万人，占全国的24.79%，比2016年略增加1.62%；在岗职工24.42万人，占全国的23.04%，在岗率为84.73%。

长江经济带发展林业工作扎实有效　2017年，共安排长江经济带中央投资334.4亿元，加快推进长江流域林业生态保护和修复，为长江经济带发展创造更好的生态条件。7月，环境保护部、国家发展和改革委员会、水利部会同有关部门编制印发了《长江经济带生态环境保护规划》，其中，与林业行业密切相关的内容如下：一是划定生态保护红线，实施生态保护与修复。划定并严守生态保护红线，2017年底前，11省（直辖市）要完成生态保护红线划定，加快勘界定标；严格岸线保护；强化生态系统服务功能保护；开展生态退化区修复，进行水土流失综合治理以及推进富营养化湖泊生态修复。二是加强生物多样性维护。加强珍稀特有水生生物就地保护、加强珍稀特有水生生物迁地保护、提升水生生物保护和监管能力、加大物种生境的保护力度、提升外来入侵物种防范能力。

2017年，国家林业局持续加快建设沿江绿色屏障。一是以长江防护林、退耕还林、石漠化治理、三峡后续植被恢复等林业重点工程为载体，突出荒山造林、水系绿化、通道绿化、扩展绿色生态空间。江西省按照"生态优先、因害设防"的原则，将长江防护林建设任务优先安排在鄱阳湖等水土流失严重区域以及赣江、抚河、饶河、信江、修河等"五河"源头和两岸，有效降低了区域水土流失的风险，增强了长江中下游森林植被涵养水源、保持水土以及防风固沙等生态功能，为保鄱阳湖"一湖清水"发挥了至关重要的作用。云南省实施了陡坡地生态治理、农村能源建设等具有云南特色的生态建设工程，四川省开展了以治理沙化土地和湿地恢复为主的川西高原生态脆弱区综合治理项目。二是提高森林质量。对于立地条件较差、生态极度脆弱，不具备修复和改造条件的退化天然林、人工林，加强封育保护，充分利用自然力开展天然修复；对于立地条件较好、具备修复和改造条件的，采取"抚育、补植、更替"为主的人工促进方式进行修复，逐步解决树种单一、林分过疏过密、生态功能不强等问题。江西省设立省级森林质量提升专项，用于退化林修复、林木良种推广等。安徽省提出了林业增绿增效行动的意见与实施方案，重点开展生态保护修复、造林绿化攻坚、森林质量提升、绿色产业富民四大工程。浙江省开展了"古树名木保护办法实施及珍贵树种发展行动"，推进珍贵彩色森林建设。三是推进金融创新支持国家储备林建设。以长江中下游地区、西南适宜地区为重点区域，大力建设以大径级用材林为重点的国家储备林，2017年共完成国家储备林基地建设任务152万亩。江西、湖南、安徽及云南等省（直辖市）正在积极推进利用政策性贷款建设国家储备林基地项目。

长江经济带湿地资源丰富，湿地面积超过全国湿地总面积的1/5，有国际重要湿地17处、湿地自然保护区167个。国家林业局在长江经济带先后实施了国家湿地保护与恢复项目、湿地生态补偿试点、湿地补贴等湿地项目，不仅科学修复了退化湿地，而且提升了基层湿地保护机构的管理和监测能力，推动了地方政府对湿地保护工作的重视，使沿江各省湿地保护率显著提升。此外，各地还积极开展打击破坏湿地资源专项行动。根据《国家林业局办公室关于开展全面保护长江经济带林业资源专项行动的通知》和《关于全面保护长江经济带林业资源专项行动方案》，开展以划定生态保护红线、打击破坏林业资源违法犯罪行为、加强湿地保护、"共抓大保护"规划落实为主要内容的专项行动。湖南省通过开展围垦占用湖泊资源打击专项行动恢复湖泊湿地4.5万亩，江西省鄱阳湖区各级湿地主管部门共平退和制止围垦湿地超过1.8万亩。

3. 京津冀区域林业发展

京津冀地区主要包括北京市、天津市以及河北省。据统计，京津冀三省行政区划国土面积为21.83万平方千米，占全国的2.25%；共有常住人口1.12亿人，占全国的8.10%；地区生产总值为8.26万亿元，占全国的9.98%；人均地区生产总值为7.38万元。

森林资源状况

● 林地面积为835.05万公顷，占全国的2.67%。

● 森林面积为509.30万公顷，占全国的2.45%。

● 森林覆盖率为23.33%，略高于全国平均水平。

● 湿地面积为128.56万公顷，占全国的2.40%。

● 森林公园总数133个，面积为61.26万公顷，分别占全国的3.79%和3.02%。

造林及森林灾害发生状况

- 2017 年造林总面积为 53.38 亿公顷，占全国的 6.95%，比 2016 年大幅下降 12.74%。
- 京津冀地区森林防火控制工作成效明显，该区森林火灾发生仅为 43 次，占全国的 1.33%；受害森林面积 338.27 公顷，仅占全国的 1.38%。

林业产业和林产品生产情况

- 林业产业总产值为 1 765.58 亿元，占全国的 2.48%，比 2016 年增加 3.81%；林业产业总产值占地区总产值的 2.14%；由于该区域的特殊性，该区林业区位熵仅为 0.25；人均林业产业总产值为 1 576.41 元 / 人，单位森林面积林业产业产值为 3.47 万元 / 公顷；三次产业结构比为 54.34：37.66：8.00。
- 林业旅游与休闲产业收入 93.05 亿元，占全国的 0.87%；直接带动的其他产业产值 60.60 亿元，仅为全国的 0.55%。
- 经济林产品总量 1 628.71 万吨，占全国的 8.66%。

林业投资、从业人员和工资状况

- 累计完成林业投资额 372.29 亿元，占全国的 7.76%，比 2016 年增加 23.70%；单位林地面积投资额较高，为 4 458.30 元 / 公顷。安排京津冀地区森林公安转移支付资金 1 630 万元。此外，加大科技支撑力度，依托中央财政林业科技推广示范资金项目，在北京投入资金 700 万元、在河北投入 1 700 万元。
- 林业系统从业人员数 3.21 万人，在岗职工 2.97 万人，分别占全国的 2.76% 和 2.80%，在岗率为 92.52%。
- 在岗职工年平均工资较高，为 7.88 万元。

京津冀协同发展林业生态率先突破工作持续有效进行 2017年4月，"京津冀协同发展林业有害生物防控京南片区2017年第一次联席会议"召开，会议确定了2017年协同防控七项重点工作：召开3次片区工作会议，开展毗邻地区林业有害生物协同防控应急演练，对毗邻地区开展以美国白蛾为主的联合检查，建立京津冀林业有害生物监测、防治、检疫信息网络共享制度，开展林业有害生物跨境巡防作业，实施毗邻单位间防控物资支援计划，开展技术人员互派交流学习。5月，京津冀毗邻地区林业有害生物协同防控座谈会在天津市召开，三地林业部门将编制《京津冀林业有害生物图谱》。9月，京津冀协同发展林业检疫工作座谈会召开，会议主题包括京津冀三地将联合建立林业植物检疫追溯系统，开展无人机监测林业有害生物试验。截至2017年11月底，京津冀地区覆盖的北京、天津、河北3省（直辖市），共完成国家储备林基地建设任务约25.93万亩，利用政策性、开发性贷款61.69亿元。12月，京冀生态水源保护林建设合作项目顺利完成，北京与天津两市共栽植苗木约800万株，并修建了作业路、围栏和碑牌设施，开展了生态效益成效监测等。12月，京津冀野生动物保护工作交流座谈会在天津召开，就各地在野生动物法律法规执行、重点保护名录制定、栖息地保护与恢复、行政刑事案件查处、野生动物救护以及疫源疫病监测等工作进行了广泛深入的研讨。

2017年国家战略下区域及林业总体概况见表8，区域林业发展主要指标比较状况见表9。林业在长江经济带区域具有重要意义，该区的森林覆盖率、林业产业总产值占地区生产总值比例、单位在岗职工创造林业产值、单位森林面积林业产业产值皆最高。

表8　2017年国家战略下区域及林业概况

指标	"一带一路"区域		长江经济带区域		京津冀区域	
	数值	占全国比重（%）	数值	占全国比重（%）	数值	占全国比重（%）
省（直辖市、自治区）数量（个）	18	58.06	11	35.48	3	9.68
行政区划面积（万平方千米）	748.18	77.26	205.30	21.20	21.83	2.25
人口（亿人）	6.08	43.72	5.95	42.80	1.12	8.10
地区生产总值（万亿元）	38.44	46.48	37.38	45.19	8.26	9.98
林地面积（亿公顷）	2.16	69.18	1.06	33.78	0.08	2.67
森林面积（亿公顷）	1.58	76.30	0.85	40.76	0.05	2.45
湿地面积（万公顷）	4 042.08	75.41	1 154.23	21.53	128.56	2.40
森林公园面积（万公顷）	1 343.41	66.24	524.55	25.86	61.26	3.02
造林面积（万公顷）	375.62	48.90	341.75	44.49	53.38	6.95
火灾受害森林面积（万公顷）	2.10	85.71	0.36	14.69	0.03	1.38
林业产业总产值（万亿元）	3.42	47.97	3.36	47.12	0.18	2.48
林业系统从业人员（万人）	82.12	70.65	28.82	24.79	3.21	2.76
林业投资额（亿元）	2 587.70	53.91	1 574.17	32.79	372.29	7.76

表9　2017年国家战略下的区域林业发展主要指标比较

指标	"一带一路"区域	长江经济带区域	京津冀区域
森林覆盖率（%）	21.18	41.24	23.33
人均造林面积（公顷/万人）	61.78	57.44	47.66
人均林地面积（公顷/人）	0.36	0.18	0.07
林业产业总产值占地区生产总值比重（%）	8.90	8.99	2.14
人均林业产业总产值（元/人）	5 625.00	5 647.06	1 576.41

（续）

指标	"一带一路"区域	长江经济带区域	京津冀区域
单位在岗职工创造林业产值（万元／人）	453.04	1 375.92	594.47
单位森林面积林业产业产值（万元／公顷）	2.16	3.95	3.47
林业系统在岗职工年平均工资（万元／年）	5.00	6.39	7.88
单位林地面积投资额（元／公顷）	1 198.01	1 485.07	4 458.30
林业区位熵（林业在该区的地位和作用）	1.07	1.04	0.25

（二）传统区划下的林业发展

1. 东部地区林业发展

东部地区包括北京、天津、河北、山东、上海、江苏、浙江、福建、广东、海南10省（直辖市）。该区生态建设状况总体良好，林业产业发达，非公有制林业经济活跃，系林产品生产的集中优势区域。

生态建设状况

- 2017年，区内共完成造林面积127.64万公顷，占全国造林总面积的16.62%，区域生态总体状况良好，生态建设工作取得成效，但仍不容松懈。
- 区内的河北省系京津冀雾霾治理的关键省份，其造林面积总面积48.13万公顷，其中，重点生态工程造林面积9.95万公顷，名列该区第一位。
- 区内共有林业系统森林公园1 666处，森林公园总面积323.91万公顷，分别占全国的47.53%和15.97%。
- 区内广东省的自然保护区数量290个，森林公园总数709个，皆名列全国首位。

森林灾害发生及防治状况

- 区内共发生森林火灾512次，比2016年增加了204次，占全国的15.89%；森林火灾发生率0.30次／万公顷，高于全国火灾发生率0.13次／万公顷的平均水平；火灾受害率0.50‰，比2016年有所增加。
- 区内林业有害生物发生面积183.39万公顷，占全国的14.63%；林业有害生物发生率4.56%；林业有害生物防治率88.90%。与2016年相比，发生率虽有所上升，但防治率也有所提高，生态建设成果巩固工作不容松懈。

林业产业经济发展状况

- 2017年，区内林业产业总产值31 655.28亿元，比2016年增长5.05%，占全国林业产业总产值的44.40%。单位森林面积实现林业产业产值92 307.20元／公顷，远高于全国平均水平。该区林业产业实力雄厚，林业产业持续高速发展，产业结构持续升级，产出效益显著。

- 林业三次产业结构比由 2016 年的 24.01 : 62.71 : 13.28 调整为 23.90 : 62.02 : 14.08；第一产业、第二产业比例均略有下降，而第三产业实力进一步增强，林业产业结构持续升级。
- 林业产业总产值超过 4 000 亿元的 8 个省份中东部占了 5 个，分别是广东、山东、福建、江苏和浙江，其中，名列首位的广东省林业产业总产值达到 8 022.39 亿元。
- 区内浙江省的林下经济产值达 1 302.27 亿元，居全国前列。
- 区内的福建则作为"21 世纪海上丝绸之路核心区"，林业产业总产值和林下经济产值分别为在全国第四与第六，竹产业产值达 606.41 亿元，居全国第一。
- 区内林业旅游与休闲产业收入增长迅猛，共接待旅游人数 12.98 亿人次，比 2016 年增加了 10.00%，占全国的 41.84%；
- 区内广东省实现林业旅游收入高达 1 796.23 亿元，全区最高。

林产品生产状况

- 该区用占全国 14.99% 的森林面积生产了占全国 26.87% 的商品材，区内商品材产量 2 256.39 万立方米，比 2016 年增加了 1.73%；竹材产量 127 284 万根，比 2016 年增加了 11.72%，占全国的 46.80%。该区林产品生产发达，单位森林面积产出能力较强，在全国占有举足轻重的地位。
- 区内生产锯材 2 488.46 万立方米，比 2016 年减少了 4.57%；人造板 17 363.11 万立方米，比 2016 年略减少了 2.38%；木竹地板 52 920.35 万平方米，比 2016 年增加 1.33%；三者分别占全国的 28.93%、58.89% 和 64.09%。山东省的锯材和人造板产量分别为 1 193.82 万立方米和 7 639.82 万立方米，为全区最高。
- 江苏和浙江两省是木竹地板产量最大的省份，产量分别达到 3.32 亿和 1.11 亿平方米，江苏省主要以强化木地板为主，而浙江省主要以实木及实木复合地板为主。
- 经济林产品的产出水平比较高，林下经济较为发达，区内林下经济产值 2 184.63 亿元，占全国的 29.10%。
- 区内山东省各类经济林产品产量 1 956.00 万吨，名列全国首位。
- 2017 年，区内年末实有花卉种植面积 76.07 万公顷，比 2016 年减少了 2.21%；区内共有花卉市场 1 470 个，花卉企业 38 077 个，花农 70.89 万户，花卉从业人员 272.76 万人。各项指标分别占全国的 52.50%、35.78%、63.47%、47.40% 和 48.06%，该区系我国花卉产业的主要聚集优势区域。
- 区内江苏省花卉种植面积 30.17 万公顷、花农 20.31 万户，区内浙江省的花卉企业 11 060 个、花卉从业人员数 82.29 万人，分别名列全国首位。

林业投资和在岗职工工资状况

- 2017 年，区内完成林业投资 1 244.60 亿元，占全国总投资额的 25.93%，比 2016 年增加了 6.65%，其中，国家投资占 46.86%；区内每单位林地面积投资额 2 941.47 元／公顷，系全国平均水平的 1.92 倍。地方非公有制林业经济主体投资比重大，单位面积投资额较高。
- 区内林业系统在岗职工人数 14.14 万人，占全国的 13.34%；在岗率 88.19%；该区的林业在岗职工年平均工资居各区域首位，为 78 790 元，职工收入水平较高，是全国林业职工平均水平的 1.48 倍，与 2016 年相比上升 19.75%。

2. 中部地区林业发展

中部地区包括山西、河南、湖北、湖南、江西、安徽6省。2017年林业产出水平和林业经济实力持续增强，木本油料和木本药材种植的特色和优势鲜明，区内林业主要灾害偏重发生，生态建设成果巩固任务较为繁重。

生态建设状况

- 区内共完成造林面积 187.52 万公顷，占全国造林总面积的 24.41%。
- 湖南省在该区的造林规模最大，为 55.41 万公顷。

森林灾害发生及防治状况

- 2017 年，区内共发生森林火灾 1 081 次，比 2016 年增加了 517 次，占全国的 33.54%；森林火灾发生率 0.54 次 / 万公顷，远远高于全国平均火灾发生率水平；火灾受害率 0.22‰，低于全国平均火灾受害率 1.18‰。预防和控制森林火灾的任务依然艰巨。
- 区内林业有害生物发生面积 252.17 万公顷，占全国的 20.12%；林业有害生物发生率 7.07%，处于全国较高水平；林业有害生物防治率 81.50%。林业主要灾害在这一地区仍较为严重，生态建设成果巩固任务较为繁重。

林业产业经济状况

- 2017 年，林业产出水平和经济实力持续增强，区内林业产业总产值 18 014.17 亿元，比 2016 年增长 14.45%，占全国林业产业总产值的 25.27%。
- 湖南的林业产业总产值为该区最高，为 4 255.49 亿元。
- 产业发展特色较为突出，湖南和江西的油茶产业产值分别达 305.22 亿元和 269.53 亿元，列全国首位和第二位。
- 区内林业旅游与休闲产业有所发展，共接待旅游人数 7.97 亿人次，比 2016 年增长 29.59%；实现旅游收入 3 395.42 亿元，比 2016 年增长 28.15%；直接带动其他产业产值 4 869.54 亿元，与 2016 年相比增加了 34.93%。
- 区内江西林业旅游所直接带动的产业产值高达 2 097.14 亿元，名列全国首位。
- 林业三次产业结构比由 2016 年的 34.68：41.24：24.08 调整为 33.64：40.04：26.32；区内林业第一、第二产业所占比重进一步降低，第三产业比重持续上升，产业结构持续优化。

林产品生产状况

- 2017 区内油茶林面积 272.89 万公顷，占全国的 67.02%。
- 区内生产各类经济林产品总量 4 172.92 万吨，其中，水果和干果产量分别为 3 382.52 万吨和 232.46 万吨，分别占全国总产量的 22.20%、21.54% 和 20.83%。

- 木本油料和木本药材种植成为这一区域的特色和优势，木本油料和森林药材产品占全国总产量的 32.67% 和 31.69%，在全国占有重要地位。
- 区内花卉产业发展仅次于东部地区，区内安徽省的花卉市场 397 个，为全国首位。

林业投资和在岗职工工资状况

- 2017年，区内完成林业投资 927.99 亿元，占全国总投资额的 19.33%，比 2016 年增长了 3.57%，其中，国家投资占 44.10%；林业投资渠道多元化，非公有制社会资本投资林业建设的积极性较高。
- 2017 年，区内林业系统在岗职工人数 17.73 万人，占全国的 16.73%；在岗率 91.72%；林业在岗职工年平均工资为 49 744 元，略低于全国平均水平，在岗职工平均工资比 2016 年增加了 5 501 元，增幅 12.43%。职工收入增幅较为明显。

专栏15 促进中部地区崛起的系列林业工作持续推进

为做好 2017 年促进中部地区崛起工作，国家发展和改革委员会于 2017 年 2 月出台《2017 年促进中部地区崛起工作要点》，其中涉及促进中部地区崛起的系列林业工作如下。

1. 利用"旅游+""生态+"等模式，推进农业、林业与旅游、教育、文化、康养等产业深度融合；

2. 促进绿色低碳发展，加快建设全国生态文明建设示范区；

3. 大力推进落实主体功能区规划，积极推进鄱阳湖、洞庭湖生态经济区建设，开展汉江、淮河生态经济带发展规划编制工作；

4. 加强三峡库区、丹江口库区及上游和黄河、淮河等重点流域水污染防治工作。

2017 年，国家林业局继续加大良种壮苗培育的扶持力度，扩大林木良种补贴范围，加大对中部的扶持力度；继续从林业有害生物防治基础设施建设、防治补助资金等方面给予倾斜支持，同时加强工作指导、防治技术支持和人员培训，为维护中部地区生态安全和气候安全，促进中部地区绿色崛起提供强有力保障；继续加大中部地区国家储备林基地建设项目的政策和资金支持力度，加快推进利用国家开发银行贷款、农发资金建设国家储备林基地项目工作，出台相关办法和规程；继续加大对中部地区防火、森林公安工作的支持力度；继续加大中部地区国家级森林公园建设和森林旅游发展的政策扶持力度；继续实施长江中游天然林资源保护等林业重点生态建设工程。

3. 西部地区林业发展

西部地区包括内蒙古、广西、重庆、四川、贵州、云南、西藏、陕西、甘肃、青海、宁夏、新疆12个省（自治区、直辖市）。该区生态环境较为脆弱，自然保护建设成绩突出，林业经济基础较薄弱，林业产业总体产出水平较低，但产业发展持续增速，林下经济颇具特色和竞争力。

生态建设状况

- 区内共完成造林面积411.07万公顷，占全国造林总面积的53.52%，公有制经济造林和重点工程造林为主体。
- 区内内蒙古的造林面积68.05万公顷，名列全国首位。
- 自然保护区建设成绩突出，区内共有林业系统自然保护区851个，面积10 666.79万公顷，分别占全国的37.84%和84.57%。
- 西藏的自然保护区面积4 206.74万公顷，名列全国第一。

森林灾害发生及防治状况

- 2017年，区内共发生森林火灾1 363次，占全国的42.29%，比2016年增加了393次；火灾发生率0.07次/万公顷，远低于全国平均火灾发生率的水平；火灾受害率1.61‰，高于2016年。
- 区内发生林业有害生物面积679.93万公顷，占全国的54.26%；林业有害生物发生率4.80%；林业有害生物防治率71.06%。与2016年相比，林业有害生物发生面积仍然较大，发生率略有上升，防治率仍为四区最低。

林业产业经济状况

- 林业产业总体产出水平较低，但产业发展持续增速，林下经济颇具特色和竞争力，产业结构略有优化，林业产业发展的基础总体仍较为薄弱。
- 2017年，区内林业产业总产值17 392.94亿元，比2016年增长18.38%，占全国林业产业总产值的24.39%。单位森林面积实现林业产值14 007.35元/公顷，仅为全国平均水平的40.82%，为各区域最低，但增幅较为明显。
- 该区广西的林业产业较为发达，产业总产值已达5 226.20亿元，排名列该区第一和全国第三；广西的林下经济产值达880.44亿元，居该区第一和全国第三。
- 林业三次产业结构比由2016年的49.22：32.62：18.16调整为46.23：31.08：22.69；区内第一产业产值、第二产业产值比重持续下降，第三产业产值比重略有上升，产业结构持续优化。
- 区内四川省接待旅游人数高达3.47亿人次，名列全国首位。

林产品生产状况

I. 西部地区占有全国 54.27% 的森林面积却为全社会提供了约 50.10% 的商品材和 41.80% 的锯材，但增幅明显，单位森林面积的平均产出能力仍显著低于东部和中部地区。

- 区内商品材产量 4 207.09 万立方米，比 2016 年增加了 15.85%，占全国的 50.10%。
- 区内的广西作为我国重要的木材战略储备生产基地，商品材产量高达 3 059.21 万立方米，名列全国第一。
- 区内共生产锯材 3 596.17 万立方米，比 2016 年大幅增长 46.79%；人造板 5 034.34 万立方米，比 2016 年减少 3.31%；木竹地板 1 499.97 万平方米，比 2016 年减少 16.69%；上述三者分别占全国的 41.80%、17.07%、1.82%。

II. 该区是我国林副产品的主产区之一，林下经济发展颇具特色和竞争力，林下经济产业大有可为。

- 林产调料产品、木本油料、林产工业原料分别占全国的 76.11%、47.97% 和 50.53%。
- 区内生产各类经济林产品总量 7 129.18 万吨，其中水果和干果产量分别为 5 752.90 万吨和 485.29 万吨，分别占全国总产量的 37.92%、36.64% 和 43.48%，与 2016 年相比，分别增长了 4.87%、4.62% 和减少了 5.68%。

林业投资和在岗职工工资状况

- 2017 年，区内完成林业投资 2 263.43 亿元，占全国总投资额的 47.15%，比 2016 年增长了 6.90%，其中，国家投资占 41.04%。该区是全国林业固定资产投资的重点区域。
- 区内的广西林业投资额高达 1 041.86 亿元，名列全国第一。
- 总体上该区单位林地面积投资额 1 246.01 元 / 公顷，系全国平均水平的 81.14%；单位投资额较低。
- 2017 年，区内林业系统在岗职工人数 32.50 万人，占全国的 30.66%，在岗率为各区最低，仅为 83.96%。
- 该区的林业在岗职工年平均工资 61 596 元，略高于全国平均水平。

4. 东北地区林业发展

东北地区包括辽宁、吉林、黑龙江3省。该区是我国国有林业的聚集区，是国有林业改革和转型发展的重点地区，是天然林的主要分布区域，也是我国森林食品的主产区。该区的森林资源和林业发展具有重要的地位。

生态建设状况

- 区内共完成造林面积 41.84 万公顷，占全国造林总面积的 5.45%；其中，重点工程造林总面积 22.92 万公顷，占该区总造林面积 54.78%。
- 区内吉林省的造林规模最大，为 15.30 万公顷。
- 区内吉林省的森林公园面积 250.04 万公顷，名列全国首位。

森林灾害发生及防治状况

- 2017 年，区内共发生森林火灾 267 次，比 2016 年增加了 75 次，占全国的 8.28%；森林火灾发生率 0.35 次 / 万公顷，高于全国平均火灾发生率。
- 区内发生林业有害生物面积 137.63 万公顷，占全国的 10.98%；林业有害生物发生率 3.34%；林业有害生物防治率 80.27%。与 2016 年相比，发生率略有下降，但防治率明显上升。

林业产业经济状况

- 受国有林区产业转型影响，林业产业产值略有减少，区内林业产业总产值 4 204.68 亿元，比 2016 年减少 2.68%，占全国林业产业总产值的 5.90%。
- 林业三次产业结构比由 2016 年的 39.18 : 43.98 : 16.84 调整为 40.42 : 40.44 : 19.14，第一产业比重略有上升，第二产业比重显著下降，第三产业比重明显提高，产业结构有所提升。
- 区内林业旅游与休闲产业持续发展，共接待旅游人数 1.18 亿人次，比 2016 年增加 18.00%。
- 随着天然林停伐政策的实施，该区的商品材产量持续调减，区内商品材产量 471.31 万立方米，比 2016 年大幅减少了 3.55%，占全国的 5.61%。
- 该区森林食品占全国总产量的 22.65%，也是我国森林食品的主产区。

林业投资和在岗职工工资状况

- 2017 年，区内完成林业投资 320.34 亿元，占全国总投资额的 6.67%，比 2016 年上升了 8.13%，其中，国家投资占主导，为 91.75%，国家林业公共财政投资力度最大。
- 2017 年，区内林业系统在岗职工人数 42.46 万人，占全国的 40.06%，职工人数比重较大，在岗率 98.40%。
- 区内黑龙江省林业系统在岗职工人数 25.24 万人，名列全国首位。
- 该区的林业在岗职工年平均工资 37 700 元，是全国平均水平的 71.05%，职工收入水平为各区最低；在岗职工平均工资比 2016 年增加 3 045 元，增幅 8.79%。

　　全国各区林业发展情况比较见表10和图30。东北部地区森林覆盖率最高，西部人均造林面积和人均林地面积最高，东部地区林业创造的产业产值、林业职工工资水平和单位林地面积投资额均最高，中部地区和西部地区林业区位熵较高。排名前10位的各省（自治区、直辖市）林业发展状况见表11。福建森林覆盖率最高，内蒙古的造林面积最大，广东的林业产业产值最高，广西的商品材产量、林业投资和林业区位熵额最高。

表10　2017年传统区划下的林业发展主要指标比较

指标	全国	东部地区	中部地区	西部地区	东北地区
森林覆盖率（%）	21.63	36.98	36.45	18.17	40.84
人均造林面积（公顷/万人）	55.25	23.92	50.82	109.05	38.47
人均林地面积（公顷/人）	0.22	0.08	0.13	0.48	0.35
单位在岗职工创造林业产值（万元/人）	672.41	2 238.70	1 016.03	535.17	99.03
单位森林面积林业产业产值（元/公顷）	34 314.60	92 307.20	48 044.07	14 007.35	12 806.22
林业系统在岗职工年平均工资（元/年）	53 060	78 790	49 744	61 596	37 700
单位林地面积投资额（元/公顷）	1 535.64	2 941.47	1 899.29	1 246.01	851.18
林业区位熵（林业在该区的地位和作用）		0.82	1.17	1.18	0.88

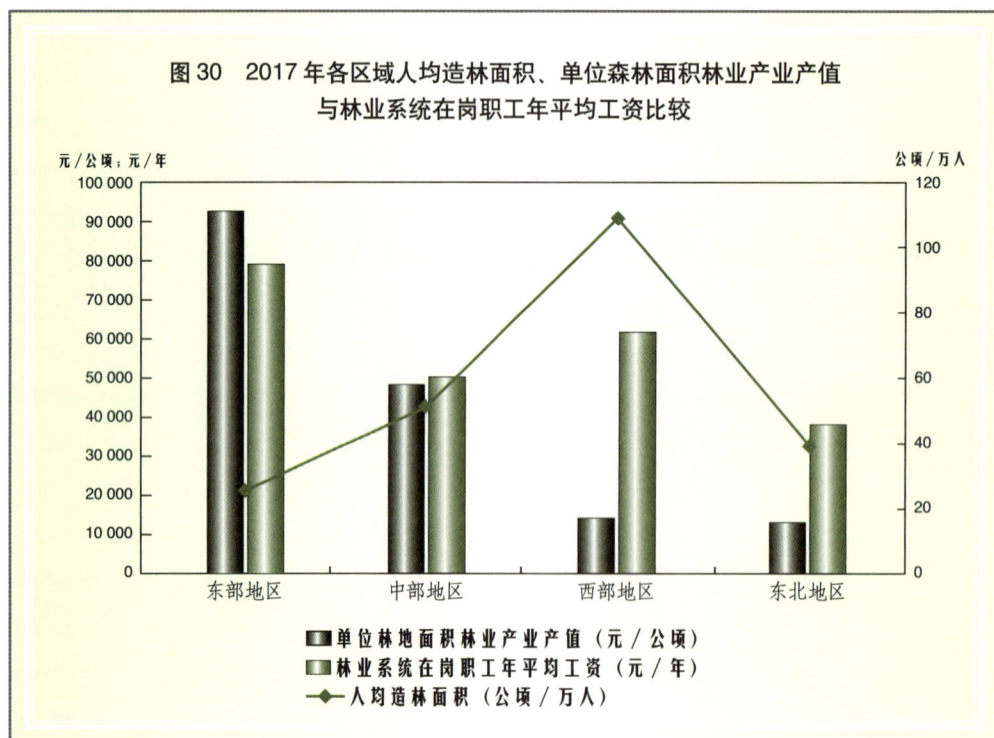

图30　2017年各区域人均造林面积、单位森林面积林业产业产值
与林业系统在岗职工年平均工资比较

表11　2017年排名前十位的各省林业发展状况

排序	森林覆盖率		造林面积		林业产业总产值		商品材产量		林业投资额		林业区位熵	
	省份	数值（%）	省份	数值（万公顷）	省份	数值（亿元）	省份	数值（万立方米）	省份	数值（亿元）	省份	数值
1	福建	65.95	内蒙古	68.05	广东	8 022.39	广西	3 059.21	广西	1 041.86	广西	2.97
2	江西	60.01	贵州	67.83	山东	6 887.54	广东	793.50	山东	304.11	江西	2.33

（续）

排序	森林覆盖率		造林面积		林业产业总产值		商品材产量		林业投资额		林业区位熵	
	省份	数值(%)	省份	数值(万公顷)	省份	数值(亿元)	省份	数值(万立方米)	省份	数值(亿元)	省份	数值
3	浙江	59.07	四川	65.84	广西	5 226.20	福建	524.06	四川	275.73	贵州	2.00
4	广西	56.51	湖南	55.41	福建	5 002.40	云南	487.51	湖南	271.66	福建	1.80
5	海南	55.38	河北	48.13	浙江	4 533.89	安徽	434.13	福建	232.49	海南	1.57
6	广东	51.26	湖北	40.08	江苏	4 527.06	山东	421.80	北京	207.43	安徽	1.52
7	云南	50.03	云南	38.72	湖南	4 255.49	湖南	327.62	湖北	197.43	湖南	1.43
8	湖南	47.77	陕西	33.48	江西	4 170.95	贵州	248.55	江西	155.87	云南	1.37
9	黑龙江	43.16	甘肃	32.54	安徽	3 611.87	河南	246.03	内蒙古	153.49	吉林	1.14
10	陕西	41.42	山西	31.20	湖北	3 453.54	江西	233.18	黑龙江	152.75	山东	1.10

（三）东北、内蒙古重点国有林区林业发展状况

东北、内蒙古重点国有林区是指黑龙江、吉林和内蒙古包含内蒙古森工集团、吉林森工集团、长白山森工集团、龙江森工集团、大兴安岭林业集团下属87个森工企业所构成的林区。该区的国有林业进入全面改革和转型发展阶段，森林资源由开发利用转向修复和保护，森林资源功能由原来传统的木材生产供给转向生态功能服务为主。

森林资源状况

- 东北、内蒙古重点国有林区经营总面积 3 274.12 万公顷；
- 森林面积 2 598.90 万公顷，占全国森林面积的 12.51%，森林覆盖率 79.38%；
- 林地面积 2 926.15 万公顷，占全国林地面积的 9.43%；
- 森林蓄积 25.99 亿立方米，占全国森林蓄积的 17.17%。

林业系统从业人员状况

- 东北、内蒙古重点国有林区林业系统人员 49.38 万人；
- 年末在岗职工人数 31.53 万人，在岗率仅为 63.85%，低于全国水平；
- 林业在岗职工年平均工资 35 701 元，是全国平均水平的 67.28%，为全国最低。

林业产业及林产品生产状况

- 林业产业总产值 761.78 亿元；
- 林业三次产业结构比为 40.47：22.67：36.86；
- 林业第三产业尤其林业旅游与休闲产业持续发展，接待旅游人数 0.12 亿人次，实现收入 81.45 亿元，占第三产业比重 29.01%。
- 该区商品材产量自 2011 年以来调减幅度明显，由图 31 可见，全国商品材产量总体保持稳定，该区商品材产量调减对全国商品材产量的影响很小。
- 2017 年商品材产量 40.19 万立方米（图 31），其中，原木 38.59 万立方米；锯材产量 9.68 万立方米，人造板产量 9.79 万立方米。
- 各类经济林产品产量 20.87 万吨，森林药材、食用菌和山野菜产量分别为 3.62 万吨、9.70 万吨和 4.37 万吨。

林业投资情况

- 2017 年，区内完成林业投资 213.68 亿元，其中，中央财政资金 198.41 亿元，占区内林业投资额的 92.85%。
- 林业投资主要投向生态建设与保护，投资额达 182.51 亿元，其中，造林抚育与森林质量提升投资 181.97 亿元，占区内林业投资额的 99.70%。

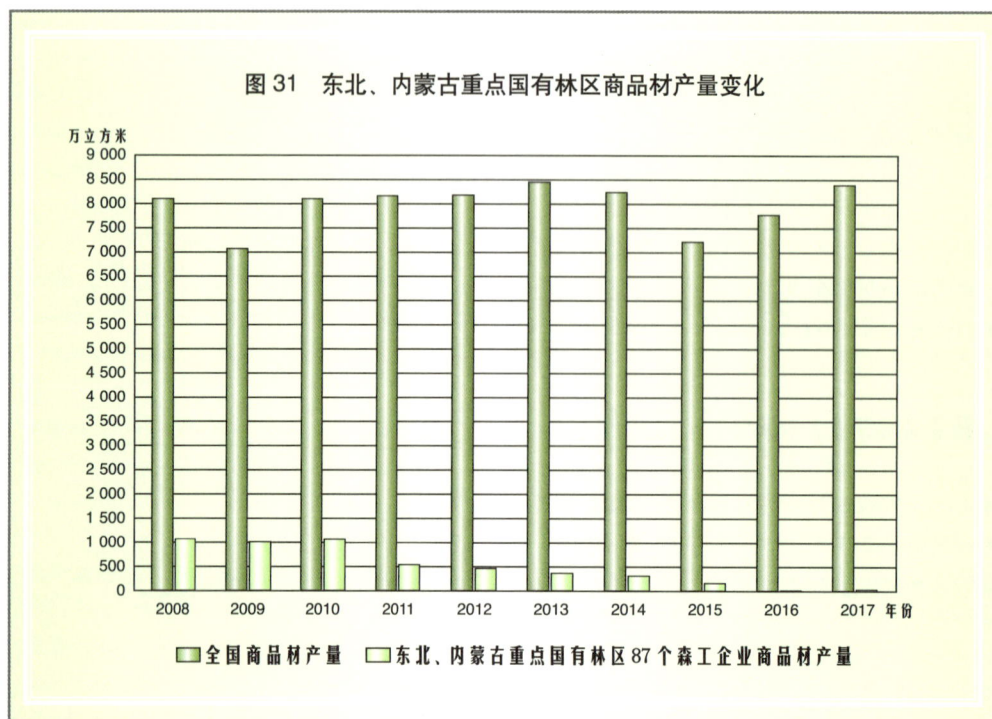

图 31　东北、内蒙古重点国有林区商品材产量变化

专栏 16　林业支持振兴东北老工业基地工作进展情况

提高东北森林质量　东北、内蒙古重点国有林区和三江平原、松嫩平原、辽河平原、科尔沁沙地南缘和东缘等区域，重点开展东北、内蒙古重点国有林提质工程、平原农区防护林提质增效工程等森林质量精准提升工程示范项目，并纳入《"十三五"森林质量精准提升工程规划》。此外，国家林业局批复了辽宁白石砬子、黑龙江公别拉河等国家级保护区总体规划和黑龙江双子山、吉林延边峰等国家森林公园总体规划，指导国家级自然保护区、国家级森林公园开展生态保护建设。

支持东北生态建设　①全面保护天然林。经国务院批准同意，"十三五"期间全面取消了天然林商业性采伐限额指标，2017 年中央财政共安排东北地区停伐补助资金 84.41 亿元。提高了天然林资源保护相关补助标准，将天然林资源保护工程和天然林资源保护工程区外国有林管护费补助标准由每年每亩 8 元提高到 10 元，将天然林资源保护工程职工社会保险补助缴费基数由 2011 年当地社会平均工资的 80% 提高到 2013 年的 80%，进一步提高了林区职工收入和社会保障水平。

②推进防沙治沙及荒漠化综合治理。2017 年，安排内蒙古赤峰市、锡林郭勒盟京津风沙源治理二期工程林业建设任务 68.15 万亩，下达林业建设资金 1.78 亿元。推进沙化土地封禁保护补助试点工作，安排中央财政补助资金 1 000 万元。继续抓好阜新、松原、大庆、赤峰和通辽等防沙治沙综合示范区建设，2017 年共安排治沙造林建设任务 1.79 万亩。积极支持东北地区开展国家沙漠公园建设，将辽宁、吉林、黑龙江、内蒙古等省（自治区）纳入《国家沙漠公园发展规划（2016 - 2025 年）》重点建设范围。截至目前，已在东北地区建设沙漠公园 7 个，总面积 1.42 万公顷。

③加强防护林体系建设。安排东北地区三北防护林体系建设资金 8.14 亿元，落实建设任务 294.3 万亩。在继续加大对内蒙古科尔沁沙地、辽宁科尔沁沙地、黑龙江科尔沁沙地等 3 个百万亩防风固沙林基地建设的基础上，新启动了辽西北山地百万亩水土保持林基地建设。在辽宁、吉林、黑龙江以及蒙东地区选择了生态区位重要、防护林退化严重的 24 个试点县，继续开展退化林分修复项目，重点改善提升防护林林分质量。在内蒙古锡林郭勒旗的多伦县、正蓝旗继续开展灌木平茬试点工作，在辽宁省彰武县开展了辽西北风沙区针阔混交稳定生物群落示范区建设，在内蒙古鄂托克旗锡泥河林场开展了低覆盖度乔灌草治沙造林示范项目。

④加强自然保护区建设。不断加强珍稀濒危野生动植物保护，2017 年累计投入资金 7 542 万元，用于 7 处国家级自然保护区站点、巡视设施、科研监测、公众教育和生态旅游等方面的基础设施建设，极大地提高了东

北地区国家级自然保护区的基础设施水平。安排林业国家级自然保护区补助资金 6 900 万元，用于补助东北地区国家级自然保护区的本地调查、科研监测、设备维护等工作，有效地强化了东北地区国家级自然保护区的保护能力。

⑤推进湿地保护与修复。国家林业局、国家发展和改革委员会、财政部联合印发了《全国湿地保护"十三五"实施规划》。将东北地区的重要湿地纳入了规划范围。安排中央财政资金 2.5 亿元开展湿地补助工作，实施湿地保护与恢复项目 45 处，开展湿地生态效益补偿试点 3 处，落实退耕还湿 8.15 万亩。联合国家发展和改革委员会下达湿地保护工程中央预算内投资 3 840 万元，在东北地区的内蒙古呼伦湖、黑龙江三江等国际重要湿地实施了湿地保护与修复工程。2017 年，共新建湿地公园试点 5 处，正式通过验收的国家湿地公园 10 处。

支持东北地区开展生态扶贫　一是首次把东北三省湿地生态公益管护纳入 2017 年新增生态护林员范围，2017 年共安排生态护林员资金 0.5 亿元，选聘生态护林员 8 769 人，精准带动 2.45 万贫困人口稳定增收和脱贫，实现了生态保护与精准脱贫双赢。二是通过退耕还林、造林补贴等林业重点工程，以及农业综合开发等财政资金，大力扶持东北地区具有地方特色优势林业产业发展，2017 年安排农业综合开发林业项目资金 0.48 亿元，发展木本油料林、国家储备林等林业特色产业 2.43 万亩。

P135-144

林业开放合作

- 政府间林业合作
- 民间合作与交流
- 林业履行国际公约
- 林业专项国际合作
- 林业重要国际会议

林业开放合作

2017年，深入开展政府间林业合作，履行了《濒危野生动植物种国际贸易条约》《联合国防治荒漠化公约》等国际公约，林业专项国际合作取得丰富成果。

（一）政府间林业合作

2017年，政府间林业合作深入开展。一是配合国家重大外交。举办了《联合国防治荒漠化公约》第十三次缔约方大会和国际竹藤组织成立20周年活动，习近平主席分别致以贺信。在习近平主席与外国元首的共同见证下，先后与芬兰、丹麦、德国签署了大熊猫合作研究协议；在习近平主席访问德国期间，举行了大熊猫开馆仪式；与印度尼西亚大熊猫合作研究启动仪式纳入了刘延东副总理出访议程；彭丽媛教授为法国熊猫幼仔命名并贺辞。在习近平主席与缅甸总统的共同见证下，与缅甸签署了林业合作协议，加强两国在森林可持续经营、森林防火、林业投资、竹藤资源加工利用等方面的合作。积极配合2017年亚太经济合作组织（APEC）领导人会议、中国—东盟领导人会晤、中国—中东欧领导人会晤等首脑会议和访问成果文件的磋商及相关活动。二是推进"一带一路"沿线国家合作。与老挝、缅甸、埃塞俄比亚、埃及、以色列、斯里兰卡6国签署林业合作协议；成功促成了援蒙古戈壁熊保护项目正式启动，实施了27期林业援外培训班，首次启动了学位学历教育和境外培训班，培训发展中国家部级官员及管理和技术骨干946人次，培训学员近946人次，对外培训国别达101个。商务部渠道林业系统的首个学历学位教育的培训项目启动。推进中国—中东欧国家（16+1）林业合作协调机制工作，参加了16+1林业合作联络小组第一次会议，举办了中国—中东欧国家林业科研教育研讨会，组织搭建了中国—中东欧林业合作中文网站；加强与东盟林业合作，组织起草了《中国—东盟林业合作行动计划（2017—2020）》，积极落实2016年中国—东盟林业合作论坛达成的《南宁倡议》。将林业内容纳入《澜湄合作五年合作计划（2018—2022）》，参加在北京举办的"一带一路"竹藤发展愿景对话活动。三是开展双边部门合作与交流。巩固深化现有合作渠道，全年共完成了部长级高层会晤30场。组织签署了政府部门间合作协议9个，组织召开了中外机制性合作会议12个，推动了森林健康、生物质能源、国家公园管理自然保护等多个领域的深度合作。开拓双边务实林业合作，在辽宁清原县启动了中芬森林可持续经营示范项目，支持德国农业和食品部在华设立中德林业办公室，启动了中美森林健康经营合作第二轮试点示范单位建设，组织林业系统申请韩、日、美、英等国奖学金项目，组织开展了中日林业青年交流活动；参加了中美能源和环境十年合作框架联合工作组、中美绿色合作伙伴计划结对等活动。妥善应对国际热点问题，在纳米比亚和津巴布韦举办了濒危物种保护与管理政策宣讲活动；组织接待了非洲青年领导人和青年外交官代表团参观北京野生动物救护中心；参加了中欧森林执法与行政管理双边协调机制（BCM）第八次会议等国际会议。四是拓展多边林业机制与区域林业合作。派团出席国际竹藤组织成立20周年志庆暨竹藤绿色发展与南南合作部长级高峰论坛；派团出席旨在讨论通过《联合国森林战略规划》的联合国大会并发言，凸显中国在《战略规划》制定过程中发挥的重要作用。作为主席团副主席出席并主持了联合国森林论坛（UNFF）第12届会议。推动在华设立联合国"全球森林资金网络"，推进APEC林业合作；派团参加了大森林论坛2017年年会等会议。组织了"国际森林日""世界野生动植物日"和围绕"中国防治荒漠化成就"主题举办了首届外国使节"走进中国林业"系列活动。

（二）民间合作与交流

一是出台了《国家林业局司局单位与境外非政府组织合作与交流管理办法》。协助世界自然基金会等7个境外非政府组织在北京市办理登记注册，设立在华代表机构。组织召开了国家林业局与9家境外非政府组织的合作年会，制定了《境外非政府组织申请国家林业局担任在华代表机构业务主管单位程序规定》，起草了《关于担任业务主管单位的备忘录》，确定涉林项目220多个，落实项目资金8 000万元人民币，内容涉及生物多样性保护、湿地、森林及物种保护、公众宣传倡导等。召开了在华涉林境外非政府组织管理座谈会。二是推动中日民间绿化合作可持续发展，实施项目39个，其中，新上项目7个，取得了良好的生态效益和社会效益。三是召开中德财政合作北方荒漠化治理项目成果推广大会，推广合作成果和经验。四是组团赴瑞典开展林业合作组织专题交流；支持成立"中俄木业联盟"，促成中国林业学科学生赴俄罗斯参加文化交流。五是加强了与日本、韩国在"森林康养"领域的国际交流，组织专家赴北京、四川省（直辖市）宣讲森林疗养国际理念。

（三）林业履行国际公约

《濒危野生动植物种国际贸易公约》（CITES）　2017年，《濒危野生动植物种国际贸易公约》（CITES）履约工作取得较大进展。一是组团赴瑞士参加了公约第29届动物委员会、第23届植物委员会会议和第69届公约常委会会议，参与讨论行政与财政、发展战略等74项议题，阐述中国立场，宣传了中国的野生动植物保护工作；派团赴尼泊尔、泰国、美国、韩国、日本等近10个国家参加国际濒危物种保护、打击非法贸易、履约执法交流活动；派员赴喀麦隆等非洲4国开展野生动植物保护和履约宣讲。二是推进履约执法，会同CITES执法工作协调小组各成员单位总结2016年工作，研究制定2017年工作计划；组织召开了第13届敏感物种履约执法联席会议和部门间CITES履约执法协调小组第七次联席会议；围绕虎、豹、犀、象、穿山甲、海龟、木材等重点关注物种开展专项执法行动，在广东开展打击黄唇鱼和石首鱼非法销售专项整治行动，参加了国际刑警组织的"雷鸟行动"，开展了CITES新列鲨鱼蝠鲼物种的公约前所获库存核查。三是接待公约秘书长及越南、美国、印度尼西亚、尼泊尔等国和国际刑警组织等代表团访华，完成《中美自然保护议定书》附件12中CITES履约互访交流项目；接待来自非洲、南亚和东南亚的60余名新闻媒体记者，开展了专题采访活动，宣传了中国野生动植物保护和履约方面的工作及取得的成果。四是组织召开第15次"中央政府和港澳特区政府CITES管理机构履约协调会"；赴香港开展履约执法管理研讨培训，组织开展野生动植物贸易管理交流活动。组织翻译完成国际打击野生动植物犯罪同盟的有关野生动植物和森林犯罪框架、工具包、象牙鉴定指南。

《联合国防治荒漠化公约》（UNCCD） 一是2017年9月6～15日在内蒙古自治区鄂尔多斯市成功承办《联合国防治荒漠化公约》第十三次缔约方大会，习近平总书记致贺信，汪洋副总理出席大会开幕式并作主旨演讲，联合国秘书长古特雷斯视频致辞，来自190多个国家的2 000多位代表出席了会议。大会为全球生态治理提出中国方案，通过《公约2018－2030年战略框架》，发表了《鄂尔多斯宣言》和《全球青年防治荒漠化倡议》，启动了"一带一路"防治荒漠化合作机制，113个国家在大会上承诺制定本国土地退化零增长国家自愿目标。我国通过组织开展植树、考察、边会等一系列东道国活动，推动了我国荒漠化防治经验的国际宣传，讲实讲好中国治沙故事。二是根据公约决议，组织相关部门和相关省份的专家，开展了国家履约目标设定专项研究，编制了《我国土地退化零增长国家自愿目标报告》并在缔约方大会期间对外发布，为各国履约做出了表率。三是强化落实对联合国工作，向《联合国防治荒漠化公约》秘书处推送P4级高级职员一名。四是国家林业局主要负责同志获得《联合国防治荒漠化公约》全球防治荒漠化杰出贡献奖，《中华人民共和国防沙治沙法》获得世界未来委员会与《联合国防治荒漠化公约》秘书处联合颁发的2017年"全球未来政策奖"银奖。五是全面拓展交流合作。应邀组织了15次双边会谈，包括联合国环境署、欧盟代表团团长、沙特、伊朗、尼泊尔、土耳其、墨西哥、阿拉伯农业研究中心等国家和组织与我国代表座谈并表达了开展合作的意愿。

《湿地公约》（RAMSAR） 一是履行《湿地公约》取得进展。率先推进国际湿地城市认证提名，制定认证提名办法和指标体系，组建两院院士牵头的考察评审小组，在现地考察评估的基础上，选出6个候选城市提交《湿地公约》秘书处。二是派团参加《湿地公约》第十三届缔约方大会预备会议暨亚洲区域会议、第53次常委会会议、科学技术工作组第21次会议及第7届亚洲湿地论坛，介绍中国湿地保护成就，推动湿地国际合作。

《联合国气候变化框架公约》（UNFCCC） 一是派团参加了2017年5月8～18日在德国波恩召开的《巴黎协定》特设工作组第一次会议第三次续会、《联合国气候变化框架公约》（以下简称《公约》）附属科技机构（SBSTA）和附属执行机构（SBI）第46次会议，以及11月3～17日召开的《联合国气候变化框架公约》第23次缔约方大会。代表团重点参加了国家自主贡献特征和内容指南、透明度的模式、程序、指南和全球盘点的谈判，以及《公约》附属科技机构"土地利用、土地利用变化和林业"核算规则的谈判，推动了《巴黎协定》落实细则谈判进程。在公约第23次缔约方大会上，中国绿色碳汇基金会、国际竹藤组织分别举办了"生态服务价值的多元化探索促进绿色低碳发展"与"通过南南北合作助力竹产业应对气候变化行动"边会。二是积极参加联合国政府间气候变化专门委员会（IPCC）的工作，向IPCC推荐了专家参与第六次气候变化评估报告工作，参加了《2006年国家温室气体清单指南》修订、气候变化与土地专题报告编写研讨会。三是中美双方在吉林汪清举办了森林碳库调查与碳汇估算技术培训班；与保护国际基金会（CI）和大自然保护协会（TNC）合作，在四川、内蒙古、云南、青海等省（自治区）开展了5个林业应对气候变化项目。

《国际植物新品种保护公约》等 一是派团参加《国际植物新品种保护公约》理事会和技术工作组系列会议，以及缅甸内比都第10届东亚植物新品种保护论坛会议和国际植物新品种保护研讨会；派员赴美国专利商标局、美国农业部植物新品种保护办公室、日本农林水产省植物新品种保护办公室、日本国家种子和种苗中心开展了中美日植物新品种保护测试技术交流。二是国家林业局植物新品种保护办公室与欧盟植物新品种保护办公室在北京签署了植物新品种保护合作协议。三是按照国际植物新品种保护联盟（UPOV）规定，完成了2016年授权的195个品种信息3 800多个数据项的整理、翻译和上报；完善测试体系，新增杜鹃花、绣球、山茶、油茶等植物的田间测试，转田间测试3批91个月季品种。四是履行《生物安全议定书》，派团参加了联合国粮食及农业组织（FAO）粮食与农业遗传资源委员会第16次例会，在山东滨州举办了第二届国际林木遗传资源培训班。五是召开了履行《联合国森林文书》示范单位建设工作会议，重点讨论了履行《联合国森林文书》示范单位建设的方案、总体思路和工作重点，交流了经验。六是印发了《履行<联合国森林文书>》示范单位建设方案编制指南》，并派出专家组示范单位编制建设方案，推动示范单位建设。

（四）林业专项国际合作

防治荒漠化国际合作 一是组织专业人员赴阿根廷开展荒漠化防治双边交

流，深入潘帕斯草原系统了解阿根廷治沙技术与管理模式，进行深度业务交流并达成合作意向。二是联合主办第六届库布其国际沙漠论坛，共吸引中外35个国家和国际组织共250多名代表出席会议，我国代表获得荒漠化公约2017年度土地生命奖。三是召开了"一带一路"防治荒漠化合作机制专家研讨活动，邀请11个沿线重点国家、3个国际组织和10个国内丝绸之路经济带省份商讨"一带一路"防治荒漠化合作模式。四是优先选择"防沙治沙"作为2017年"走近中国林业"活动主题，组织来自多个国家和国际组织的驻华使节及代表赴甘肃考察荒漠化防治工作，并在敦煌召开"走近中国林业·荒漠化防治成就"座谈会，配合9月份举办的《联合国防治荒漠化公约》第十三次缔约方大会。五是组织《联合国防治荒漠化公约》秘书处及有关中资企业获得申请我国南南合作基金项目，开展荒漠化防治国际合作项目的资质。

野生动植物保护国际合作　一是派团赴肯尼亚参加联合国环境大会，就有关打击野生动物非法贸易方面议题进行交流。对来华发展中国家代表培训，落实中美、中英领导人会晤成果文件，做好象等野生动物保护工作。二是加强虎、象、犀牛、黑熊及候鸟等重点物种国际合作，推进在南非华南虎接返工作；推动自尼泊尔引进犀牛工作，积极参与亚洲象分布国合作。三是批准立项"恢复蒙古境内珍稀戈壁熊数量保护战略"项目，协调黑龙江、吉林推进实施东北虎保护全球环境基金（GEF）项目。四是停止象牙商业性加工贸易，开展对亚非国家人员保护培训，严控象等敏感物种引进。五是派团出席在瑞士召开的"第六届世界植物园大会"，组团参加了在泰国召开的"第十四届中医药大会"，加强国家间植物保护的交流与合作。六是中国与芬兰、丹麦、德国分别签署了大熊猫保护合作谅解备忘录；启动了中德、中印（印度尼西亚）大熊猫研究，分别在荷兰欧维汉动物园、德国柏林动物园举办了大熊猫馆开馆仪式。截至2017年底，我国与日本、美国等16个国家的21个动物园开展大熊猫合作研究，旅居海外的大熊猫及其幼崽共55只。

湿地保护国际合作　一是首次举办了对发展中国家湿地管理培训。二是全球环境基金5期湿地项目执行进展顺利。三是完成4处国际重要湿地的数据信息更新。四是举办国际重要湿地培训班，参加培训人次达130多人次，派员参加在韩国举办的东亚及东南亚区域湿地管理人员培训研讨会。

亚太森林恢复与可持续管理组织　2017年，中国继续大力支持和推动亚太森林恢复与可持续管理组织（以下简称"亚太森林组织"）工作，并取得积极进展。一是支持和推动亚太森林组织国际化发展。协助亚太森林组织成功举办第三届董事会和理事会，审议通过《亚太森林组织工作计划和预算方案》等文件，吸纳哈萨克斯坦等中亚五个经济体为观察员，实现秘鲁、墨西哥等南美洲经济体和国际林联首次参会。支持和配合亚太森林组织健全顶层治理机构和优化秘书处管理，中方代表成功当选第二任秘书长。二是贯彻落实"一带一路"建设，服务区域林业发展。推动澜湄合作机制首脑会议确定的早期收获项目——大湄公河次区域森林生态系统综合管理规划与示范项目落地区域内六个经济体。推进大中亚区域植被恢复与森林资源管理利用示范项目和赤峰市多功能林业示范基地建设。依托亚太森林组织积极谋划大湄公河次区域跨境野生动物保护对话机制及与东盟林业科研机构合作机制，深化大中亚林业部长级会议、亚太地区林业战略规划、人力资源、林业教育协调机制等对话平台发展。推动并参与APEC第四届林业部长级会议，与FAO联合举办森林天然更新研讨会。三是开展示范项目和能力建设。资助亚太森林组织实施示范项目30个（在执行项目22个，新启动项目8个），组织评审2018年示范项目建议书14个。继续资助亚太森林组织开展森林资源管理、林业与乡村发展、大中亚地区荒漠化综合治理和沙产业发展国际培训班，培训了113位亚太区域的林业官员和研究人员；继续在4所林业大学设立奖学金，17人取得硕士学位，新招硕士研究生30人。

国外贷款（赠款）项目　2017年，国外贷款项目顺利推进。一是世界银行贷款"林业综合发展项目"圆满结束，编写出版了《世界银行贷款林业综合发展项目竣工文件》和《世界银行贷款林业综合发展项目机制与科技创新》。二是欧洲投资银行贷款林业打捆项目进展顺利，举办了欧投行贷款"珍稀优质用材林可持续经营项目"启动暨项目实施管理培训班，15省份项目人员参加了培训；编制、翻译了年度进展报告，更新了项目区林班数据库。三是亚洲开发银行贷款项目平稳推进。截至2017年，亚洲开发银行贷款西北三省（自治区）林业生态发展项目已完成经济林造林5.7万公顷，生态林造林0.56万公顷，占计划任务的100%；建成森林旅游和服务设施21 076平方米等；开展国家级培训10次、累计培训2 077人，省级培训共开展1159期，参训人数14 2807人次。项目贷款下签署合同总额84 419.68万元，累计提取贷款资金49 913.12万元（折合7 861.35万美元），占贷款总额（1亿美元）的78.61%。

同时，国外赠款项目继续推进。2017年，一是启动实施全球环境基金"中国林业可持续管理提高森林应对气候变化能力项目"。举办了项目启动暨实施管理培训班，项目实行"统一管理，分级实施、各负其职、共担风险"的管理方式。二是世界银行赠款基金"中国森林可持续经营与融资机制研究"项目按计划实施，专家组分别赴广西、甘肃、山东等地开展调研工作，对各地经验进行梳理和分析，提炼了许多宝贵经验。三是启动了全球环境基金"通过森林景观恢复和国有林场改革，增强中国人工林的生态系统服务功能"项目，项目总投资为6 120万美元，其中，全球环境基金提供720万美元，中国配套5 400万美元，项目实施期为5年。2017年，组织项目专家分别赴河北承德、江西赣州、贵州毕节进行考察，召开了5次工作会议，成立了项目领导小组。

（五）林业重要国际会议

第71届联合国大会会议　2017年4月27日，第71届联合国大会会议在纽约联合国总部举行。国家林业局副局长彭有冬应邀出席了大会。会议全票通过了《联合国森林战略规划（2017－2030年）》（以下简称《战略规划》）。彭有冬指出，《战略规划》是继《联合国森林文书》后联合国大会通过的又一个具有里程碑意义的林业决议。彭有冬介绍了中国生态文明建设理念和林业建设取得的成就，指出《战略规划》肩负着推动全球森林可持续发展的重大历史责任和光荣使命，建议国际社会进一步强化全球森林资金机制，为发展中国家履行《战略规划》提供新的、额外的资金支持；各国根据国情、林情尽早提出并公布国家自主贡献举措，为实现全球森林目标采取实质行动；联合国涉林机构、公约和其他国际组织加强协作，达到协同增效的目的。

全球雪豹峰会　2017年8月24～25日，全球雪豹峰会在吉尔吉斯斯坦首都比什凯克召开，来自全球12个雪豹分布国和相关国际组织的代表参加会议。会议主要回顾了12个雪豹分布国于2013年10月共同发布雪豹保护《比什凯克宣言》和《全球雪豹及其生态系统保护计划》以来，全球雪豹23块核心栖息地状况以及各国制定和实施的雪豹保护管理计划的进展情况，分析了实施中存在的障碍和机遇，探讨了如何筹措更多资金，以及进一步推进相关能力建设和打击跨境雪豹非法贸易行动。中国政府派团出席会议并参与了相关议题讨论。

联合国森林论坛（UNFF）第12届会议　2017年5月1～5日，联合国森林论坛第12届会议在美国纽约联合国总部举行。会议重点讨论了落实《联合国森林战略规划（2017－2030年）》，建立监测、评估及报告机制，加强涉林国际机构间的协同增效等重要议题。国家林业局森林防火专职副总指挥马广仁率团出席了会议，并在会议开幕式上作了一般性发言，宣布2017年中国将向UNFF信托基金捐款35万美元，继续支持论坛相关工作。

此外，中国作为蒙特利尔进程轮值主席国，代表蒙特利尔进程12个成员国发布了蒙特利尔进程《延吉宣言》，得到了其他成员国的积极响应。成员国表示将继续共同致力于推动温带及北方乃至全球的森林可持续经营工作，并承诺未来将积极推动全球森林保护与森林可持续经营。

大森林论坛　2017年10月16～20日，大森林论坛2017年年会在加拿大温哥华召开。会议讨论了土著与社区林业、林业产权制度、生物经济、气候变化、公共林业机构建设和大森林论坛机制下一步走向等议题。中国政府派团参会，介绍了近年来中国生态文明建设、集体林权制度改革、林下经济、森林旅游、林业生态扶贫、林业生物经济等有关方面的情况，分享了中国推动林业绿色发展的经验和做法，并就大森林论坛的资金机制和下一步行动问题阐述了中方立场。会议期间，中方代表团与加拿大林业主管部门展开会谈，就加强双边林业合作事宜进行了广泛而深入的交流。

亚太经济合作组织（APEC）林业部长级会议　2017年10月30日至11月2日，第四届亚太经济合作组织（APEC）林业部长级会议在韩国首尔举行，来自APEC各经济体负责林业事务的部长、高级官员和林业国际组织的代表约100人出席会议。中国政府派团参会。本届会议主要议题包括APEC悉尼林业目标进展、打击木材非法采伐和相关贸易、APEC林业未来合作等。会议通过了《首尔声明》，重申APEC各经济体将进一步加强合作，推动实现悉尼林业目标，打击木材非法采伐和相关贸易，推动合法林产品贸易，加强林业高层政策对话，推进亚太地区的森林可持续经营，充分发挥林业在推动APEC可持续经济增长和应对气候变化中的作用。中方代表介绍了中国林业部门为实现悉尼林业目标所采取的措施和进展，表示中方将继续加强与各经济体和有关国际及区域组织的林业合作，为实现悉尼林业目标和推动亚太地区林业发展发挥积极作用。会议期间，中方代表团会见了韩国山林厅、越南农林部、俄罗斯林务局等有关经济体林业部门负责人，就双边林业合作深入交换了意见。

竹藤绿色发展与南南合作部长级高峰论坛　2017年11月6日，国际竹藤组织成立20周年志庆暨竹藤绿色发展与南南合作部长级高峰论坛在北京举行，来自30多个国家的部长、驻华大使和外交使节，以及来自国际竹藤组织成员国、国际组织、中外智库的300多名代表参加会议。中国国家主席习近平向国际竹藤组织致贺信，肯定了国际竹藤组织成立20年来，为加快全球竹藤资源开发、促进竹藤产区脱贫减困、繁荣竹藤产品贸易、推动可持续发展发挥的积极作用。中国继续支持国际竹藤组织工作，愿同国际社会一道，积极落实2030年可持续发展议程，推动全球生态文明建设，推动构建人类命运共同体，共同建设更加美丽的世界。

中国—中东欧林业科研教育合作国际研讨会　2017年10月30～31日，中国—中东欧林业科研教育合作国际研讨会在北京举行。来自中国和中东欧国家的林业政府部门、科研院所、协会企业的共180余位代表出席了研讨会，就森林培育、森林生态、环境与保护、森林资源监测与评估、林业生物经济、林业教育培训5个议题交流科研成果、进展及合作潜力。与会代表表示，中国—中东欧国家在林业领域具有合作的意向与前景，愿共同搭建科研交流网络，共同申请和执行国际科研合作项目、开展科研人员互访交流和科技成果信息共享，共同举办学术活动、联合发表学术论文，共同建立合作实验室等。会后，中东欧国家参会代表赴义乌参观了第十届国际林产品博览会。此次研讨会是落实《中国—中东欧国家合作里加纲要》的举措之一。

专栏 17 《联合国防治荒漠化公约》第十三次缔约方大会

2017 年 9 月 6～15 日，《联合国防治荒漠化公约》第十三次缔约方大会在内蒙古自治区鄂尔多斯市成功举办。此次大会由国家林业局、外交部和内蒙古自治区人民政府联合承办，是我国建国以来第一次举办联合国环境公约的缔约方大会，受到党中央、国务院的高度重视。习近平主席向大会高级别会议发来贺信，李克强总理多次关注大会筹备情况，汪洋副总理在大会高级别会议上作主旨演讲，国家林业局张建龙局长当选大会主席。

会议期间，我国切实履行大会主席职责，全面做好后勤服务保障，深入参与大会议题磋商，多角度展示中国防治荒漠化成效和经验，积极协调各方高效完成议题审议，推动大会取得系列丰硕成果，实现了"履行公约职责，交流共享经验，讲好中国故事"的办会宗旨，获得大会主办方联合国防治荒漠化公约秘书处和与会各方的高度评价，一致认为本届大会主题突出、内容丰富、特色鲜明，是荒漠化公约历史上会期最短、效率最高、成果最显著、服务最完善、各方最满意的一次大会。一方面有力推动了世界防治荒漠化事业的进步与发展，另一方面也彰显了我国生态文明建设的伟大成绩与鲜活事例，彰显了我国的经济、社会、文化的综合成就与我国人民的精神风貌。

J P145-172

林产品市场

- 木材产品市场供给与消费
- 主要林产品价格
- 主要林产品进出口

林产品市场

2017年，林产品进出口规模扩大，国内市场好于国际市场，出口和进口分别增长1.00%和20.12%；其中，木质林产品出口低速增长、进口大幅扩大，在林产品出口和进口中占比略有提高；非木质林产品出口微幅扩大、进口快速增长。林产品贸易重现逆差。木材产品市场总供给（总消费）为56 851.97万立方米，比2016年增长1.93%。其中，国内供给较大幅度下降，进口较快增长，进口量超过国内供给量；国内实际消费微幅增长，出口低速增长，库存增加。原木与锯材产品总体价格水平环比稳中微涨、同比大幅提高，进口价格环比先升后降、同比小幅波动。

（一）木材产品市场供给与消费

1. 木材产品供给

木材产品市场供给由国内供给和进口两部分构成（图32）。国内供给包括商品材、农民自用材和农民烧柴、木质纤维板和刨花板（图33）；进口包括进口原木、锯材、单板、人造板、家具、木浆、纸和纸制品、废纸、木片及其他木质林产品。2017年，木材产品市场总供给为56 851.97万立方米，比2016年增长1.93%。

图32 2008－2017年木材产品市场总供给变化趋势

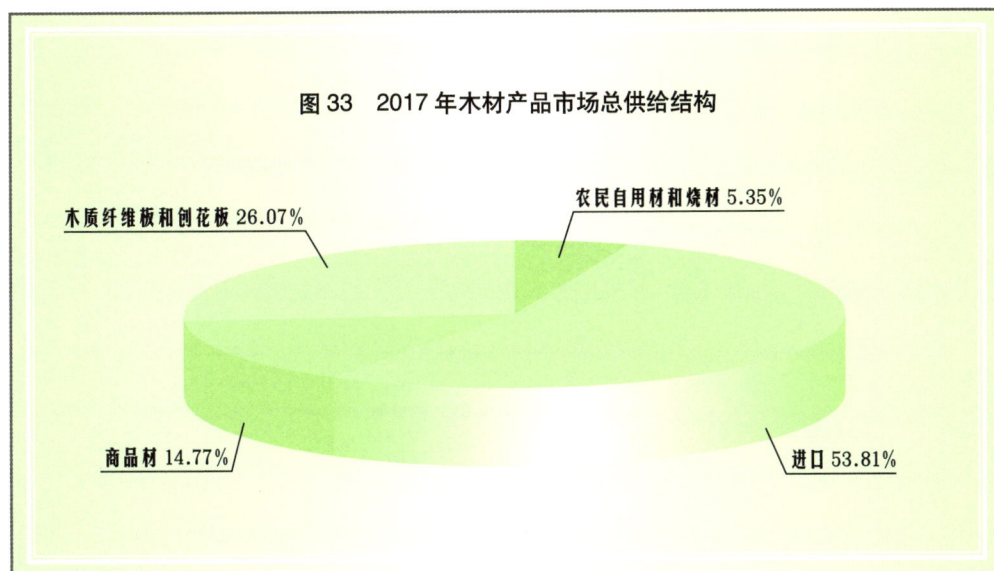

图33　2017年木材产品市场总供给结构

（饼图标注）
- 木质纤维板和刨花板 26.07%
- 农民自用材和烧材 5.35%
- 进口 53.81%
- 商品材 14.77%

商品材　2017年，全国商品材产量8 398.17万立方米，比2016年增长8.00%；其中，原木7 670.40万立方米，薪材（不符合原木标准的木材）727.77万立方米，分别比2016年增长7.65%和11.89%。

农民自用材和烧柴　根据测算[6]，农民自用材和烧柴折合木材供给3 040.03万立方米，比2016年下降1.06%；其中，农民自用材651.51万立方米，农民烧柴2 388.52万立方米。

木质纤维板和刨花板　2017年，木质纤维板产量6 002.24万立方米，比2016年下降6.85%；木质刨花板产量为2 750.60万立方米，比2016年增长6.94%。木质纤维板和刨花板折合木材供给14 929.93万立方米，扣除与薪材产量的重复计算部分，相当于净增加木材供给14 820.76万立方米。

进口　2017年，我国木质林产品进口折合木材30 593.01万立方米，其中，原木5 539.83万立方米，锯材（含特形材）4 866.44万立方米，单板和人造板436.47万立方米，纸浆及纸类（木浆、纸和纸板、废纸和废纸浆、印刷品）17 404.74万立方米，木片2 052.32万立方米，家具、木制品及木炭293.21万立方米。

2. 木材产品消费

木材产品市场消费由国内消费和出口两部分构成（图34）。国内消费包括工业与建筑用材消费、农民自用材和烧柴消费（图35）；出口包括出口原木、锯材、单板、人造板、家具、木浆、木片、纸和纸制品、废纸及其他木质林产品。2017年，木材产品市场总消费为56851.97万立方米，比2016年增长1.93%。

---

⑥ 根据第八次全国森林资源清查林木蓄积量年均采伐消耗结果推算。

图34　2008－2017年木材产品市场总消费变化趋势

万立方米

总消费　　国内消费　　出口

图35　2017年木材产品市场总消费结构

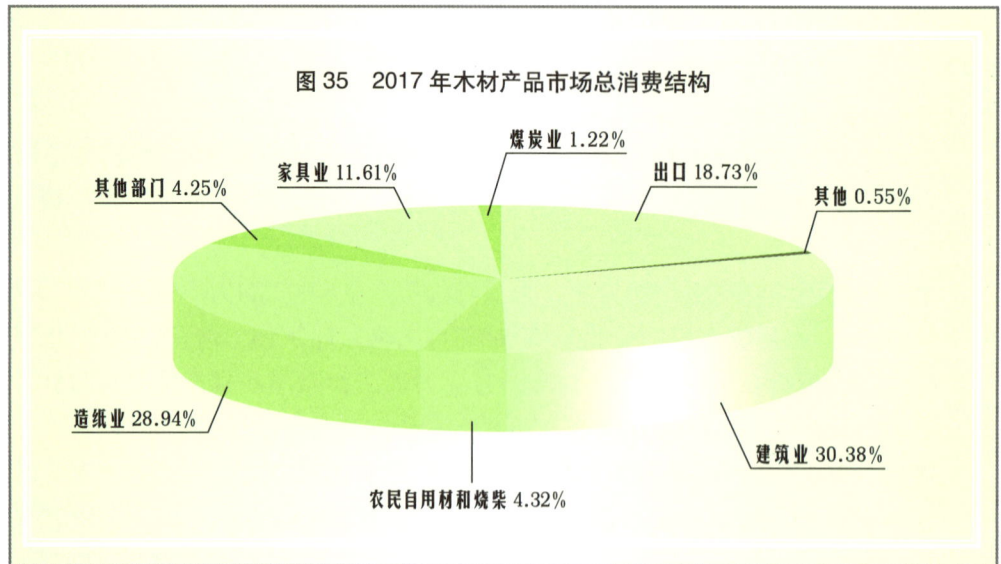

煤炭业 1.22%
家具业 11.61%
其他部门 4.25%
出口 18.73%
其他 0.55%
建筑业 30.38%
造纸业 28.94%
农民自用材和烧柴 4.32%

　　工业与建筑用材　　据国家统计局和有关部门统计，按相关产品木材消耗系数推算，2017年我国建筑业与工业用材折合木材消耗量为43 433.77万立方米，比2016年增长1.04%。其中，建筑业用材（包括装修与装饰）17 273.68万立方米、家具用材（指家具的国内消费部分，出口家具耗材包括在出口项目中）6 601.32万立方米，分别比2016年下降0.24%和1.95%；造纸业用材16 450.97万立方米，比2016年增长0.97%；煤炭业用材692.85万立方米，比2016年下降11.59%；包装、车船制造、化工、化纤等其他部门用材2 414.95万立方米，比2016年增长29.60%。

农民自用材和烧柴　根据产量测算[⑦]，农民自用材消耗651.51万立方米，农民烧柴消耗2 388.52万立方米，扣除农民自用材中约586.36万立方米用于建筑用材的重复计算后，农民自用材和烧柴消耗2 453.67万立方米。

出口　2017年，我国木质林产品出口折合木材10 648.93万立方米。其中，原木9.25万立方米，锯材（含特形材）69.91万立方米，单板和人造板3 322.29万立方米，纸浆及纸类（木浆、纸和纸板、废纸和废纸浆、印刷品）2 873.98万立方米，家具4 039.31万立方米，木片、木制品和木炭334.19万立方米。

其他　2017年，增加库存等形式形成的木材消耗为315.60万立方米。

3. 木材产品市场供需的特点

2017年，我国木材产品市场供需的主要特点表现为：木材产品总供求小幅增长，其中，国内供给较大幅度下降，进口较快增长，进口量超过国内供给量；国内需求微幅扩大、出口低速增长、库存增加；原木与锯材产品总体价格水平与进口价格水平基本平稳；从同比看，总体价格水平大幅提高，进口价格水平先升后降、总体上涨；从环比看，总体价格水平在微幅波动中先升后降，进口价格水平小幅波动。

木材产品总供给小幅增长，国内供给减少、进口快速增加，进口在木材产品总供给中的份额进一步提高　从国内供给看，2017年原木与刨花板产量较快增长，农民自用材和烧柴产量与2016年基本持平，但木质纤维板产量较大幅度下降，国内木材产品实际供给减少7.52%；从进口看，尽管废纸进口量大幅下降，但原木、锯材、木浆、纸类和纸板等主要产品进口量快速增长，木材产品进口总量增长7.82%，占木材产品总供给的53.81%。

木材产品总消费略有扩大，出口小幅增长，国内实际消费微幅增长、库存增加　从国内消费看，2017年，建筑业用材消耗与2016年基本持平，家具用材消耗小幅下降，造纸用材消耗略有扩大，木材产品国内消费增长0.98%；同时，随着美国经济的较快增长以及非洲市场的扩大，家具出口量大幅增长，但由于美国复合木制品甲醛排放标准的提高，胶合板出口小幅下降，加上纸和纸板出口的减少，木材产品出口总规模扩大3.02%。

原木与锯材产品总体价格水平环比稳中微涨、同比大幅提高，进口价格环比先升后降、同比小幅波动　2017年，木材产品（原木与锯材）总体价格水平同比全面大幅度上涨，涨幅区间为13.77%～25.19%；从环比看，除4月、5月、7月和11月微幅下跌外，其余月份持续上涨，涨幅区间为0.24%～4.99%。各月进口木材产品价格水平同比1～2月和9～12月下跌，其余上涨，跌幅区间为0.39%～4.88%，涨幅区间为3.83%～7.97%；从环比看，除2月、4月、8月和9月在0.39%～3.88%间小幅下降外，其余月份价格低速上涨，涨幅区间为0.77%～

---

⑦ 根据第八次全国森林资源清查林木蓄积量年均采伐消耗结果推算。

3.06%。从木材总体价格与进口价格的关系看，前三季度二者的环比变化呈负相关，第四季度呈正相关。

（二）主要林产品价格

原木和锯材　根据商务部和中国木材与木制品流通协会发布的木材市场价格综合指数的月度数据，2017年木材（原木和锯材）价格呈现"台阶式"上涨特征，价格指数由1月的119.8%上涨至2月的124.3%，3~8月稳定在123.0%~125.0%，此后持续快速上涨至10月的134.7%，11~12月维持在133.0%~135.0%波动（图36）。从各月环比变化看，除2月、9月和10月的涨幅分别为3.76%、3.63%和4.99%，以及11月的跌幅为1.19%外，其余月份的涨跌幅度均未超过1.00%（图37）。

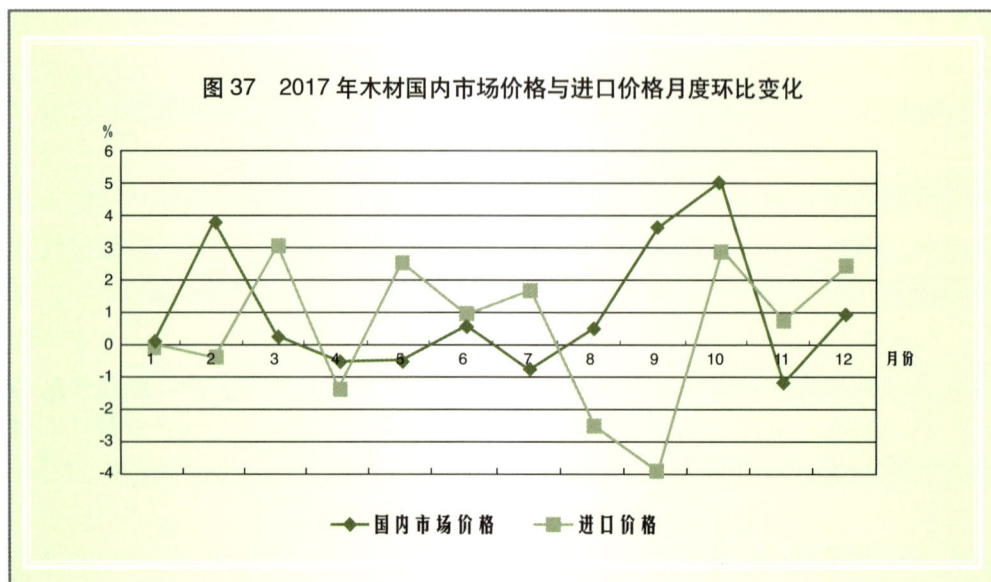

图36　2017年木材市场价格综合指数

图37　2017年木材国内市场价格与进口价格月度环比变化

2017年，进口木材（原木和锯材）价格呈"循环波动"特征，其变化大体可以分为3个阶段。第一阶段是1～7月的波动上涨期，进口木材综合价格指数由1月的101.7%波动上涨至7月的108.4%；第二阶段是8～9月的持续下降期，进口木材综合价格指数从7月的高位持续降至9月的101.6%；第三阶段是10～12月的连续上涨期，进口木材综合价格指数从9月的低位连续反弹至12月的107.9%。从各月环比变化看，除3月涨幅为3.06%和9月跌幅为3.88%外，其余月份的环比涨跌幅度均在3.00%以内（图38）。

图38　2017年进口木材综合价格指数

水果　根据农业部信息中心发布的月度批发价格数据，2017年水果价格从环比变化看，柑橘类、葡萄和桃的价格具有明显的季节特征，苹果和梨的价格相对平稳（图39）；从同比变化看，苹果、桃和柑橘类的价格大幅上涨，葡萄和梨的价格则明显下跌。

苹果价格变化大体分为2个阶段，第一阶段是1～6月的平稳期，价格稳定在4.90～5.00元/千克；第二阶段是7～12月的波动下降期，价格由7月的4.43元/千克上涨至8月的4.67元/千克，随后持续降至11月的4.17元/千克，12月回升至4.4元/千克。与2016年相比，月度价格同比全面上涨，除10月、11月和12月的涨幅分别为1.89%、0.72%和1.38%外，其他各月价格同比大幅上涨，涨幅为5.02%～30.29%，其中，4月和5月的涨幅超过30%。

梨价格变化大体可分为3个阶段。第一阶段是1～7月的平稳上涨期，由1月的3.21元/千克持续上涨至7月的4.16元/千克；第二阶段是8～11月的持续下降期，由8月的3.56元/千克连续降至11月的2.48元/千克；第三阶段是12月的回涨期，价格回升至2.93元/千克。与2016年相比，月度价格同比总体下跌，除5～6

图39　2017年大宗水果月度价格变化

月和9月略有上涨、7月持平外，其余月份跌幅为3.00%～25.08%，其中1月、3月、10月和11月的跌幅超过15%。

柑橘类价格变化大体可分为2个阶段。第一阶段是1～3月的持续上涨期，由1月的4.1元/千克持续上涨至3月的8.97元/千克；第二阶段是4～12月的波动下跌期，由4月的8.38元/千克波动下降至12月的3.42元/千克。与2016年相比，月度价格同比阶段性暴涨暴跌，其中，1～10月涨幅为25.00%～343.33%，11月和12月的跌幅分别为14.95%和30.20%。

葡萄价格变化大体分为2个阶段。第一阶段是1～5月的持续上涨期，由1月的7.38元/千克持续上涨至5月的14.02元/千克；第二阶段是6～12月的波动下降期，由6月的12.15元/千克波动下降至12月的6.59元/千克。与2016年相比，月度价格同比阶段性大幅涨跌波动，其中，1～3月和5月的涨幅为7.52%～32.68%，4月和6～12月的跌幅为3.87%～14.90%。

桃价格变化大体分为3个阶段。第一阶段是1～3月的高位持续上涨期，价格由1月的8.02元/千克持续上涨至3月的16.52元/千克；第二阶段是4～7月的连续下降期，价格由4月的14.71元/千克连续降至7月的4.23元/千克；第三阶段是8～12月的低位持续上涨期，由8月的4.37元/千克连续上涨至12月的7.39元/千克。与2016年相比，月度价格同比较大幅度涨跌波动，除2月、7～9月的跌幅为9.50%～16.57%外，其余月份的涨幅为1.83%～27.30%，其中1月和12月的涨幅分别为27.30%和12.82%。

食用菌和竹笋　根据农业部信息中心发布的月度批发价格数据，2017年，竹笋和木耳价格具有明显的季节波动，蘑菇价格相对平稳（图40、图41）。

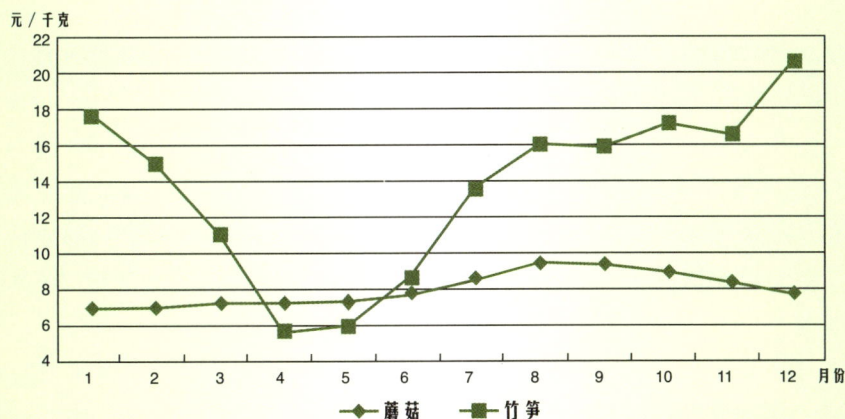

图40 2017年蘑菇、竹笋月度价格变化

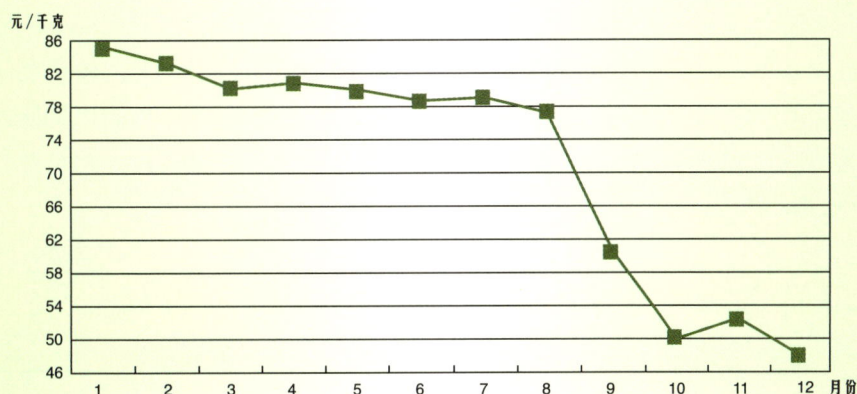

图41 2017年木耳月度价格变化

竹笋价格变动呈现明显的季节性特点，大体可以分为2个阶段。第一阶段是1～4月的高位快速下跌期，由1月的17.6元/千克持续快速降至4月的5.7元/千克；第二阶段为5～12月的快速波动上涨期，由5月的5.94元/千克快速波动上涨至12月的20.53元/千克。与2016年相比，月度价格涨跌交替波动；1月、2月、6～7月和9月的竹笋价格同比分别下降2.71%、33.48%、4.63%、17.54%和1.19%，其余月份的竹笋价格不同幅度上涨，其中10月和12月涨幅分别为9.41%和26.96%。

木耳价格变动的季节性特点明显，大体可以分为2个阶段。第一阶段是1～8月的高位下跌期，由1月的85.07元/千克微幅波动降至8月的77.40元/千克；

第二阶段为9～12月的低位下降期，由9月的60.37元/千克波动降至12月的47.88元/千克。与2016年相比，月度价格呈前期小幅上涨、后期大幅下跌的态势；1～7月，除6月价格同比下降6.14%外，其余月度价格同比较大幅度上涨，其中1月和7月的涨幅分别达13.99%和18.55%；8～12月，除4月同比下降4.30%外，其余月度价格同比降幅达28.54%～43.10%。

蘑菇价格变化大体分为2个阶段。第一阶段是1～8月的缓涨期，由1月的6.94元/千克缓慢涨至8月的9.46元/千克；第二阶段是9～12月的小幅下降期，由9月的9.35元/千克小幅下降至12月7.76元/千克。与2016年相比，总体价格水平上涨，各月价格除2月同比微降0.14%外，其余月度价格同比涨幅为4.89%～18.99%。

（三）主要林产品进出口

1. 基本态势

林产品进出口规模扩大，但出口增速远低于进口增速，贸易差额重现逆差；在全国商品出口和进口贸易中，出口占比下降、进口占比提高 2017年，林产品进出口贸易总额为1483.90亿美元，比2016年增长9.83%；其中，林产品出口734.06亿美元，比2016年增长1.00%，低于全国商品出口7.88%的平均降速，占全国商品出口额的3.24%，比2016年下降0.22个百分点；林产品进口749.84亿美元，比2016年增长20.12%，低于全国商品进口15.97%的平均降速，占全国商品进口额的4.07%，比2016年提高0.14个百分点（图42）。林产品贸易逆差为15.78亿美元。

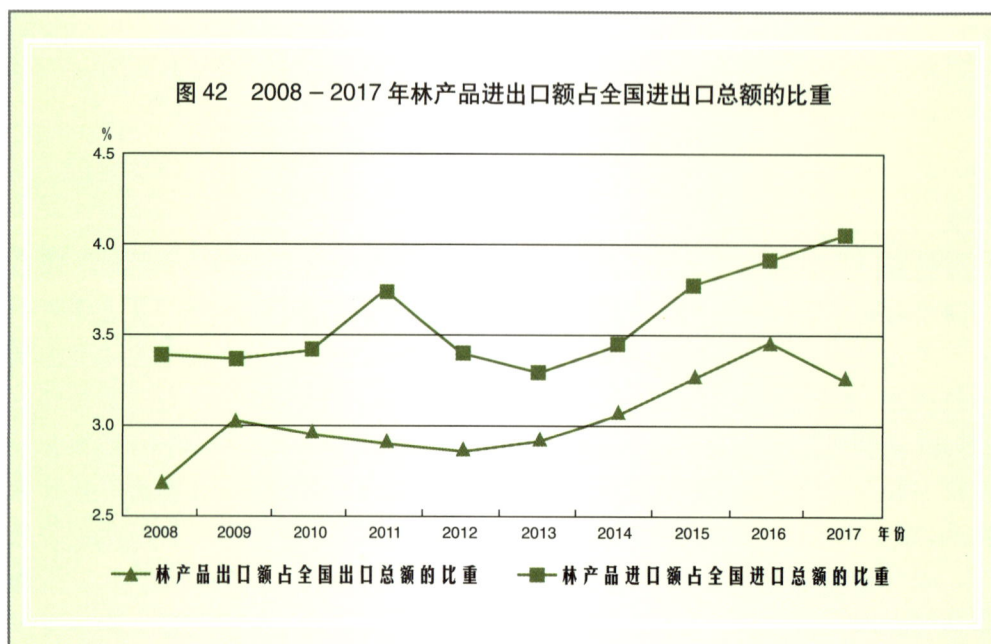

图42 2008－2017年林产品进出口额占全国进出口总额的比重

　　林产品进出口贸易中木质林产品仍占绝对比重，且出口份额和进口份额略有提高　2017年，林产品进出口贸易总额中，木质林产品占71.06%，比2016年提高0.14个百分点；其中，出口额中木质林产品占74.47%，进口额中木质林产品占67.72%，分别比2016年提高0.14和0.77个百分点（图43）。

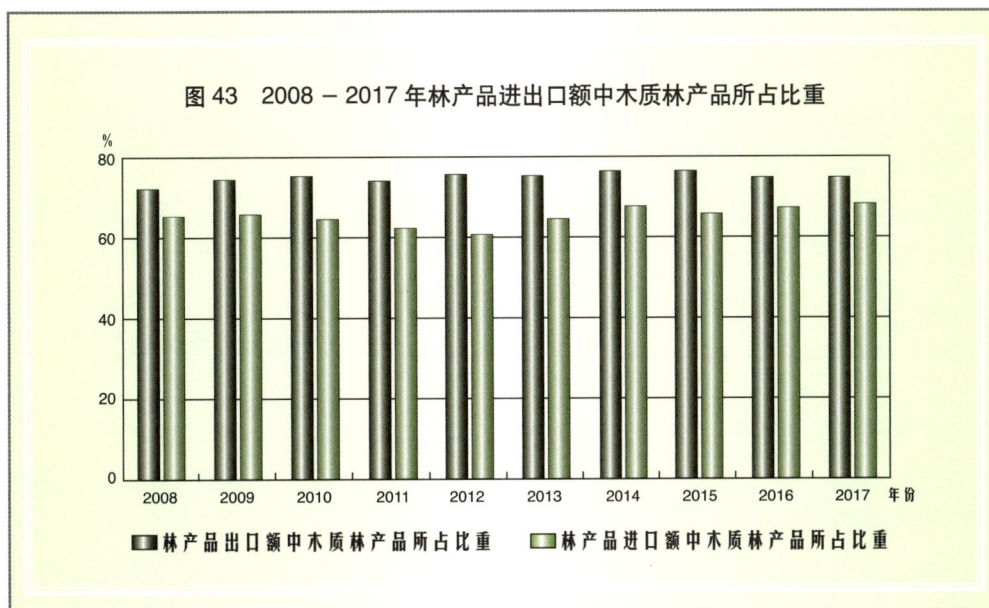

图43　2008－2017年林产品进出口额中木质林产品所占比重

2.木质林产品进出口

　　木质林产品出口低速增长、进口大幅扩大；进出口产品结构基本稳定；贸易顺差大幅缩小。

　　2017年，木质林产品进出口贸易总额为1 054.45亿美元，比2016年增长10.05%。其中，出口546.67亿美元、进口507.78亿美元，分别比2016年增长1.19%和21.49%；贸易顺差为38.89亿美元，比2016年缩减68.19%。

　　从产品结构看，2017年木质林产品出口额中，木家具、纸及纸浆类产品的份额超过75%（图44），与2016年比，木家具的份额提高0.4个百分点，人造板和单板的份额下降0.48个百分点；进口额的90%以上为纸及纸浆类、锯材和原木（图45），与2016年比，纸及纸浆类的份额提高0.80个百分点，木片的份额降低0.83个百分点。

　　从市场结构看，木质林产品进出口市场格局基本稳定，市场集中度小幅提高。出口中，前5位贸易伙伴的市场份额接近50%，其中，美国和日本的份额合计超过1/3；进口中，前5位贸易伙伴的市场份额超过50%，其中，美国和俄罗斯的份额合计接近30%。按贸易额排序，前5位出口贸易伙伴依次为：美国28.85%、日本6.44%、中国香港5.62%、英国4.86%、澳大利亚3.79%；与2016

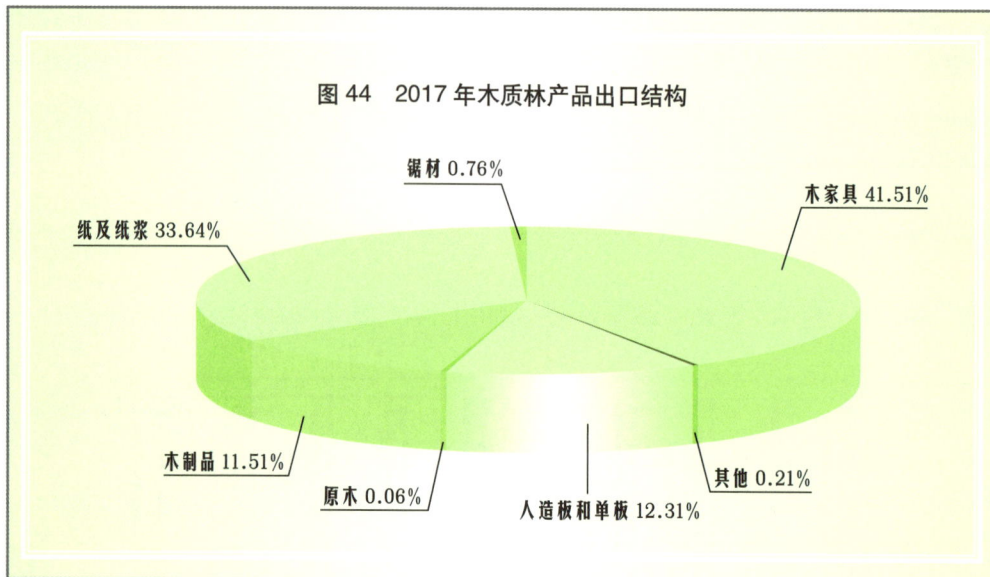

图44　2017年木质林产品出口结构

锯材 0.76%
纸及纸浆 33.64%
木家具 41.51%
木制品 11.51%
原木 0.06%
人造板和单板 12.31%
其他 0.21%

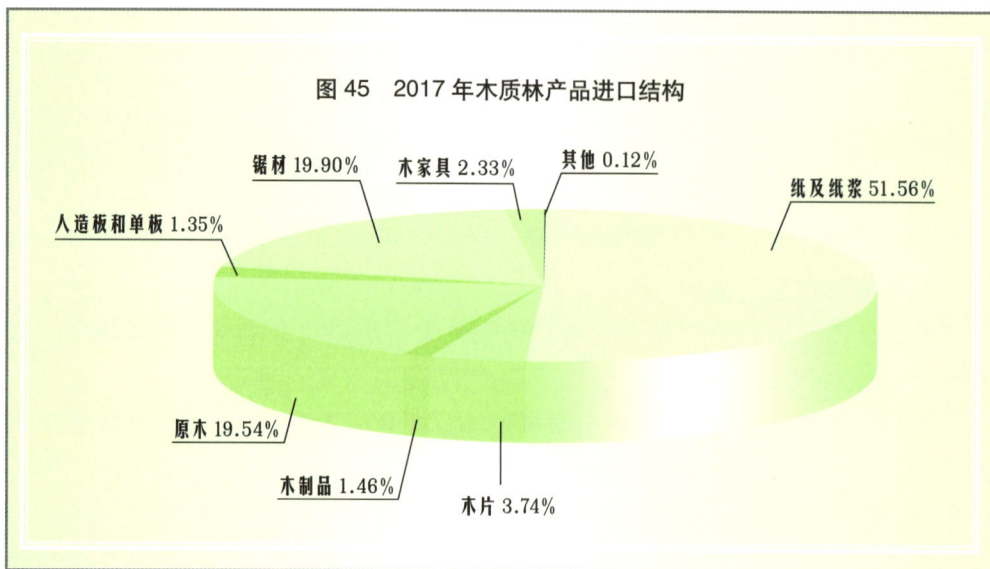

图45　2017年木质林产品进口结构

锯材 19.90%　　木家具 2.33%　　其他 0.12%
人造板和单板 1.35%
纸及纸浆 51.56%
原木 19.54%
木制品 1.46%
木片 3.74%

年相比，前5位出口贸易伙伴的总份额提高0.40个百分点，其中，美国的份额提高1.39个百分点，中国香港的份额下降0.83个百分点。前5位进口贸易伙伴分别为：美国19.50%、俄罗斯9.64%、加拿大8.84%、巴西6.46%、印度尼西亚5.94；前5位贸易伙伴的总份额与2016年基本持平，其中，美国的份额提高2.37个百分点，俄罗斯和加拿大的份额分别下降1.27和0.73个百分点。

　　原木　2017年，原木出口量略减，进口量值大幅增长；进口量中针叶材的份额微幅下降；原木进出口的总体价格水平较大幅度提高。

　　2017年，原木出口9.25万立方米，比2016年减少2.22%，出口额为0.30亿美元，全部为阔叶材。原木进口5 539.83万立方米、合99.21亿美元，分别比2016年增长13.70%和22.71%。其中，针叶材进口3 823.62万立方米、合51.39亿美元，分别比2016年增长13.58%和24.98%，针叶材进口量占原木进口总量的69.02%，比2016年下降0.07个百分点；阔叶材进口1 716.21万立方米、合47.82亿美元，分别比2016年增长13.96%和20.33%（图46）。

从价格看，原木平均出口价格为326.00美元/立方米、平均进口价格为179.08美元/立方米，分别比 2016年上涨3.51%和7.93%；其中，针叶材和阔叶材的平均进口价格分别为134.40美元/立方米和278.64美元/立方米，分别比2016年上涨10.04%和5.59%。

图46　2008－2017年原木进口量变化趋势

从市场分布看，2017年进口原木主要来源于大洋洲、俄罗斯和北美洲，市场份额由俄罗斯向大洋洲转移，市场集中度微降。按进口量算，前5位贸易伙伴的份额依次是：新西兰25.93%、俄罗斯20.34%、美国11.00%、澳大利亚8.94%、加拿大6.08%；与2016年相比，前5位贸易伙伴的总份额下降0.27个百分点，其中，俄罗斯和巴布亚新几内亚的份额分别下降2.56和1.45个百分点，新西兰和澳大利亚的份额分别提高1.24和1.49个百分点。针叶材进口量中，前5位贸易伙伴的份额为：新西兰36.71%、俄罗斯23.14%、美国12.86%、澳大利亚11.58%、加拿大8.44%；与 2016年比，前5位贸易伙伴的总份额下降0.52个百分点，其中，俄罗斯的份额下降4.34个百分点，新西兰和澳大利亚的份额分别提高2.13和1.89个百分点。阔叶材进口量中，前 5位贸易伙伴的份额依次为：巴布亚新几内亚 16.79%、俄罗斯14.10%、所罗门群岛16.21%、美国6.87%、赤道几内亚6.15%；与2016年相比，前5位贸易伙伴的总份额下降2.09个百分点，其中，巴布亚新几内亚、赤道几内亚的份额分别下降4.73和1.04个百分点，俄罗斯、美国和所罗门群岛的份额分别提高1.44、1.27和0.97个百分点。

按贸易额算,原木进口的前5位贸易伙伴的份额依次是:新西兰19.34%、俄罗斯14.10%、美国13.37%、巴布亚新几内亚6.00%、澳大利亚5.99%;与2016年相比,前5位贸易伙伴的总份额提高0.27个百分点,其中,新西兰、澳大利亚和美国的份额分别提高1.55、1.34和0.77个百分点,俄罗斯和巴布亚新几内亚的份额分别下降1.61和1.08个百分点。针叶材进口的前5位贸易伙伴的份额分别为:新西兰36.33%、俄罗斯20.31%、美国15.88%、加拿大10.36%、澳大利亚10.34%;与2016年相比,前5位贸易伙伴的总份额下降0.78个百分点,其中,俄罗斯和美国的份额分别下降3.90和1.43个百分点,新西兰和澳大利亚的份额分别提高2.52和2.22个百分点。阔叶材进口的前5位贸易伙伴的份额依次为:巴布亚新几内亚12.47%、美国10.72%、所罗门群岛10.06%、俄罗斯7.39%、尼日利亚7.35%;与2016年相比,前5位贸易伙伴的总份额提高2.46个百分点,其中,美国、尼日利亚、所罗门群岛和俄罗斯的份额分别提高3.00、2.02、0.89和0.51个百分点,巴布亚新几内亚和莫桑比克的份额分别下降1.95和1.23个百分点。

2017年,原木进口数量、结构变化的主要原因:一是国内经济增长带动木材需求总量的扩大,同时由于国内木材产量增长缓慢,特别是温带阔叶材产量减少,推动原木进口量的增长。二是受国内房地产市场升温的影响,国内装修用材和家具用材需求因商品房销售增长而扩大,加上家具出口数量增加,拉动了阔叶材进口量的增长及其在原木进口总量中占比的提高。三是我国固定资产投资增长,基建用材需求的扩大导致针叶原木进口数量扩大。

锯材 2017年,锯材进出口快速增长,进口增速远高于出口增速;进口量中以针叶锯材为主,且针叶材所占比重微幅提高;出口价格小幅下跌,进口价格较快上涨。

2017年,锯材(不包括特形材)出口28.56万立方米,合2.04亿美元,分别比2016年增长9.01%和5.15%;其中,针叶锯材出口11.88万立方米,阔叶锯材出口16.68万立方米,分别比2016年增长5.88%和11.35%。锯材进口3740.21万立方米、合100.67亿美元,分别比2016年增长18.64%和23.70%;其中,针叶锯材进口2 505.42万立方米、阔叶锯材进口1 234.79万立方米,分别比2016年增长18.80%和18.32%(图47)。从产品构成看,锯材进口总量中,针叶锯材占66.99%,比2016年提高0.09个百分点。从价格看,锯材的平均出口价格为714.29美元/立方米,比2016年下降3.53%,其中,针叶锯材和阔叶材的平均出口价格分别为614.48美元/立方米和785.37美元/立方米,分别比2016年下降4.24%和3.57%;锯材的平均进口价格为269.16美元/立方米,比2016年提高4.27%,其中,针叶锯材和阔叶锯材的平均进口价格分别为194.70美元/立方米和420.23美元/立方米,分别比2016年提高8.23%和0.96%。

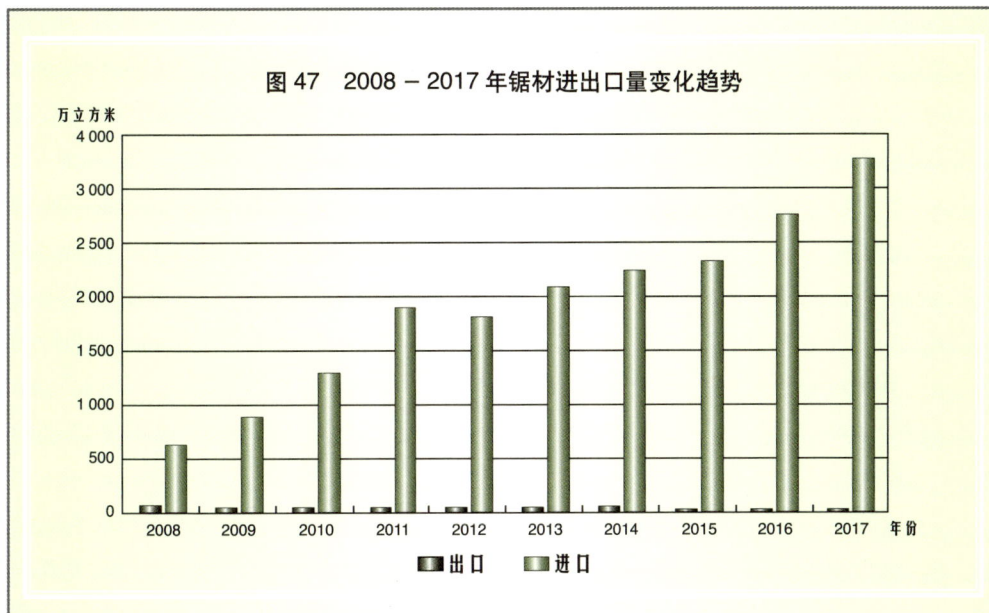

图 47　2008 - 2017 年锯材进出口量变化趋势

　　从市场结构看，锯材出口市场主要集中于日本、美国和韩国，市场集中度小幅提高；进口市场则以俄罗斯、加拿大和泰国为主，市场集中度略有下降。按进出口量计，前5位出口贸易伙伴依次为：日本46.35%、美国15.87%、韩国13.01%、中国台湾3.20%、德国3.09%；与2016年相比，前5位出口贸易伙伴的总份额提高2.58个百分点，其中，美国和日本的份额分别提高5.62和2.72个百分点，韩国的份额下降4.83个百分点。前5位进口贸易伙伴分别为：俄罗斯41.68%、加拿大13.64%、泰国12.89%、美国8.57%、芬兰 4.58%，与 2016年相比，前5位进口贸易伙伴的总份额下降1.06个百分点，其中，加拿大和美国的份额分别下降3.17和0.69个百分点，俄罗斯和芬兰的份额分别提高 1.12和1.55个百分点。针叶锯材进口量中，前5位贸易伙伴依次为：俄罗斯57.03%、加拿大19.95%、芬兰6.81%、瑞典3.63%、智利2.77%；与2016年比，前5位贸易伙伴的总份额下降0.93个百分点，其中，加拿大和智利的份额分别下降4.81和0.76个百分点，芬兰和俄罗斯的份额分别提高2.30和1.99个百分点。阔叶锯材进口量中，前5位贸易伙伴依次为泰国39.03%、美国20.91%、俄罗斯10.50%、越南4.41%、加蓬3.38%；与2016年比，前5位贸易伙伴的总份额下降0.75个百分点，其中，美国和俄罗斯的份额分别下降0.94和0.64个百分点，加蓬和泰国的份额分别提高0.58和0.50个百分点。

　　2017年，特形材进出口大幅下降。出口14.89万吨、合2.13亿美元，分别比2016年下降8.26%和8.97%；进口1.89万吨、合0.37亿美元，分别比2016年下降30.77%和27.45%。特形材进出口中，木地板条出口13.57万吨、合1.92亿美元，分别比2016年下降8.80%和9.43%；进口0.64万吨、合0.19亿美元，分别比2016

年下降23.81%和9.52%。按出口额计，前5位贸易伙伴的市场份额依次为：美国47.25%、日本23.07%、加拿大8.14%、英国7.37%、韩国5.21%；与2016年比，前5位出口贸易伙伴的总份额提高0.79个百分点，其中，美国和日本的份额分别提高2.27和0.71个百分点，英国的份额下降2.31个百分点。

锯材进口数量与结构变化的主要原因：一是由于我国宏观经济及国内固定资产投资增长，建设用材需求的扩大，拉动锯材进口总量大幅增加。二是因商品房销售增长以及家具出口数量的增加，装修用材和家具用材需求大幅扩大使阔叶锯材进口量增长。三是俄罗斯等国的鼓励锯材出口政策产生了锯材进口对原木进口的替代效应，推动锯材进口量的增加。

单板 2017年，单板出口快速增长、进口下降，出口价格微幅提高、进口价格大幅上扬。

2017年，单板出口33.52万立方米、合3.83亿美元，分别比2016年增长35.98%和36.79%，其中，针叶单板出口0.82万立方米，阔叶单板出口32.70万立方米；单板进口73.88万立方米、合1.57亿美元，分别比2016年下降16.10%和0.63%，其中，针叶单板进口7.23万立方米，阔叶单板进口66.65万立方米。单板平均出口价格和平均进口价格分别为1142.81美元/立方米和212.36美元/立方米，比2016年分别上涨0.57%和18.66%。

从市场格局看，单板出口市场相对分散但集中度明显提高，进口市场相对集中但集中度大幅下降。按贸易额计，前5位出口贸易伙伴依次为：印度20.13%、越南16.01%、韩国8.19%、日本5.44%、中国台湾5.25%；与2016年比，前5位出口贸易伙伴的总份额提高3.38个百分点，其中，印度、中国台湾和越南的份额分别提高6.86、1.17和0.84个百分点，日本和韩国的份额分别下降2.77和0.89个百分点。前5位进口贸易伙伴分别为：越南24.12%、俄罗斯21.87%、喀麦隆6.90%、美国6.06%、马来西亚5.94%；与2016年比，前5位进口贸易伙伴的总份额下降7.93个百分点，其中，越南、俄罗斯和美国的份额分别下降10.14、3.01和0.71个百分点，喀麦隆和马来西亚的份额分别提高4.03和3.91个百分点。

人造板 2017年，人造板出口下降、但纤维板和刨花板出口量增值降，进口大幅增加，但胶合板和纤维板进口量减值增；从品种构成看，人造板出口额中，胶合板占绝对比重，且份额微幅持续提高，纤维板和刨花板的份额进一步下降；进口额中，胶合板和刨花板总份额接近75%，但胶合板和纤维板所占比重进一步小幅下降，刨花板的比重明显提高；从价格看，出口价格全面下降，进口价格大幅上涨（表12）。

表12　2017年"三板"进出口变化情况

产品	出口量		出口平均价格		进口量		进口平均价格	
	2017年（万立方米）	比2016年增减（%）	2017年（美元/立方米）	比2016年增减（%）	2017年（万立方米）	比2016年增减（%）	2017年（美元/立方米）	比2016年增减（%）
胶合板	1083.54	−3.02	470.40	−0.38	18.55	−5.41	814.02	15.67
纤维板	268.76	1.45	426.77	−7.93	22.95	−4.77	588.24	13.41
其中　硬质板	21.44	−3.42	564.37	−11.14	4.78	28.84	648.54	−10.89
中密度板	246.10	2.10	414.06	−7.50	17.97	−10.55	573.18	18.71
绝缘板	1.23	−26.35	487.80	1.83	0.20	−33.33	500.00	50.00
刨花板	30.59	6.14	317.10	−24.47	109.40	21.14	220.29	8.12
其中：OSB	12.02	42.25	191.35	7.80	27.73	24.46	263.25	33.30

2017年，人造板出口63.40亿美元，比2016年下降4.35%，进口5.29亿美元，比2016年增长17.82%；其中，胶合板、纤维板和刨花板出口额分别为50.97亿美元、11.43亿美元和0.97亿美元，分别比2016下降3.39%、6.92%和19.83%；胶合板、纤维板和刨花板进口额分别为1.51亿美元、1.35亿美元和2.41亿美元，分别比2016年增长9.42%、8.00%和30.98%。"三板"出口额中，胶合板、纤维板和刨花板的比重分别为80.38%、18.09%和1.53%，与2016年比，胶合板的比重提高0.74个百分点，纤维板和刨花板的比重分别降低0.45和0.30个百分点；"三板"进口额中，胶合板、纤维板和刨花板的份额分别为28.65%、25.62%和45.73%，与2016年比，胶合板和纤维板的份额分别下降2.22和2.34个百分点，刨花板的份额提高4.57个百分点。

2017年，人造板进出口总量与结构变化的主要原因：一是受全球经济复苏整体乏力影响，国际市场对人造板需求不足，对北美洲、非洲出口胶合板数量大幅下降，对亚洲和欧洲出口胶合板数量微幅增长，导致我国胶合板出口下降；同时，对北美洲、欧洲和拉丁美洲出口纤维板数量大幅下降，但对亚洲和非洲的纤维板出口增长，使纤维板出口呈微幅增长态势。二是美国作为我国胶合板和纤维板的最大出口贸易伙伴，因其复合木制品甲醛排放标准的提高，直接限制了我国部分排放超标人造板的出口，导致对美出口胶合板和纤维板的数量大幅下降，在很大程度上拉低了我国胶合板和纤维板的出口增速。三是国内刨花板生产规模的扩大和产品质量的提高，促进了刨花板出口的快速增长；同时国内房地产市场的升温，国内家具生产和整体家装市场的扩大引致对优质胶合板的需求增加，拉动刨花板进口数量的快速增长。

从市场分布看，胶合板的最大出口市场是美国，但市场集中度明显下降；进口市场集中于马来西亚、俄罗斯、中国台湾和印度尼西亚，但市场集中度进一步降低，主要贸易伙伴的市场份额呈趋同态势。纤维板的最大出口市场是美国，但非洲市场快速扩大，市场集中度有所下降；进口市场主要集中在欧洲和大洋洲，市场集中度进一步提高。刨花板出口市场格局变化明显，印度和埃及等传统市场的份额大幅下降，美国的市场份额较快增长，市场格局进一步分散化；进口则高度集中于东南亚，但市场集中度明显下降。

从贸易额看，胶合板出口前5位贸易伙伴的总份额为44.19%，比2016年下降4.33个百分点，其中，美国和英国的份额分别下降4.22和0.73个百分点，菲律宾的份额提高0.59个百分点；胶合板进口前5位贸易伙伴的总份额为66.13%，比2016年下降5.49个百分点，其中，马来西亚、芬兰、俄罗斯和印度尼西亚的份额分别下降5.96、2.63、2.39和1.85个百分点，中国台湾和日本的份额分别提高6.36和2.03个百分点。纤维板出口前5位贸易伙伴的总份额为45.04%，比2016年下降1.01个百分点，其中，伊朗、美国和加拿大的份额分别下降2.21、1.03和0.84个百分点，尼日利亚的份额提高1.18个百分点；纤维板进口前5位贸易伙伴的总份额为72.22%，比2016年提高1.61个百分点，其中，比利时和瑞士的份额分别提高4.37和1.08个百分点，新西兰和澳大利亚的份额分别下降2.11和1.93个百分点。刨花板出口前5位贸易伙伴的总份额为35.58%，比2016年下降11.70个百分点，其中，印度和埃及的份额分别下降11.71和6.40个百分点，美国、智利、马来西亚和韩国的份额分别提高4.57、2.19、1.26和0.50个百分点；刨花板进口前5位贸易伙伴的总份额为74.59%，比2016年下降4.78个百分点，其中，泰国、马来西亚、巴西和德国的份额分别下降5.53、2.70、2.02和1.63个百分点，加拿大和罗马尼亚的份额分别提高3.48和2.49个百分点（图48）。

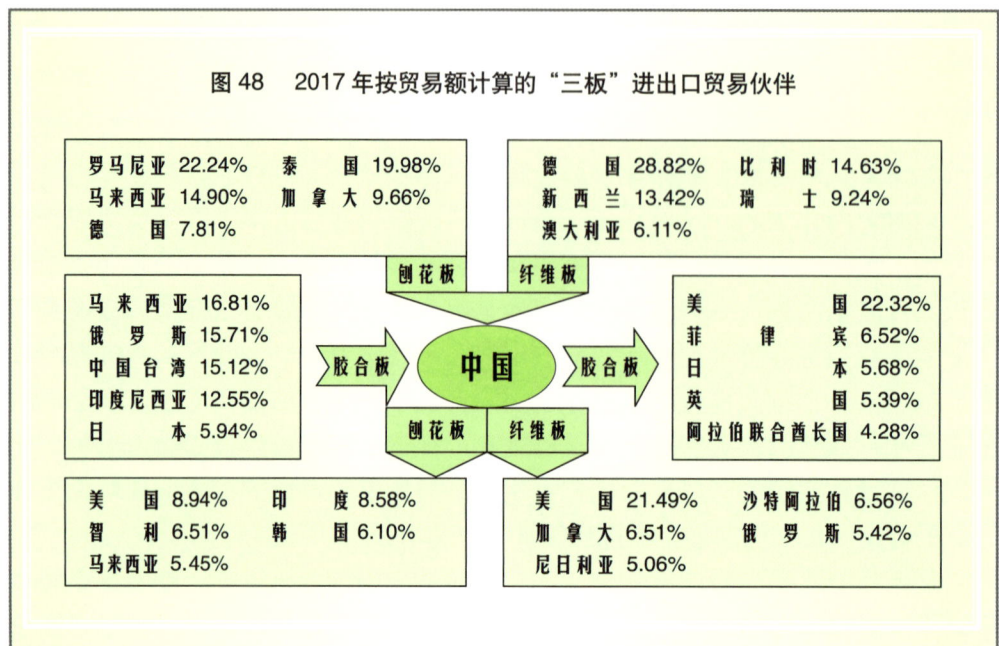

图 48　2017年按贸易额计算的"三板"进出口贸易伙伴

罗马尼亚 22.24%	泰　　国 19.98%
马来西亚 14.90%	加拿大 9.66%
德　　国 7.81%	

德　　国 28.82%	比利时 14.63%
新 西 兰 13.42%	瑞　士 9.24%
澳大利亚 6.11%	

刨花板　纤维板

| 马 来 西 亚 16.81% |
| 俄 罗 斯 15.71% |
| 中国台湾 15.12% |
| 印度尼西亚 12.55% |
| 日　　本 5.94% |

胶合板 → 中国 → 胶合板

| 美　　国 22.32% |
| 菲 律 宾 6.52% |
| 日　　本 5.68% |
| 英　　国 5.39% |
| 阿拉伯联合酋长国 4.28% |

刨花板　纤维板

美　国 8.94%	印　度 8.58%
智　利 6.51%	韩　国 6.10%
马来西亚 5.45%	

美　国 21.49%	沙特阿拉伯 6.56%
加拿大 6.51%	俄 罗 斯 5.42%
尼日利亚 5.06%	

木家具 2017年，木家具进出口较快增长，但出口金额增速低于出口数量增长，进口金额增速高于进口数量增速；平均出口价格明显下降、平均进口价格大幅提高，但不同类别木家具的进出口价格涨跌差异明显；贸易顺差小幅扩大；出口市场以北美洲、亚洲和欧洲为主，北美洲的份额进一步提高，亚洲的份额明显下降。

2017年，木家具出口3.67亿件、合226.91亿美元，分别比2016年增长10.21%、2.17%；进口1 188.86万件、合11.83亿美元，分别比 2016年增长7.09%和22.97%（图49）；进出口贸易顺差为215.08亿美元，比2016年扩大1.23%。

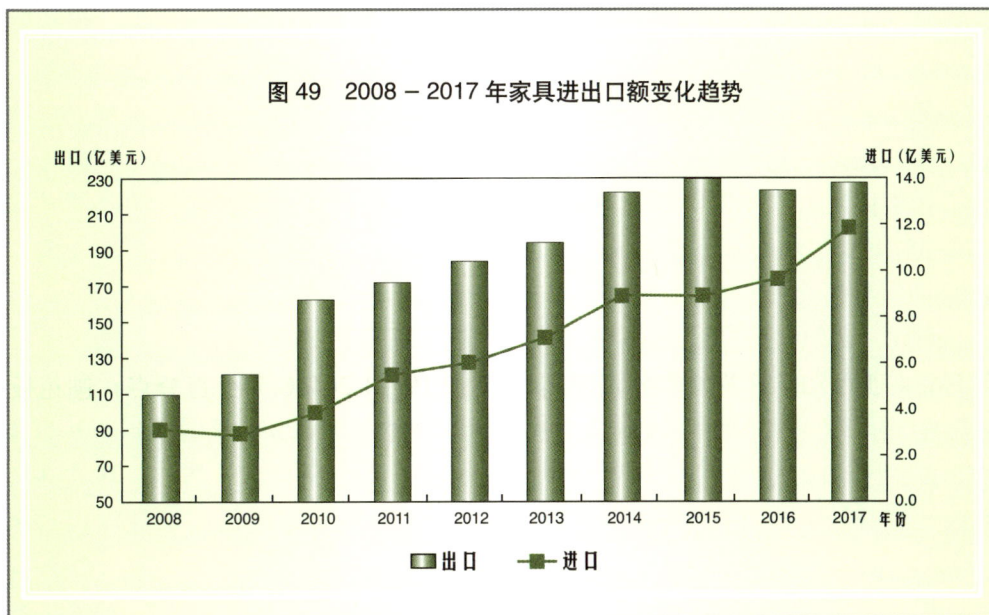

图 49 2008－2017 年家具进出口额变化趋势

从产品结构看，出口以木框架坐具和卧室用木家具为主，进口主要有木框架坐具、厨房用木家具和卧室用木家具。按贸易额，出口中各类家具的份额为：木框架坐具39.48%、卧室用木家具17.90%、厨房用木家具7.03%、办公用木家具5.15%、其他木家具30.44%；与2016年比，木框架坐具和其他木家具的份额分别提高1.71和0.55个百分点，卧室用木家具的份额下降2.64个百分点。进口中各类家具的份额为：木框架坐具24.77%、厨房用木家具18.09%、卧室用木家具17.58%、办公用木家具2.87%、其他木家具36.69%；与2016年比，厨房用木家具的份额提高3.52个百分点，木框架坐具、办公用木家具和其他木家具的份额分别下降1.25、0.56和1.29个百分点。从价格看，2017年家具平均出口价格为61.83美元/件，比2016年下降7.29%；平均进口价格为 99.51美元/件，比2016年提高14.83%。各类家具的平均出口价格分别为：木框架坐具80.71美元/件、办公用木家具58.40美元/件、厨房用木家具51.45美元/件、卧室用木家具112.81

美元/件、其他家具40.88美元/件，分别比2016年下降3.80%、7.87%、6.13%、10.96%和6.39%。各类家具的平均进口价格分别为：木框架坐具101.62美元/件、办公用木家具92.49美元/件、厨房用木家具194.62美元/件、卧室用木家具160.26美元/件、其他家具69.55美元/件；与2016年比，卧室用木家具、办公用木家具、木框架坐具和其他木家具的进口价格分别提高19.72%、10.57%、8.01%和17.36%，厨房用木家具的进口价格下降10.47%。

从市场分布看，出口主要集中于北美洲、亚洲和欧洲市场，北美市场的份额进一步提高，亚洲市场的份额明显下降；进口市场中欧洲仍然占绝对优势，份额进一步提高、亚洲和北美洲的份额下降。2017年，木家具出口额中，各洲的市场份额依次为：北美洲44.15%、亚洲29.74%、欧洲16.10%、大洋洲5.04%、非洲2.82%、拉丁美洲2.15%；与2016年相比，北美洲的份额提高4.35个百分点，亚洲和拉丁美洲的份额分别下降4.43和0.57个百分点。木家具进口额中，各主要洲的市场份额依次为：欧洲67.06%、亚洲28.21%、北美洲3.43%；与2016年相比，欧洲的份额提高4.83个百分点，亚洲和北美洲的份额分别下降3.48和1.76个百分点。从主要贸易伙伴看，依贸易额，前5位出口贸易伙伴为：美国40.91%、英国5.49%、日本5.41%、中国香港5.16%、澳大利亚4.45%；与2016年比，前5位出口贸易伙伴的总份额提高1.77个百分点，其中，美国的份额提高4.06个百分点，中国香港的份额下降了2.05个百分点。前5位进口贸易伙伴为：意大利30.84%、德国16.54%、越南15.23%、波兰6.73%、美国3.39%；与2016年相比，前5位进口贸易伙伴的总份额提高2.10个百分点，其中，意大利和德国的份额分别提高5.28和2.78个百分点，越南、波兰和美国的份额分别下降2.37、1.83和1.76个百分点。

2017年，家具进出口规模与价格变化的主要原因：一是美国经济较快增长，以大洋洲和非洲主要国家和地区需求的扩大拉动了我国木家具出口的增加。按出口额增长量排序，前5位依次为美国、澳大利亚、南非、加拿大和韩国，增幅分别达13.46%、11.11%、42.73%、11.82%和5.35%，对美国的出口额增长量超过家具出口额增长总量。二是由于对中国香港、东盟和中东主要国家的木家具出口额大幅下降，在一定程度上收窄了木家具出口的增长幅度；按出口额下降量排序，前5位依次为中国香港、新加坡、阿拉伯联合酋长国、沙特阿拉伯和马来西亚，降幅分别达26.85%、28.25%、25.79%、15.65%和12.15%。三是越南等东南亚国家在木家具国际市场上的低价竞争优势对我国木家具出口产生了一定的冲击，在挤占市场份额的同时，拉低了我国家具出口的平均价格。

木制品 2017年，木制品进出口小幅下降；贸易顺差微幅扩大。

2017年，木制品出口62.90亿美元，比2016年下降0.29%；进口7.41亿美元，比2016年下降3.89%。进出口贸易顺差55.49亿美元，比2016年扩大0.22%。从各类木制品出口看，建筑用木制品和其他木制品的出口额分别比2016年下降3.64%和7.67%，木餐具与厨房用木制品、木工艺品的出口额分别比2016年增长17.05%和11.25%；出口额中各类木制品的份额依次为木工艺品23.90%、建筑用木制品18.50%、木餐具与厨房用木制品12.23%、其他木制品45.37%，与2016年比，建筑用木制品和其他木制品的份额分别降低0.65和3.64个百分点，木餐具与厨房用木制品、木工艺品的份额分别提高 1.81和2.48个百分点。从各类木制品进口看，建筑用木制品、木餐具与厨房用木制品、木工艺品的进口额分别比2016年增长30.56%、42.86%和16.67%，其他木制品进口额比2016年下降9.46%；进口额中各类木制品的份额分别为建筑用木制品12.68%、木餐具与厨房用木制品4.05%、木工艺品1.89%、其他木制品81.38%，与2016年比，建筑用木制品、木餐具与厨房用木制品的份额分别提高3.34和1.33个百分点，其他木制品的份额降低5.00个百分点。

依贸易额，前5位出口贸易伙伴的份额依次为：美国32.27%、日本11.69%、英国5.53%、德国4.19%、澳大利亚3.74%；与2016年比，前5位出口贸易伙伴的总份额提高2.01个百分点，其中，美国的份额提高2.38个百分点。前5位进口贸易伙伴的份额分别为：印度尼西亚63.83%、厄瓜多尔4.52%、越南3.58%、德国3.46%、俄罗斯3.37%。与2016年比，前5位进口贸易伙伴的总份额降低3.86个百分点，其中，印度尼西亚和厄瓜多尔的份额分别下降5.11和0.52个百分点，俄罗斯和越南的份额分别提高1.32和0.63个百分点。

纸类 2017年，纸类产品出口量增值减，进口大幅增长，贸易逆差快速扩大。从产品类别看，纸和纸制品出口量增值减、进口大幅增加，出口价格上涨、进口价格下跌；木浆进口量值和价格大幅提高；废纸进口量减值增、价格大幅提高。

2017年，纸类产品出口183.91亿美元、进口261.79亿美元，分别比2016年增长2.05%和23.40%；进出口贸易逆差77.88亿美元，比 2016年扩大143.98%。出口产品主要是纸和纸制品、印刷品，分别占纸类产品出口总额的90.98%和8.92%，与 2016年基本持平；进口产品以木浆、废纸、纸和纸制品为主，分别占纸类产品进口总额的58.31%、22.44%和19.03%，与2016年比，废纸的份额下降1.08个百分点，木浆和纸及纸制品的份额分别提高0.82和0.43个百分点。

纸和纸制品（按木纤维浆比例折合值）出口931.40万吨，比 2016年下降1.15%，出口额为167.33亿美元，比2016年增长2.01%；进口487.41万吨（图50）、合49.82亿美元，分别比2016年增长57.65%和26.29%；贸易顺差117.51亿美元，比2016年缩小5.68%；平均出口价格为1796.54美元/吨，比2016年提高3.19%，平均进口价格为1022.14美元/吨，比2016年下降19.89%。

图50 2008－2017年纸和纸制品进出口量变化趋势

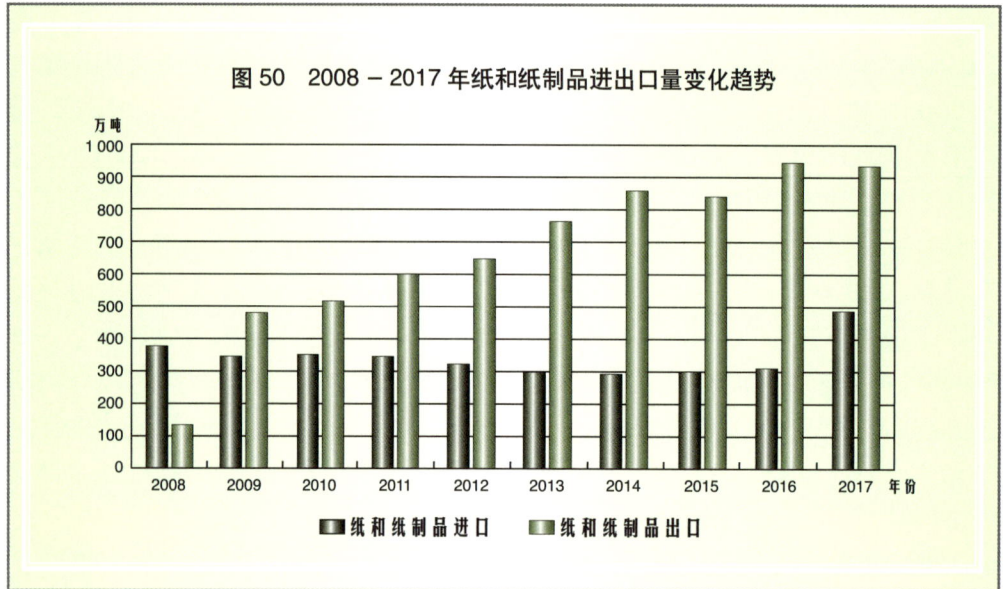

说明：2009－2017年纸和纸产品出口的折算标准与2008年不同。

　　木浆（不包括从回收纸和纸板中提取的纤维浆）出口2.44万吨，比2016年下降12.23%，出口额0.17亿美元，与2016年持平；进口2 365.22万吨、合152.66亿美元，分别比2016年增长12.53%和25.17%；贸易逆差为152.49亿美元，比2016年扩大25.21%；平均出口价格和平均进口价格分别为696.72美元/吨和645.44美元/吨，分别比2016年提高13.93%和11.24%。

　　废纸进口2571.77万吨，比2016年下降9.76%，进口额为58.75亿美元，比2016年提高17.76%；平均进口价格为228.44美元/吨，比2016年上涨30.49%；贸易逆差58.75亿美元，比2016年扩大17.76%（图51）。

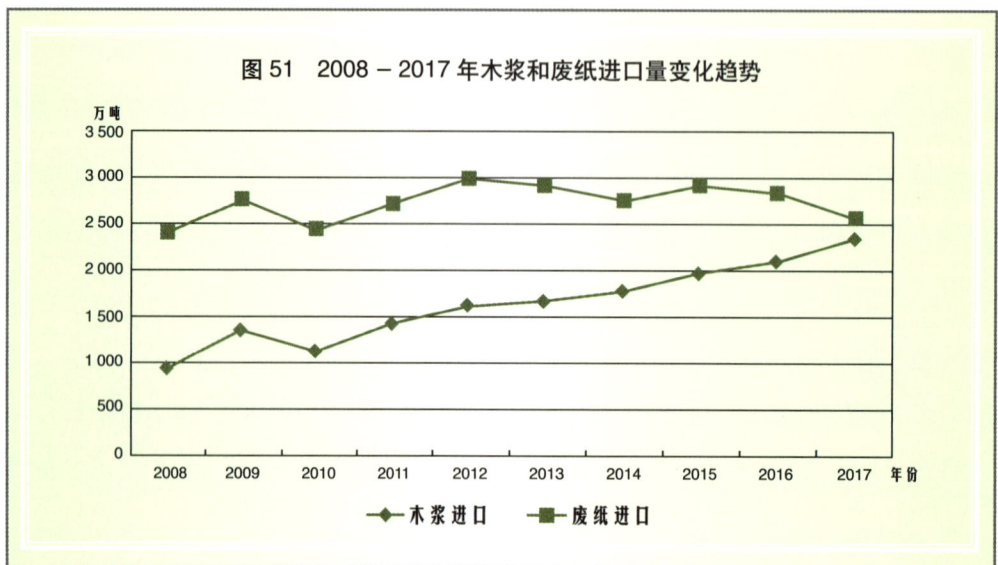

图51 2008－2017年木浆和废纸进口量变化趋势

2017年，木浆和纸类产品贸易的总体市场格局变化不大，纸和纸制品、废纸进口的市场集中度有所下降，纸和纸制品出口的市场集中度小幅提高。按贸易额排序，木浆进口的前5位贸易伙伴依次为：巴西21.81%、加拿大17.72%、印度尼西亚13.47%、智利9.25%、美国10.79%；与2016年比，前5位进口贸易伙伴的总份额提高0.38个百分点，其中，印度尼西亚和巴西的份额分别提高3.78和0.58个百分点，加拿大和美国的份额分别下降1.81和1.74个百分点。纸和纸制品出口的前5位贸易伙伴的市场份额依次是：美国15.97%、中国香港7.57%、日本6.51%、马来西亚4.07%、越南4.06%；与2016年比，前5位出口贸易伙伴的总份额提高1.60个百分点，其中，美国的份额提高1.38个百分点。纸和纸制品进口的前5位贸易伙伴的份额分别为：美国17.41%、日本12.22%、瑞典9.99%、印度尼西亚8.40%、中国台湾7.43%；与2016年相比，前5位进口贸易伙伴的总份额下降1.27个百分点，其中，美国和日本的份额分别下降2.82和1.00个百分点，印度尼西亚和中国台湾的份额分别提高3.91和0.82个百分点。废纸进口中，前5位贸易伙伴的市场份额依次为：美国46.25%、英国11.02%、日本10.20%、加拿大5.07%、荷兰4.91%，与2016年相比，前5位贸易伙伴的总份额下降1.02个百分点，其中，英国和日本的份额分别下降1.80和0.63个百分点，美国的份额提高0.97个百分点。

木片 2017年，木片进口小幅下降、价格微涨；进口额中非针叶木片占绝对比重，份额小幅提高。

2017年，木片进口1 140.18万吨（图52）、合18.97亿美元，分别比2016年下降1.45%和0.78%；平均进口价格为166.42美元/吨，比2016年提高0.70%，其中，非针叶木片和针叶木片的平均进口价格分别为166.38美元/吨和168.67美元/吨，分别比2016年上涨0.57%和5.21%；进口额中，非针叶木片占97.89%，比2016年提高1.24个百分点。

图52 2008－2017年木片进口量变化趋势

木片进口市场主要集中于澳大利亚、东盟和拉丁美洲国家，但东盟的份额持续下降，拉丁美洲的份额明显提高。依进口额，前5位贸易伙伴的份额依次为：澳大利亚37.38%、越南36.51%、智利11.35%、泰国7.06%、巴西3.74%，与2016年比，前5位进口贸易伙伴的总份提高0.30个百分点，其中，智利、越南和巴西的份额分别提高3.69、3.25和1.06个百分点，泰国、印度尼西亚和澳大利亚的份额分别降低3.78、3.71和0.50个百分点。

3. 非木质林产品进出口

非木质林产品出口微幅扩大，进口高速增长；贸易逆差大幅扩大；进出口中产品份额的集中化趋势明显。

2017年，非木质林产品出口187.39亿美元、进口242.06亿美元，分别比2016年增长0.46%和17.33%；贸易逆差54.67亿美元，比2016年扩大34.91亿美元。

从产品结构看（图53、图54），与2016年相比，出口额中，菌、竹笋、山野菜类和果类的份额分别提高2.74和0.67个百分点，茶、咖啡类和林化产品的份额分别下降2.39和0.78个百分点，其他产品的份额微幅增减；进口额中，林化产品的份额提高4.58个百分点，茶、咖啡类，菌、竹笋、山野菜类和果类的份额分别下降3.03、0.79和0.62个百分点。

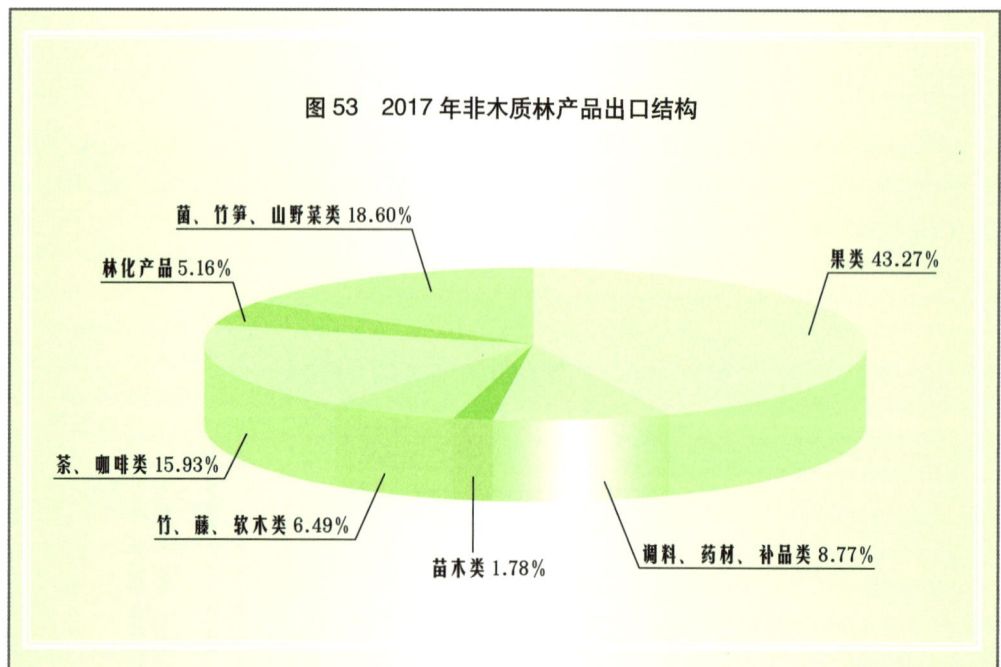

图 53　2017 年非木质林产品出口结构

菌、竹笋、山野菜类 18.60%
林化产品 5.16%
果类 43.27%
茶、咖啡类 15.93%
竹、藤、软木类 6.49%
苗木类 1.78%
调料、药材、补品类 8.77%

图 54　2017 年非木质林产品进口结构

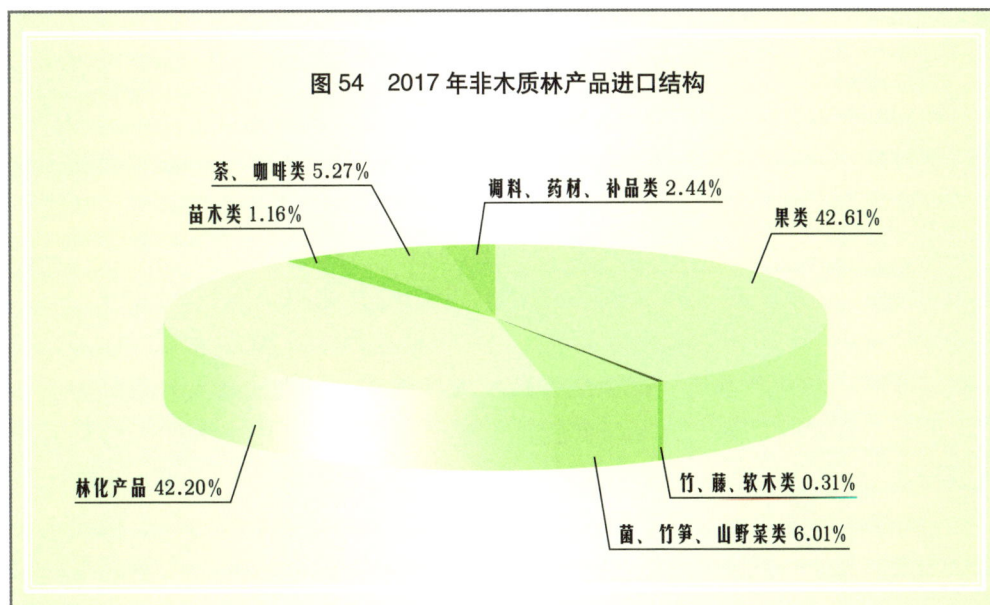

茶、咖啡类 5.27%

苗木类 1.16%

调料、药材、补品类 2.44%

果类 42.61%

竹、藤、软木类 0.31%

菌、竹笋、山野菜类 6.01%

林化产品 42.20%

果类　2017年，果类出口小幅增长、进口快速扩大，贸易逆差进一步扩大；进出口产品结构变化明显，干鲜果和坚果贸易仍居首位，但所占份额明显下降。

2017年，果类出口82.33亿美元、进口103.13亿美元，分别比2016年增长1.99%和15.64%；贸易逆差20.80亿美元，比2016年扩大12.34亿美元；果类出口额中，干鲜果和坚果、果类加工品以及其他果类产品所占比重分别为60.23%、39.15%和0.62%，与2016年相比，干鲜果和坚果的比重降低4.00个百分点，果类加工品的比重提高3.94个百分点；在果类加工品出口额中，果类罐头、果汁、果酒和饮料以及其他果类加工品的比重分别为20.47%、20.63%、31.64%和27.26%，与2016年比，果类罐头、果汁和其他果类加工品的份额分别下降2.96%、1.64和5.01个百分点，果酒和饮料的份额提高9.61个百分点。果类进口额中，干鲜果和坚果占54.32%，果类加工品占44.98%，其他果类产品占0.70%，与2016年比，干鲜果和坚果的比重下降2.91个百分点，果类加工品的比重提高2.84个百分点；在果类加工品进口额中，果类罐头、果汁、果酒和饮料、其他果类加工品的比重分别为0.75%、5.82%、85.86%和7.57%，与2016年相比，果酒和饮料的份额提高2.35个百分点，其他果类加工品的份额降低1.63个百分点。

林化产品　2017年，林化产品出口大幅下降，进口高速增长；大宗产品的出口份额明显提高，天然橡胶和天然树胶类产品的进口份额大幅提高，棕榈油及其分离品的进口份额明显下降；大宗产品进出口价格水平全面上涨；贸易逆差扩大。

2017年，林化产品出口8.20亿美元、比2016年下降14.76%，进口102.16亿美元，比2016年增长31.63%；进出口贸易逆差93.96亿美元，比2016年扩大

25.97亿美元。

从产品结构看，出口额居前3位的产品总份额为64.88%，分别为松香及松香和树脂酸的深加工品34.39%、桉叶油18.54%、木质活性炭11.95%，与2016年比，前3位产品的总份额提高11.35个百分点，其中，桉叶油、松香及松香和树脂酸的深加工品、木质活性炭的份额分别提高4.82、4.04、2.49个百分点。从主要产品看，松香及松香和树脂酸的深加工品出口13.63万吨、合2.82亿美元，分别比2016年下降4.15%和3.42%；桉叶油出口0.98万吨，比2016年下降4.85%，出口额为1.52亿元，比2016年增长15.15%，出口价格为15 510.20万元/吨，比2016年上涨21.03%。林化产品进口以天然橡胶及天然树胶、棕榈油及其分离品为主，二者的总份额超过80%，比2016年提高2.22个百分点，其中，天然橡胶及天然树胶进口279.33万吨、合49.17亿美元，占林化产品进口额的48.13%，平均进口价格为1 760.28美元/吨，与2016年比，进口量、进口额和平均进口价格分别提高11.68%、46.60%和31.27%，占林化产品进口额的比重提高4.91个百分点；棕榈油及其分离品进口507.87万吨、合34.96亿美元，平均进口价格为688.37美元/吨，占林化产品进口额的比重为34.22%，与2016年比，进口数量、进口额分别增长13.41%和22.02%，平均进口价格上涨7.59%，占林化产品进口额的比重下降2.70个百分点。

菌、竹笋、山野菜类 2017年，菌、竹笋、山野菜类出口增长远快于进口增长；贸易顺差进一步扩大。

2017年，菌、竹笋、山野菜类出口39.99亿美元，比2016年增长15.21%。其中，菌类的出口额为36.75亿美元，比2016年增长17.60%，竹笋的出口额为3.13亿美元，比2016年下降7.67%。菌、竹笋、山野菜类进口14.55亿美元，比2016年增长3.78%，其中，木薯产品进口14.50亿美元，比2016年增长3.94%。贸易顺差25.44亿美元，比2016年扩大4.75亿美元。

茶、咖啡类 2017年，茶、咖啡类产品进出口大幅下降，出口降幅低于进口降幅；从产品结构看，咖啡类产品（包括咖啡壳、咖啡皮和含咖啡的咖啡代用品）的出口和进口份额下降，茶叶、可可及其制品的出口和进口份额提高；从价格看，除茶叶的进出口价格上涨外，其他产品的进出口价格下跌；贸易顺差略有扩大。

2017年茶、咖啡类产品出口25.37亿美元、进口12.76亿美元，分别比2016年下降14.64%和25.51%；贸易顺差12.61亿元，比2016年扩大0.02亿美元。出口以茶叶和可可产品为主，其中，茶叶出口35.53万吨、合16.10亿美元，占茶、咖啡类出口额的63.46%，平均出口价格为4 531.38美元/吨，与2016年比，出口量和出口额分别增长8.09%和8.42%，占茶、咖啡类出口额的比重提高13.49个百分点，平均出口价格上涨0.30%；可可及其制品出口3.76亿美元，比2016年下降11.74%，占茶、咖啡类出口额的14.82%，比2016年提高0.49个百分点；咖啡类产品出口2.37亿美元，比2016年下降55.11%，占茶、咖啡类出口额的 9.34%，比 2016年下降 8.43个百分点。进口以可可及其制品和咖啡类产品为主，其中，可可及其制品进口6.60亿美元，比2016年下降3.79%，占茶、咖啡类产品进口额的51.72%，比 2016年提高11.67个百分点；咖啡类产品进口2.62亿美元，比2016年下降46.96%，占茶、咖啡类产品进口额的20.53%，比2016年降低8.31个百分点；茶叶进口2.97万吨、合1.49亿美元，占茶、咖啡类进口额的11.68%，平均进口价格为5016.84美元/吨，与2016年比，进口量和进口额分别增长30.84%和33.04%，占茶、咖啡类进口额的比重提高5.14个百分点，平均进口价格上涨1.68%。

竹、藤、软木类 2017年，竹、藤、软木类产品出口增速远低于进口增速；从出口产品看，除竹地板的出口大幅下降外，其他主要产品的进口和出口均有不同幅度增长；贸易顺差基本持平。

2017年，竹、藤、软木类产品出口12.24亿美元、进口0.75亿美元，分别比2016年增长1.07%和19.05%；贸易顺差11.49亿美元，与2016年基本持平。从主要产品出口看，柳条编织品（不含家具）出口5.11万吨、合4.49亿美元，占竹、藤、软木类产品出口总额的36.68%，与2016年比，出口量和出口额分别增长1.19%和0.90%，出口额占比基本持平；竹及竹编织品（不包括家具）出口19.33万吨、合3.58亿美元，占竹、藤、软木类产品出口总额的29.25%，与2016年比，出口量和出口额分别增长8.05%和9.82%，出口额占比提高2.33个百分点；竹地板和其他竹制特形材出口14.58万吨、合2.13亿美元，占竹、藤、软木类产品出口总额的17.40%，与2016年比，出口量和出口额分别下降11.04%和16.80%，出口额占比降低3.74个百分点；竹藤柳家具出口701.67万件（个）、合1.12亿美元，占竹、藤、软木类产品出口总额的9.15%，与2016年比，出口量和出口额分别增长33.74%和23.08%，出口额占比提高1.64个百分点；藤及藤编织品（不含家具）出口0.98万吨、合0.68亿美元，占竹、藤、软木类产品出口总额的 5.56%，与2016年比，出口量增长5.38%，出口额与出口额占比与2016年基本持平；软木及软木制品出口0.71万吨，合0.21亿美元，占竹、藤、软木类产品出口总额的1.72%，与2016年比，出口量下降5.33%，出口额和出口额占比与2016年基本持平。从主要产品进口看，软木及软木制品进口1.22万吨、合0.48亿元，分别比 2016年增长32.61%和17.07%；藤及藤编织品（不含家具）进口1.86万吨、合0.21亿元，分别比2016年增长32.86%和31.25%。

调料、药材、补品类 2017年，调料、药材、补品类产品出口15.87亿美元，比2016年下降3.00%，进口5.90亿美元，比2016年增长7.86%；贸易顺差9.97亿美元，比2016年缩小0.92亿美元。

苗木类 2017年，苗木类出口3.39亿美元，进口2.81亿美元，分别比2016年增长2.42%和24.34%；贸易顺差0.58亿美元，比2016年缩小0.47亿美元。

专栏 18 2017 年野生动植物进出口管理情况

　　2017 年，野生动植物进出口管理工作成效显著。一是推进行政许可改革管理。与海关总署联合修订发布 2017 年《进出口野生动植物种商品目录》，研究修订了 2018 年《进出口野生动植物种商品目录》，联合发布公告开展野生动植物进出口证书通关作业无纸化试点。与农业部渔业局联合印发《关于规范养殖大鲵加工产品出口贸易管理工作的通知》并开展大鲵出口标识管理试点工作。向社会发布《濒危野生动植物种国际贸易公约》禁贸物种名录公告。推进 2 项行政许可野生动植物进出口证书样式改革，研究拟定了 6 种证书的标准和样式。积极推进"放管服"改革，印发《关于授权办事处审批涉及野生动物允许进出口证明书有关事项的通知》。发布《推进上海、福建、天津自贸区改革试点新政公告》，支持自贸区建设发展。二是强化行政许可后续监管。下发《被许可人行政许可监督检查工作方案(2016 年度)》，部署各办事处开展对被许可人实施进出口情况集中监督检查。对被许可人试点实施分级管理工作。举办 2 期进出口电子审批业务培训和 1 期行政许可监督检查暨分级管理总结培训班。组织开展国家濒危物种进出口管理办公室办事处行政许可工作检查，对 9 个办事处及其所管辖区内相关贸易单位、口岸等开展调研和检查活动。三是推进能力建设。印发《履行 CITES 公约十三五发展规划》；会同国家口岸办推进完善野生动植物进出口审批系统建设；开展大宗贸易和敏感物种监测评估工作，开展涉及珊瑚、中成药等进出口个人携带和家庭财产政策研究；举办"世界野生动植物日"主题宣传活动，在全国重点口岸、城市发放宣传品、张贴宣传材料、播放宣传视频。协助申请对非洲、亚洲濒危物种履约培训班项目并组织开展培训。

草原生态保护

- 草原生态保护补助奖励政策
- 国家草原重点生态工程
- 草原利用及草产业
- 草原执法监督
- 草原灾害防治
- 草原监测预警
- 草原生产力
- 草原生态状况

草原生态保护

2017年，继续加大各项草原保护制度的落实力度，减轻天然草原放牧压力，促进草原生态加快修复，草原生态改善成效明显。

（一）草原生态保护补助奖励政策

2017年，国家继续在河北、山西、内蒙古、辽宁、吉林、黑龙江、四川、云南、西藏、甘肃、青海、宁夏、新疆等13省（自治区）和新疆生产建设兵团、黑龙江农垦总局，实施新一轮草原生态保护补助奖励政策，在保护草原生态环境的同时，推进草原畜牧业发展方式转变，促进牧民增收。

中央财政安排年度草原补奖资金187.6亿元。其中，草原禁牧补助90.5亿元，禁牧面积8 040万公顷，主要是对生存环境恶劣、退化严重、不宜放牧以及位于大江大河水源涵养区的草原实行禁牧封育；草畜平衡奖励65.1亿元，面积1.74亿公顷，主要是对禁牧区以外的草原在核定合理载畜量的基础上实行草畜平衡管理；绩效考核奖励资金近32亿元，对工作突出、成效显著的地区给予资金奖励，由地方政府统筹用于草原生态保护建设和现代草原畜牧业发展。

（二）国家草原重点生态工程

2017年，国家继续实施退牧还草、京津风沙源治理、西南岩溶地区草地治理等重大草原生态工程。实施范围包括北京、河北、山西、内蒙古、黑龙江、广西、四川、贵州、云南、西藏、陕西、甘肃、青海、宁夏、新疆等省（自治区、直辖市）及新疆生产建设兵团共260多个县（旗、团场）。2017年，对100多个项目县（市、旗、团场）的草原生态工程建设情况进行了地面监测调查。监测调查结果表明，通过实施草原围栏、补播改良、人工种草等措施，工程区内植被逐步恢复，生态环境明显改善。与非工程区相比，工程区内草原植被盖度平均高出15个百分点，植被高度平均提高48.1%，单位面积鲜草产量平均提高85.0%。

退牧还草工程　2017年，退牧还草工程中央投资20亿元，截至2017年，工程累计投入中央资金275.7亿元。工程实施范围包括内蒙古、辽宁、吉林、黑龙江、四川、贵州、云南、西藏、陕西、甘肃、青海、宁夏、新疆（含生产建设兵团）等13个省（自治区），安排草原围栏建设任务228.3万公顷、退化草原改良15.5万公顷、人工饲草地建设7.3万公顷、黑土滩治理1.4万公顷、毒害草治理5

万公顷、舍饲棚圈建设5.9万户。

据对60个县（旗、市）退牧还草工程的实施情况进行地面监测，2017年工程区内的平均植被盖度为66.0%，比非工程区高14个百分点；平均高度、单位面积鲜草产量分别为15.1厘米、3 551.3千克/公顷，比非工程区分别高49.0%、51.3%。对14个县（市、旗）遥感监测显示，工程区内的平均植被盖度和单位面积鲜草产量较2012年工程实施前分别提高了7个百分点和13.7%。

京津风沙源（草地）治理工程　2017年，中央投入草地治理资金5.2亿元，在北京、河北、山西、内蒙古、陕西等5省（自治区、直辖市）安排人工种草2.5万公顷、飞播牧草0.9万公顷、围栏封育18.1万公顷、草种基地0.2万公顷；建设牲畜舍饲棚圈198万平方米；建设青贮窖49万立方米、贮草棚23万平方米。

据对内蒙古、河北、山西等3省（自治区）地面样点调查显示，2017年工程区内的平均植被盖度为59.0%，比非工程区高13个百分点；平均高度和单位面积鲜草产量分别为24.7厘米、4 346.3千克/公顷，比非工程区分别高69.7%和114.6%。据对2001年实施工程的7个县（旗）进行遥感监测，2017年草原平均植被盖度和单位面积鲜草产量比2001年分别增长11个百分点和28.3%。京津风沙源治理工程的实施，有效遏制了严重沙化草地的扩张，其中，内蒙古镶黄旗和正蓝旗严重沙化草地面积较2001年减少约59.0%。

西南岩溶地区草地治理工程　2017年，中央投入资金1.2亿元在云南、贵州继续实施该工程，共安排建设石漠化草地治理任务4.9万公顷。

据对工程区监测调查显示，改良草地工程区植被盖度、高度、单位面积鲜草产量比非工程区分别提高了17个百分点、25.7%和89.1%；围栏封育工程区植被盖度、高度、单位面积鲜草产量比非工程区分别提高17个百分点、81.7%和123.2%；人工草地工程区植被盖度、高度、单位面积鲜草产量比非工程区分别提高25个百分点、131.6%和227.5%。

（三）草原利用及草产业

2017年，全国重点天然草原的平均牲畜超载率为11.3%，较2016年下降了1.1个百分点，向实现草畜平衡的目标更近了一步。其中，西藏平均超载率为13.0%，内蒙古平均超载率为12.0%，新疆平均超载率为8.7%，青海平均超载率为9.8%，四川平均超载率为11.6%，甘肃平均超载率为12.5%。全国268个牧区半牧区县（旗、市）天然草原的平均牲畜超载率为14.1%，较2016年下降1.4个百分点；其中，牧区县平均牲畜超载率为15.6%，半牧区县平均牲畜超载率为9.4%。

草原保护制度落实　按照党中央、国务院部署要求，各有关部门认真落实基本草原保护制度、草原承包经营制度、禁牧休牧和草畜平衡制度等重大草原保护制度。全国共划定基本草原面积近2.5亿公顷，占全国草原面积的65.0%。全国禁牧休牧轮牧草原面积1.62亿公顷，占全国草原面积的42.0%。

牧草种植　截至2017年，全国保留种草面积1 970万公顷，同比减少4.2%。其中，人工种草1 202.3万公顷，同比增加0.4%；改良种草714.1万公顷、飞播种草54.1万公顷，同比分别减少9.4%和24.2%。内蒙古、湖南、四川、云南、陕西、甘肃、青海、宁夏、新疆为种草保留面积超过1 000万亩的主要牧草种植省（自治区），面积达1 529万公顷，占全国种草保留面积的77.6%。

草产品进口　2017年，我国牧草干草进口量继续呈增长趋势。全年累计进口干草182万吨，同比增加8.0%。其中，进口苜蓿草总计140万吨，同比增加0.8%，占干草进口总量的76.9%；进口燕麦干草总计31万吨，同比增加38.0%；其他天然牧草进口11万吨，同比增加48.0%。苜蓿干草主要从美国、加拿大、西班牙和吉尔吉斯斯坦等国进口，其中，从美国进口量占93.0%；燕麦干草全部来自澳大利亚。

2017年，我国进口草种5.7万吨，同比增加71.0%。进口草种主要以黑麦草、羊茅、草地早熟禾、三叶草和紫花苜蓿为主，除紫花苜蓿草种进口减少外，其他草种进口量均大幅增加。其中，黑麦草种子进口3.1万吨，同比增加53.0%；羊茅种子进口1.5万吨，同比增加96.0%；草地早熟禾种子进口0.6万吨，同比增加191.0%；紫花苜蓿种子进口0.1万吨，同比减少9.0%；三叶草种子进口0.3万吨，同比增加92.0%。

草原征占用　2017年，全国各级草原行政主管部门共审核审批征占用草原申请1 067批次，审核审批草原面积10 162.55公顷，征收草原植被恢复费2.37亿元。其中，国务院草原行政主管部门审核通过5批次，面积1 044.05公顷；河北、内蒙古、辽宁、吉林、黑龙江、四川、云南、西藏、甘肃、青海、宁夏、新疆等12个省（自治区）和新疆生产建设兵团共审核通过1 062批次，面积9 118.5公顷。与2016年相比，全国草原征占用审核审批数量增加410批次，增幅为62.4%；面积增加1 081.96公顷，增幅为11.92%；植被恢复费增加0.09亿元，增幅为3.95%。

草原重要野生植物利用　2017年，国务院草原行政主管部门分别下达甘草、麻黄草、冬虫夏草采集计划70 902.05吨、38 262.1吨和127.33吨。其中，天然甘草采集计划数较2016年减少8.0%，人工甘草采集计划数同比增加1.9%；天然麻黄草和人工麻黄草采集计划数分别较2016年增加2.46倍和1.65倍，涨幅较大；冬虫夏草采集计划数较2016年减少6.0%。

（四）草原执法监督

草原违法案件查处 2017年，全国各类草原违法案件发案13 761起，较2016年减少1 944起，减少12.4%；草原行政执法立案13 449起，立案率为97.7%；结案13 083起，结案率为97.3%；恢复因案破坏草原面积7 549.48公顷，较2016年减少1 608.44公顷，减少17.6%。向司法机关移送涉嫌犯罪案件326起，较2016年减少279起，减少46.1%。

2017年，非法开垦草原案件发案836起，比2016年减少820起，减少49.5%；非法开垦草原面积比2016年减少566.82公顷，减少9.9%。对该类案件的查处移送力度最大，全年向司法机关移送非法开垦草原案件289起，占移送案件的88.7%。非法征收征用使用草原案件发案571起，比2016年增加411起，增加了2.6倍；破坏草原面积2 039.14公顷，比2016年减少984.57公顷，减少了32.6%。共查处非法征收征用使用草原案件552起，是2016年查处该类数量的3.5倍，超出前5年查处该类案件数量的总和；向司法机关移送案件33起，为移送该类案件数量最多的一年。非法临时占用草原案件发案数量158起，破坏草原面积369.89公顷，发案数量和破坏草原面积均与2016年基本持平。

2017年，违反禁牧休牧规定案件发案数量10 772起，比2016年减少1 056起，减少8.9%；违反草畜平衡规定案件发案数量1 261起，比2016年增加232起，增加了22.5%。这两类案件发案立案率、结案率较高，但仍属高发类案件。非法采集草原野生植物案件发案数量58起，比2016年减少585起，不到2016年数量的1/10。买卖或者非法流转草原案件发案3起，比2016年减少4起，减少了57.1%，发案数量连续两年保持在较低水平。违反草原防火法规案件发案数量37起，较2016年略有增加。

草原执法培训 在国家层面，举办南方省份、北方省份和西藏三个草原执法培训班，培训各省份草原执法骨干人员300余人。重点培训了农业依法行政、草原行政处罚程序、草原执法文书制作、行政执法与刑事司法衔接、涉及草原刑事案件的主要类型及处理原则、草原执法机构参与应对行政公益诉讼等方面的内容，特别是聘请公安厅、检察院的专家授课，对于进一步做好涉嫌犯罪案件移交司法机关工作具有很大帮助。积极支持各省份举办草原执法培训班，加强过程性指导。

草原普法宣传 印发《关于开展2017年草原普法宣传月活动的通知》，要求各地以"依法保护草原 推动绿色发展"为主题，在4月组织开展草原普法宣传活动。活动结束后，及时汇总整理各省份活动开展情况。据统计，各地共出动宣传车辆近7 000台次、宣传人员2.7万人次，发放各类宣传材料330万余份；在电视、广播、报刊、网络等媒体上宣传2 500余次，发送手机短信185万余条；举办各种法律培训班和普法讲座1 000余场，培训人员近3万人次；设立咨询站点800余个，解答群众咨询26万余人次；通过举办宣传月活动，草原普法受宣群众达283万人次。

（五）草原灾害防治

草原火灾　2017年，全国共发生草原火灾58起，全部为一般草原火灾，首次实现无重特大草原火灾的目标，累计受害草原面积3052公顷，经济损失335万元，无人员伤亡和牲畜损失。与2016年相比，重特大草原火灾发生次数减少1起；受害草原面积减少3.4万公顷，减少92.0%；经济损失减少272万元，减少44.8%。重特大草原火灾发生次数、受害草原面积和灾害损失三项重要指标同时下降，草原防火取得了历史性工作成绩。

从时间看，2、3、4和12月发生草原火灾次数较多，共45起，占全国草原火灾发生次数的77.6%；受害草原面积1 311.5公顷，占全国受害草原面积的43.0%。从区域看，草原火灾主要发生在内蒙古、四川和青海等3省（自治区），共发生草原火灾54起，占全国草原火灾发生次数的93.1%；受害草原面积2 977.9公顷，占全国草原火灾受害面积的97.6%。从起火原因看，上坟烧纸和电线短路引起草原火灾的比例最高，其次是烧荒、玩火和取暖做饭，分别占全国草原火灾发生次数的13.8%、13.8%、8.6%、6.9%和6.9%，其他起火原因占10.3%，未查明原因占39.7%。

堵截境外火概况　2017年，由于干旱少雨，蒙古国、俄罗斯境内频繁发生草原火，共14次蔓延至我国边境一线，累计蔓延长度达376千米，对我国边境草原资源和人民群众生命财产安全构成严重威胁。火情发生后，国务院草原行政主管部门迅速启动应急响应，周密部署蒙古国境外草原火堵截工作，实行24小时值班和领导带班，加强火情监测预警和信息跟踪调度，切实做好草原火灾防控各项工作。内蒙古自治区防火指挥部对堵截蒙古国境外草原火高度重视，累计组织出动扑火人员近3 400人，依托边境草原防火隔离带进行堵截扑救，堵截时间长达556个小时，14次成功将境外火堵截在我国边境草原防火隔离带外侧，未造成人员伤亡和财产损失。

草原生物灾害　2017年，全国草原鼠虫害面积较2016年略有增加，危害程度略有加重。

2017年，全国草原鼠害危害面积2 844.7万公顷，约占全国草原总面积的7.2%，危害面积较2016年增加1.3%。草原鼠害主要发生在河北等13个省（自治区）。其中，青海、新疆、内蒙古、甘肃、西藏、四川等6省（自治区）危害面积合计2 636.9万公顷，占全国草原鼠害面积的92.7%。主要害鼠危害面积2 398.2万公顷，占全国草原鼠害面积的84.3%。其中，高原鼠兔危害面积最大，达到1 152万公顷，占全国草原鼠害面积的40.5%，危害面积较2016年减少

179

3.8%。草原鼢鼠、大沙鼠、布氏田鼠、黄兔尾鼠、黄鼠危害面积分别较2016年增加47.6%、3.0%、7.1%、3.7%和8.2%；东北鼢鼠、长爪沙鼠、鼹形田鼠危害面积分别较2016年减少8.1%、28.1%和1.3%；高原鼢鼠危害面积与2016年持平。

2017年，全国草原虫害危害面积1 296.1万公顷，约占全国草原总面积的3.3%，危害面积较2016年增加3.6%。草原虫害主要发生在河北等13个省（自治区）。其中，西藏、内蒙古、新疆、甘肃、青海、四川等6省（自治区）危害面积合计为1 122.1万公顷，占全国草原虫害面积的86.6%。危害严重的主要种类是草原蝗虫、叶甲类害虫、草原毛虫、夜蛾类害虫和草地螟，危害面积总计1 223.5万公顷，占全国草原虫害面积的94.4%。其中，草原蝗虫危害面积最大，达到910.3万公顷，占全国草原虫害面积的70.2%，危害面积较2016年增加11.4%。叶甲类害虫和草地螟危害面积分别较2016年增加4.9%和5.7%；草原毛虫和夜蛾类害虫危害面积分别较2016年减少24.6%和37.8%。

（六）草原监测预警

科学部署草原监测工作　印发《2017年全国草原监测工作安排》，明确省级草原监测部门、技术支撑单位的具体工作任务。成功举办全国草原监测技术培训班。在云南省昆明市召开"2017年全国草原监测技术培训班"，全国23个省份和新疆生产建设兵团约80名草原监测技术人员参加活动。

充分发挥草原动态监测指导作用　4月起草发布《草原返青形势预测分析报告》，5月起草发布《草原返青监测报告》，6～8月关键生长期每月定期开展草原植被长势监测，9月开展草原枯黄监测。6月，针对内蒙古中东部等草原区发生的严重旱情，采取地面观测、卫星遥感和结合气象资料分析的方法，起草《草原旱情监测报告》。全年共发布7期草原动态监测信息，为科学指导草原管理和畜牧业生产、指导抗灾救灾提供了及时、丰富的信息支持。

组织开展专项监测研究　与有关技术单位合作，利用多年累积的地面监测数据、Landsat遥感影像，对东北松嫩平原草原盐渍化情况和青海三江源自然保护区草原生态状况开展了动态监测分析。组织开展长江经济带草原承载力监测预警评价工作，与长江经济带8省（直辖市）的相关单位进行多次沟通，并组织中国农业科学院区划所专家对各地报送的数据进行汇总分析和建模测算，完成《长江经济带草原资源承载力专项评价报告》。开展草原旱灾区域植被状况监测研究，6月针对内蒙古中东部等草原区发生严重旱灾的情况，对内蒙古锡林郭勒盟开展草原旱灾监测，获取植被盖度、草群高度、植物种数、产草量等指标，与往年相应数据进行对比，分析判断旱灾对草原植被等的影响，为救灾工作提供重要依据。

赴甘肃、宁夏、陕西、贵州等省份开展草原监测工作督导调研，有效促进各地按时、按量、保质完成地面监测任务。组织23个省份基层草原监测人员开展地面监测和牧户调查等工作，掌握工作开展动态，及时指导各地对数据进行整理、录入、审核和上报。对草原监测数据报送管理系统维护、更新、升级，共收集5 900多个非工程样地、15 000多个样方数据，900多个工程效益样方数据，7 000多份入户调查数据，为科学判断草原资源和生态状况提供大量的数据支撑。

组织编制《2017年全国草原监测报告》　对各地上报的监测数据进行认真审核，测算全国草原综合植被盖度，组织技术支撑单位运用地面监测数据和3S技术对草原生产力、草畜平衡状况等进行分析测算。收集草原资源、草原保护建设工程、草原利用、补奖政策落实等方面的数据素材，起草《2017年全国草原监测报告（初稿）》。征求有关单位和专家的意见后对报告修改，组织召开会商会议对监测报告进行会商，并根据会商意见进行完善。

（七）草原生产力

2017年草原植被生长季节，全国大部分草原地区气温正常略偏高，降水空间分布不均衡，草原植被总体生长状况好于常年。全国天然草原鲜草总产量达到106 491.18万吨，较2016年增加2.53%；折合干草约32 841.93万吨，载畜能力约为25 814.22万羊单位，均较2016年增加2.54%。全国23个重点省（自治区、直辖市）鲜草总产量达99 084.63万吨，占全国总产量的93.04%，折合干草约31 010.29万吨，载畜能力约为24 368.19万羊单位。全国天然草原鲜草总产量连续7年超过10亿吨，实现稳中有增。

从省份来看，产草量居前十位的依次是内蒙古、新疆、西藏、四川、青海、云南、甘肃、黑龙江、贵州和广西。与2016年相比，西藏产草量超过四川跃居第三，广西产草量超过湖北进入前十名。10省（自治区）天然草原鲜草产量75 046.36万吨，占全国鲜草总产量的70.47%，较2016年增加2.63%，折合干草23 576.20万吨，载畜能力约18 522.55万羊单位。内蒙古、新疆、四川、西藏、青海、甘肃等六大牧区鲜草总产量59 350.62万吨，占全国鲜草总产量的55.73%，较2016年增加2.13%，折合干草18 790.76万吨，载畜能力约14 759.80万羊单位。

从类型上看，单产居前四位的分别是热性灌草丛类、暖性灌草丛类、低地草甸类、山地草甸类。鲜草总产量居前四位的分别为高寒草甸类、热性灌草丛类、温性草原类、低地草甸类，其产量之和占全国总产量的74.3%。与2016年相比，除温性荒漠类有所下降外，其他草原单产均增加，其中低地草甸类、高寒草原类、热性灌草丛类单产增幅超过5.0%，主要分布在东北、华北、青藏高原和南方地区；暖性灌草丛类和高寒荒漠类单产增幅超过4.0%，主要分布在南方和青藏高原等地；温性草原类和高寒草甸类单产增幅超过3.0%，主要分布于东北、华北和青藏高原等地；山地草甸类单产增幅超过1.0%，主要分布在新疆等地；温性荒漠类单产降幅超过8.0%，主要分布在内蒙古等地。

（八）草原生态状况

2017年草原生长期内，除内蒙古东部、新疆北疆等局部地区遭受旱灾外，全国大部分草原水热匹配较好，草原植被生长状况好于常年。监测显示：2017年，全国天然草原鲜草总产量10 6491.18万吨，较2016年增加2.53%；草原综合植被盖度达55.3%，较2016年提高0.7个百分点。从实施草原补奖政策的13个省份来看，除内蒙古、宁夏和辽宁3省份外，其他省份综合植被盖度均有提升。

L
P183-201

附录

2017 年各地区林业产业总产值
（按现行价格计算）

单位：万元

地　区	总　计	第一产业	第二产业	第三产业
全国合计	712670717	233654654	339527355	139488708
北　京	1603882	1182500	1802	419580
天　津	281686	258506	220	22960
河　北	15770188	8153983	6646831	969374
山　西	5557830	4225386	741207	591237
内 蒙 古	5003272	2161261	1705019	1136992
辽　宁	11479257	6415557	3089278	1974422
吉　林	14987965	4041474	8567437	2379054
黑 龙 江	14667033	6114365	5191067	3361601
上　海	3135898	349417	2571000	215481
江　苏	45270582	10770283	28478698	6021601
浙　江	45338829	9522785	25609359	10206685
安　徽	36118650	10650136	16952190	8516324
福　建	50023989	9012040	38166593	2845356
江　西	41709515	11400985	19678616	10629914
山　东	68875394	23757973	39948592	5168829
河　南	19665430	9299637	7622301	2743492
湖　北	34535413	11177056	12462832	10895525
湖　南	42554880	13844531	14673982	14036367
广　东	80223880	9460707	52431273	18331900
广　西	52262047	18090940	28153833	6017274
海　南	6028450	3174322	2486342	367786
重　庆	10551966	4540440	3152824	2858702
四　川	34022665	12805851	9964345	11252469
贵　州	23346120	7334862	3059436	12951822
云　南	19555370	12279326	5156848	2119196
西　藏	321592	283478	9513	28601
陕　西	12361813	9634847	1360567	1366399
甘　肃	5025683	4329073	222017	474593
青　海	569755	501020		68735
宁　夏	1871040	964848	477665	428527
新　疆	9038094	7491743	792315	754036
大兴安岭	912549	425322	153353	333874

185

2017 年各地区营造林生产主要指标完成情况

单位：公顷

地 区	造林面积						森林抚育面积	年末实有封山(沙)育林面积	四旁（零星）植树（万株）	当年苗木产量（万株）	育苗面积
	合计	人工造林	飞播造林	新封山育林	退化林修复	人工更新					
全国合计	7680711	4295890	141220	1657169	1280993	305439	8856398	24682804	174799	7021893	1419171
北 京	40339	9280		12666	18333	60	101914	36332	238	9762	15621
天 津	12224	9557		2667			51759	26014	235	7530	12930
河 北	481271	371770	20239	84790	1672	2800	403688	865042	9729	458033	92373
山 西	311968	279968		32000			63619	596447	10775	527451	74129
内 蒙 古	680453	346309	68313	138068	125597	2166	723160	4090568	974	288851	46837
辽 宁	144223	56929		55330	25014	6950	93997	601778	6527	194434	27458
吉 林	153038	80840			62495	9703	214089	421313	825	343206	9715
黑 龙 江	97591	36579		42250	18688	74	663393	764856	1825	148828	11658
上 海	2680	2680						23508	58	7149	9757
江 苏	36572	33968			143	2461	74138	2866	6234	574303	196087
浙 江	44054	8450		2223	24936	8445	101983	1196208	1567	467828	138199
安 徽	144926	56667		41905	40241	6113	616556	397205	10774	133249	88727
福 建	233585	8094		144338	20024	61129	372773	662812	4413	24544	974
江 西	282407	89405		68592	118066	6344	381459	885125	5656	153689	101146
山 东	142195	92306		534	17882	31473	230031	59072	15073	626946	202639
河 南	180929	126281	13733	19836	21079	-	300746	403963	13611	257059	55534
湖 北	400840	162328		67459	167049	4004	405782	1151393	14577	205664	52046
湖 南	554139	186088		160876	198630	8545	466932	1316399	9016	72955	3931
广 东	270588	80739		89007	66025	34817	509687	846658	8180	53609	3258
广 西	176081	54578		26095	2740	92668	869915	1549069	4354	113415	8965
海 南	12879	4626			200	8053	61727		143	19054	1359
重 庆	228052	100792		63263	63364	633	160000	310321	7416	72362	18972
四 川	658370	483900		61548	107986	4936	175266	273022	13825	249717	27680
贵 州	678300	584549		82151	11600		400000	638771	3442	116477	3882
云 南	387158	277716		72461	36972	9	143332	1053638	9554	82543	2098
西 藏	82667	37480		45187			22532	1423442	8	3865	1205
陕 西	334786	163099	34002	58403	75057	4225	150187	706945	7764	444265	75459
甘 肃	325431	280346		35419	9666		175962	1026990	5638	813189	49548
青 海	198809	56631		138844	3334		26039	1501179		104810	8900
宁 夏	78238	45531		19062	7198	6447	23880	306472	701	221123	35257
新 疆	282384	165737	4933	92195	16135	3384	617744	1568904	1666	218389	42621
大兴安岭	23534	2667			20867		230600			7594	206

注：自 2015 年起造林面积包括人工造林、飞播造林、新封山育林、退化林修复和人工更新。森林抚育面积特指中、幼龄林抚育。

2017 年各地区主要经济林产品产量

单位：吨

地 区	板 栗	竹笋干	油茶籽	核 桃	生 漆	油桐籽	乌桕籽	五倍子	棕 片	松 脂	紫 胶（原胶）
全国合计	2364548	858083	2431647	4171386	18145	370083	25689	20198	61429	1443868	7579
北 京	25034			12462							
天 津	1751			1613							
河 北	381294			227681							
山 西	11764			231553							
内 蒙 古											
辽 宁	145237			1121							
吉 林	756			19440							
黑 龙 江				204							
上 海		174									
江 苏	19149	746	265	2076							
浙 江	69720	186580	61039	21141	20	168			522	287	
安 徽	101839	35628	85763	23758	343	1894	145	56	3981	15057	
福 建	118596	207796	155172	11	155	26972	438	167	18177	105171	3851
江 西	23564	54374	454077	2	655	12644	94	42	2803	215713	
山 东	271215			168048							
河 南	121034	1097	32047	148650	2086	68173	7220	4062		7	
湖 北	434780	22154	146879	121800	3217	21593	11701	2826	3044	42665	
湖 南	103210	62041	1007523	8073	1009	33347	616	867	4818	46986	
广 东	25922	57503	125195			7469	1034		3871	238825	748
广 西	106729	33598	225213	2312	423	83676	413	148	3292	638216	4
海 南		686	3439							7464	
重 庆	21717	29148	9131	29495	1400	4310	479	1890	614	82	
四 川	49758	122376	20852	537474	458	6972	1237	398	1427	384	
贵 州	84033	25818	74528	103465	6942	65902	1807	6971	5533	19077	
云 南	154243	13495	14237	1015728	518	15475	298	108	10022	113016	2976
西 藏				5104							
陕 西	89764	4859	16287	336099	885	21436	207	2472	3311	918	
甘 肃	3439	10		317096	34	52		191	14		
青 海				2098							
宁 夏				459							
新 疆				834423							
大兴安岭											

全国历年营造林面积

单位：万公顷

年　份	人工造林	飞播造林	新封山育林	更新造林	森林抚育
1981 年	368.10	42.91		44.26	
1982 年	411.58	37.98		43.88	
1983 年	560.31	72.13		50.88	
1984 年	729.07	96.29		55.20	
1985 年	694.88	138.80		63.83	
1986 年	415.82	111.58		57.74	
1987 年	420.73	120.69		70.35	
1988 年	457.48	95.85		63.69	
1989 年	410.95	91.38		71.91	
1990 年	435.33	85.51		67.15	
1991 年	475.18	84.27		66.41	262.27
1992 年	508.37	94.67		67.36	262.68
1993 年	504.44	85.90		73.92	297.59
1994 年	519.02	80.24		72.27	328.75
1995 年	462.94	58.53		75.10	366.60
1996 年	431.50	60.44		79.48	418.76
1997 年	373.78	61.72		79.84	432.04
1998 年	408.60	72.51		80.63	441.30
1999 年	427.69	62.39		104.28	612.01
2000 年	434.50	76.01		91.98	501.30
2001 年	397.73	97.57		51.53	457.44
2002 年	689.60	87.49		37.90	481.68
2003 年	843.25	68.64		28.60	457.77
2004 年	501.89	57.92		31.93	527.15
2005 年	322.13	41.64		40.75	501.06
2006 年	244.61	27.18	112.09	40.82	550.96
2007 年	273.85	11.87	105.05	39.09	649.76
2008 年	368.43	15.41	151.54	42.40	623.53
2009 年	415.63	22.63	187.97	34.43	636.26
2010 年	387.28	19.59	184.12	30.67	666.17
2011 年	406.57	19.69	173.40	32.66	733.45
2012 年	382.07	13.64	163.87	30.51	766.17
2013 年	420.97	15.44	173.60	30.31	784.72
2014 年	405.29	10.81	138.86	29.25	901.96
2015 年	436.18	12.84	215.29	29.96	781.26
2016 年	382.37	16.23	195.36	27.28	850.04
2017 年	429.59	14.12	165.72	30.54	885.64

注：1. 自 2015 年起新封山育林面积包含有林地和灌木林地封育面积，飞播造林面积包含飞播营林面积。
　　2. 森林抚育面积特指中、幼龄林抚育面积。

2017 年 各 地 区 林 业 重 点 生 态 工 程 造 林 面 积

单位：公顷

地 区	全部造林面积	重点生态工程造林面积						其他造林面积
		合 计	天然林资源保护工程	退耕还林工程	京津风沙源治理工程	石漠化治理工程	三北及长江流域等重点防护林体系工程	
全国合计	7680711	2991207	390298	1213338	207206	232503	947862	4689504
北 京	40339	35865			34665		1200	4474
天 津	12224	4908			3575		1333	7316
河 北	481271	99509			37027		62482	381762
山 西	311968	217802	15137	108668	32868		61129	94166
内 蒙 古	680453	324946	80917	32045	85598		126386	355507
辽 宁	144223	67996					67996	76227
吉 林	153038	62919	55196				7723	90119
黑 龙 江	97591	74720	19588				55132	22871
上 海	2680							2680
江 苏	36572	3955					3955	32617
浙 江	44054							44054
安 徽	144926	40929		2002			38927	103997
福 建	233585	2800					2800	230785
江 西	282407	49733					49733	232674
山 东	142195	27358					27358	114837
河 南	180929	27334	3333				24001	153595
湖 北	400840	71983	9997	17333		29113	15540	328857
湖 南	554139	55222		5335		16047	33840	498917
广 东	270588	35111					35111	235477
广 西	176081	30582		498		20402	9682	145499
海 南	12879	1830	200	71			1559	11049
重 庆	228052	83538	22667	48724		9481	2666	144514
四 川	658370	61927	29981	29094		2852		596443
贵 州	678300	644529	6000	551600		80529	6400	33771
云 南	387158	202985	18409	108497		74079	2000	184173
西 藏	82667	12133	1466				10667	70534
陕 西	334786	179835	75848	48243	13473		42271	154951
甘 肃	325431	188725	5139	146509			37077	136706
青 海	198809	58555	10219	19912			28424	140254
宁 夏	78238	52028	8000	9542			34486	26210
新 疆	282384	247916	4667	85265			157984	34468
大兴安岭	23534	23534	23534					

注：重点工程造林面积包括人工造林、飞播造林、新封山育林和退化林修复面积。

全国历年林业重点生态工程完成造林面积

单位：万公顷

年别	合计	天然林资源保护工程	退耕还林工程		京津风沙源治理工程	三北及长江流域等重点防护林体系工程					太行山绿化工程	平原绿化工程
			小计	其中：退耕地造林		小计	三北防护林工程	长江流域防护林工程	沿海防护林工程	珠江流域防护林工程		
1979－1985 年	1010.98					1010.98	1010.98					
"七五" 小计	589.93					589.93	517.49	36.99			35.46	
"八五" 小计	1186.04				44.12	1141.92	617.44	270.17	84.67		151.86	17.78
1996 年	248.17				16.50	231.67	134.23	46.40	7.22		40.25	3.59
1997 年	244.94				21.60	223.35	126.61	44.78	6.35	5.67	36.63	3.31
1998 年	271.80	29.04			23.16	219.60	124.40	44.86	6.03	3.99	34.37	5.96
1999 年	316.95	47.76	44.79	38.15	21.16	203.25	124.54	36.98	4.45	3.21	29.34	4.73
2000 年	309.90	42.64	68.36	32.84	28.03	170.88	105.32	20.69	5.69	3.07	29.85	6.26
"九五" 小计	1391.76	119.43	113.15	70.99	110.43	1048.75	615.09	193.71	29.73	15.93	170.44	23.84
2001 年	307.13	94.81	87.10	38.61	21.73	103.49	54.17	16.27	9.09	2.71	14.13	7.13
2002 年	673.17	85.61	442.36	203.98	67.64	77.56	45.38	11.03	5.57	4.66	7.62	3.32
2003 年	824.24	68.83	619.61	308.59	82.44	53.35	27.53	10.88	3.86	4.47	5.00	1.62
2004 年	478.06	64.15	321.75	82.49	47.33	44.83	23.23	11.33	3.02	3.18	3.09	0.98
2005 年	309.96	42.48	189.84	66.74	40.82	36.82	21.79	6.59	2.27	3.07	2.85	0.25
"十五" 小计	2592.56	355.87	1660.66	700.41	259.96	316.06	172.10	56.10	23.80	18.07	32.69	13.29
2006 年	280.17	77.48	105.05	21.85	40.95	56.68	32.68	7.87	1.70	2.88	11.47	0.09
2007 年	267.83	73.29	105.60	5.95	31.51	57.42	38.15	7.64	2.39	1.74	7.39	0.11
2008 年	343.35	100.90	118.97	0.22	46.90	76.58	49.79	7.23	7.42	3.70	8.03	0.41
2009 年	457.55	136.09	88.67	0.07	43.48	189.31	125.59	22.21	21.22	8.21	11.92	0.17
2010 年	366.79	88.55	98.26	0.03	43.91	136.06	92.82	11.88	17.32	6.68	6.92	0.43
"十一五" 小计	1715.68	476.31	516.55	28.12	206.77	516.05	339.04	56.83	50.05	23.21	45.73	1.20
2011 年	309.30	55.36	73.02	0.01	54.52	126.40	73.78	20.48	20.99	7.23	3.66	0.26
2012 年	275.39	48.52	65.53		54.17	107.18	67.87	15.79	14.54	5.16	3.81	
2013 年	256.90	46.03	62.89	0.01	62.61	85.36	51.86	13.04	11.86	4.40	3.57	0.64
2014 年	192.69	41.05	37.86		23.91	89.87	59.63	10.74	9.69	2.69	4.92	2.19
2015 年	284.05	64.48	63.60	44.63	22.33	133.64	76.60	23.72	18.85	9.66	4.81	
"十二五" 小计	1318.32	255.44	302.90	44.64	217.53	542.46	329.74	83.78	75.92	29.14	20.77	3.10
2016 年	250.55	48.73	68.33	55.85	23.00	110.50	64.85	21.78	10.87	5.73	3.59	0.00
2017 年	299.12	39.03	121.33	121.33	20.72	94.79	62.64	17.40	6.81	4.80	3.14	
总 计	10354.94	1294.80	2782.93	1021.34	882.53	5371.43	3729.38	736.75	281.85	96.89	463.68	59.22

注：1. 京津风沙源治理工程 1993－2000 年数据为原全国防沙治沙工程数据。
2. 自 2006 年起将无林地和疏林地育苗面积计入人造林总面积，2015 年起将有林地和灌木林地封育计入人造林总面积。
3. 2016 年三北及长江流域等重点防护林体系工程造林面积包括林业血防工程 3.67 万公顷造林面积。

全国历年林业重点生态工程实际完成投资及国家投资情况

单位：万元

指标名称	合计	天然林资源保护工程	退耕还林工程	京津风沙源治理工程	三北及长江流域等重点防护林体系工程								野生动植物保护及自然保护区建设工程
					小计	三北防护林工程	长江流域防护林工程	沿海防护林工程	珠江流域防护林工程	大行山绿化工程	平原绿化工程		
1979—1995年 实际完成投资	417515			17432	400083	231652	77939	41990		32622	15880		
其中：国家投资	196633			8501	188132	132779	27148	10930		8780	8495		
1996年 实际完成投资	140461			15741	124720	71169	23114	16548		7371	6518		
其中：国家投资	51939			4506	47433	30802	7455	2531		2085	4560		
1997年 实际完成投资	186106			33782	152324	80567	21095	12653	16430	12247	9332		
其中：国家投资	64741			12247	52494	34704	7196	2198	502	2853	5041		
1998年 实际完成投资	441717	227761		37741	176215	90289	27774	21029	12060	11970	13093		
其中：国家投资	280338	206365		10176	63797	37206	11154	3340	1557	5411	5129		
1999年 实际完成投资	713818	409225	33595	35477	235521	118754	31384	22897	16463	24232	21791		
其中：国家投资	501534	351309	33595	8198	108432	57383	16345	5717	2775	14195	12017		
2000年 实际完成投资	1106412	608414	154075	43102	300821	143682	31273	31551	14392	23781	56142		
其中：国家投资	881704	582886	146623	15655	136540	71602	18427	13768	6831	13327	12585		
"九五"小计 实际完成投资	2588514	1245400	187670	165843	989601	504461	134640	104678	59345	79601	106876		
其中：国家投资	1780256	1140560	180218	50782	408696	231697	60577	27554	11665	37871	39332		
2001年 实际完成投资	1771124	949319	314547	183275	303066	102468	53406	40026	10678	16169	80319		20917
其中：国家投资	1353311	887717	248459	59283	145743	56163	22736	14425	6499	8832	37088		12109
2002年 实际完成投资	2519018	933712	1106096	123238	316711	139272	45837	41164	17657	17151	55630		39261
其中：国家投资	2249185	881617	1061504	120022	157582	66512	27942	13839	15481	10920	22888		28460
2003年 实际完成投资	3307863	679020	2085573	258781	232083	85437	41442	29155	13136	10436	52477		52406
其中：国家投资	2977684	650304	1926019	239513	136239	49105	27758	20127	11083	8097	20069		25609
2004年 实际完成投资	3489682	681985	2142905	267666	352661	86645	109028	51946	11922	13048	80072		44465
其中：国家投资	2981364	640983	1920609	261857	135782	44014	26017	29705	9797	11268	14981		22133
2005年 实际完成投资	3600892	620148	2404111	332625	192556	85231	53607	23029	9134	14620	6936		51452
其中：国家投资	3211855	584777	2185928	325408	91292	41252	12808	19704	7039	10095	394		24450
"十五"小计 实际完成投资	14688579	3864184	8053232	1165585	1397077	499053	303320	185320	62527	71423	275434		208501
其中：国家投资	12773399	3645398	7342519	1006083	666638	257046	117261	97800	49899	49212	95420		112761

（续）

指标名称		合计	天然林资源保护工程	退耕还林工程	京津风沙源治理工程	小计	三北防护林工程	三北及长江流域等重点防护林体系工程				平原绿化工程	野生动植物保护及自然保护区建设工程
								长江流域防护林工程	沿海防护林工程	珠江流域防护林工程	太行山绿化工程		
2006年	实际完成投资	3527084	643750	2321449	327666	179501	84328	24386	42553	6509	13949	7776	54718
	其中：国家投资	3254930	604120	2224633	310029	85398	38539	8262	20637	4647	13108	205	30750
2007年	实际完成投资	3470969	820496	2084085	320929	165879	94026	13912	37819	3994	13213	2915	79580
	其中：国家投资	3027545	666496	1915544	298768	91273	48202	9964	23290	2811	6541	465	55464
2008年	实际完成投资	4193747	973000	2489727	323871	337349	184078	34916	94009	7142	16804	400	69800
	其中：国家投资	3625728	923500	2210195	310795	139275	99184	13119	18429	4043	4275	225	41963
2009年	实际完成投资	5075170	817253	3217569	403175	557076	270310	101057	140019	23828	21663	199	80097
	其中：国家投资	4179436	688199	2886310	355377	209602	133198	27000	35953	8979	4422	50	39948
2010年	实际完成投资	4711990	731299	2927290	382406	570888	284589	49422	192579	27177	16471	650	100107
	其中：国家投资	3616315	591086	2499773	329166	138550	68632	19557	33802	12519	4000	40	57740
"十一五"小计	实际完成投资	20978960	3985798	13040120	1758047	1810693	917331	223693	506979	68650	82100	11940	384302
	其中：国家投资	17703954	3473401	11736455	1604135	664098	387755	77902	132111	32999	32346	985	225865
2011年	实际完成投资	5319584	1826744	2463373	250395	664819	322215	98832	200344	26204	12948	4276	114253
	其中：国家投资	4342817	1696826	1949855	223978	394431	208105	42627	117478	14984	11167	70	77727
2012年	实际完成投资	5283825	2186318	1977649	356646	630274	325088	99667	165824	25796	13899		132938
	其中：国家投资	4050116	1710230	1545329	321863	380467	210938	40869	96239	19977	12444		92227
2013年	实际完成投资	5361512	2301529	1962668	378669	569772	274469	65806	178784	21154	17539	12020	148874
	其中：国家投资	4378163	2020503	1557260	357304	354732	170664	33863	116389	11354	10442	12020	88364
2014年	实际完成投资	6659502	2610936	2230905	106583	1512854	406704	98569	278075	21229	13196	695081	198224
	其中：国家投资	5448154	2204105	1916113	81217	1098931	253193	33154	140431	14930	12664	644559	147788
2015年	实际完成投资	7056599	2983638	2752809	111595	954103	551846	103717	247150	31420	19970		254454
	其中：国家投资	6299919	2838326	2520733	107268	637340	370283	85227	138168	23913	19749		196252
"十二五"小计	实际完成投资	29681022	11909165	11387404	1203888	4331822	1880322	466591	1070177	125803	77552	711377	848743
	其中：国家投资	24519169	10469990	9489290	1091630	2865901	1213183	235740	608705	85158	66466	656649	602358
2016年	实际完成投资	6754068	3400322	2366719	152729	678829	355827	96009	145345	38195	25946		155469
	其中：国家投资	6304925	3334513	2149296	141944	533251	322104	83955	66275	20084	25946		145921
2017年	实际完成投资	7180115	3763641	2221446	174385	676739	397780	129902	95172	31473	22412		254075
	其中：国家投资	6702046	3615667	2055317	158962	546891	294678	120732	88841	20611	22029		236685
总　计	实际完成投资	82288773	28168510	37256591	4637909	10284844	4786426	1432094	2149661	385993	391657	1121507	1851090
	其中：国家投资	69980382	25679529	32953095	4062037	5873607	2839242	723315	1032216	220416	242650	800881	1323590

注：2016 年三北及长江流域等重点防护林体系建设工程投资包括林业血防工程 17507 万元，国家投资 14887 万元。2017 年林业重点工程投资合计包括石漠化治理工程 89829 万元，其中，国家投资 88524 万元。

2017 年各地区森林火灾情况

地 区	森林火灾起数（起）					火场总面积（公顷）	受害森林面积（公顷）			损失林木	
	合 计	一般火灾	较大火灾	重大火灾	特大火灾		合 计	其中天然林	其中人工林	成林蓄积（立方米）	幼林株数（万株）
全国合计	3223	2258	958	4	3	44428	24502	20327	4176	911836	5957
北 京	3	1	2			23	19	16	3		
天 津	2	2				9	1	1			
河 北	38	24	14			1157	319	291	28	281	
山 西	6	2	4			299	69	13	56	1188	
内 蒙 古	177	91	80	3	3	24805	16780	16517	263	699180	4640
辽 宁	80	47	33			802	356	220	136	10281	14
吉 林	90	80	10			450	174	121	52	7521	3
黑 龙 江	97	85	12			883	239	216	23	86	1
上 海											
江 苏	11	11				18	2	1	1	3	
浙 江	70	18	52			512	251	111	140	3075	36
安 徽	127	117	10			242	47	5	43	413	2
福 建	52	10	42			467	319	103	215	7452	17
江 西	67	9	58			1739	707	103	604	7101	54
山 东	19	8	11			70	50	47	3	816	4
河 南	81	76	5			237	14	3	11	105	2
湖 北	466	427	39			822	217	56	161	2368	10
湖 南	334	199	135			2196	961	220	741	9101	72
广 东	302	195	107			1505	733	319	414	17338	705
广 西	644	424	220			4380	1351	314	1036	27770	54
海 南	15	8	7			24	16		16	219	
重 庆	12	11	1			33	12	8	3	904	1
四 川	171	152	18	1		1611	1015	986	29	108710	124
贵 州	18	13	5			234	42	15	28	3166	10
云 南	49	20	29			1032	395	231	164	4589	168
西 藏	1		1			7	7	7			
陕 西	181	136	45			362	148	145	4	105	19
甘 肃	6	4	2			15	11	11		16	1
青 海	16	13	3			178	129	129			10
宁 夏	30	24	6			287	91	91			5
新 疆	58	51	7			33	30	29	1	51	3

2017 年各地区林业有害生物发生防治情况

单位：公顷

地 区	合 计		森林病害		森林虫害		森林鼠害		林业有害植物	
	发生面积	防治面积	发生面积	防治面积	发生面积	防治面积	发生面积	防治面积	发生面积	防治面积
全国合计	12531245	9621704	1330863	1017085	9059658	7144027	1941963	1332427	198761	128165
北 京	30222	29888	1719	1719	28502	28169				
天 津	49326	47777	6889	6889	42437	40888				
河 北	472973	446893	23685	23050	404382	386559	44906	37284		
山 西	235958	183559	7056	6007	174333	141584	51561	34261	3008	1707
内 蒙 古	1095076	683195	160764	82287	721256	480497	213056	120411		
辽 宁	587828	523689	53251	43472	521590	470134	12987	10084		
吉 林	242815	220253	23316	20437	178790	166734	40709	33082		
黑 龙 江	417282	342202	27554	21754	212593	168524	177134	151924		
上 海	11765	11714	1289	1277	10476	10437				
江 苏	103254	96754	7111	7101	94630	89379			1513	274
浙 江	190284	177314	16393	16302	173892	161012				
安 徽	468520	432798	50349	40390	418171	392408				
福 建	200498	183675	19929	18542	180569	165132				
江 西	265094	231660	50525	47920	214555	183738			15	2
山 东	478721	463140	78607	76191	400115	386949				
河 南	585971	510911	110372	97217	475599	413694				
湖 北	504766	424176	39268	29488	363641	336995	3291	2276	98567	55417
湖 南	461354	272106	29264	16210	431647	255456	107	107	336	333
广 东	273181	162586	16313	15864	220024	113602			36845	33121
广 西	362321	46343	39278	4143	315779	36094	123	123	7142	5983
海 南	23686	10541	144	45	9778	6704			13764	3791
重 庆	301658	295661	17832	15724	225157	221698	58335	57905	333	333
四 川	681316	469030	80526	40144	558905	398496	41826	30332	58	58
贵 州	199018	182758	13878	13104	172378	159654	3505	3315	9258	6685
云 南	444221	423443	73816	72318	345417	327663	5652	5405	19336	18057
西 藏	359049	219003	64015	39032	245007	149457	50027	30514		
陕 西	397400	316307	36540	27832	275059	218786	85801	69689		
甘 肃	356191	248758	54073	44381	170800	127711	131314	76663	4	4
宁 夏	273197	202786	23382	18583	102335	69849	138935	111954	8545	2400
青 海	318437	137908	1476	1447	115384	44527	201577	91934		
新 疆	2011457	1606176	182534	166112	1225355	986884	603531	453180	37	
大兴安岭	128406	18699	19715	2102	31103	4613	77589	11983		

2017 年各地区主要林产工业产品产量

地 区	木材（万立方米）	竹材（万根）	锯材（万立方米）	人造板（万立方米） 合 计	胶合板	其 中 纤维板	刨花板	其他人造板	木竹地板（万平方米）	松香类产品（吨）
全国合计	8398.17	272013	8602.37	29485.87	17195.21	6297.00	2777.77	3215.89	82568	1664982
北 京	12.74									
天 津	14.70									
河 北	78.70		117.84	1658.61	676.90	468.73	282.22	230.77		
山 西	21.81		16.41	36.10	2.18	20.17	4.56	9.19		
内 蒙 古	83.52		1300.93	34.78	22.52	0.53		11.72	9	
辽 宁	194.49		253.68	196.97	90.88	52.84	22.25	31.01	2771	
吉 林	185.63		111.61	369.78	177.81	91.73	39.06	61.17	4049	
黑 龙 江	91.18		565.12	335.78	257.49	15.52	39.49	23.28	383	
上 海										
江 苏	140.71	214	324.11	5433.38	3603.31	809.42	733.59	287.05	33153	9600
浙 江	95.99	20826	349.49	550.58	209.11	80.50	9.26	251.72	11108	19000
安 徽	434.13	15725	415.91	2425.71	1689.95	397.88	164.58	173.30	7727	9160
福 建	524.06	84883	213.94	992.45	541.78	187.97	33.40	229.32	3410	137535
江 西	233.18	19077	276.07	560.86	244.53	139.75	41.73	134.85	7052	124595
山 东	421.79		1193.82	7639.82	5244.41	1344.81	621.21	429.39	4038	
河 南	246.03	133	260.18	1714.83	791.18	383.58	129.12	410.95	992	
湖 北	200.42	3826	221.78	773.14	230.93	415.31	77.05	49.85	3296	26055
湖 南	327.62	16258	396.96	675.24	431.32	59.02	31.33	153.57	1878	74747
广 东	793.50	20401	211.82	1056.88	316.70	513.74	208.89	17.55	1194	155828
广 西	3059.21	52332	1697.33	3700.64	2195.15	774.35	213.83	517.30	466	917622
海 南	174.20	960	77.44	31.39	20.53	3.00	7.86		17	779
重 庆	51.75	10544	75.87	149.77	57.40	46.63	29.83	15.91	16	1120
四 川	223.56	9427	150.09	625.40	169.41	316.59	32.73	106.68	553	
贵 州	248.55	4080	141.31	113.93	57.91	8.44	9.20	38.38	119	13396
云 南	487.51	12857	204.98	331.66	144.94	108.82	45.73	32.17	337	175345
西 藏	0.60		2.02							
陕 西	7.57	470	11.46	63.44	12.17	49.83	0.86	0.58		200
甘 肃	2.36		1.10	2.42	0.76	1.66				
青 海										
宁 夏										
新 疆	42.67		11.07	12.30	5.92	6.20		0.17		
大兴安岭			0.01							

全国历年主要林产工业产品产量

年　份	木材 （万立方米）	竹材 （万根）	锯材 （万立方米）	人造板 （万立方米）	木竹地板 （万平方米）	松香 （吨）
1981 年	4942	8656	1301	100		406214
1982 年	5041	10183	1361	117		400784
1983 年	5232	9601	1394	139		246916
1984 年	6385	9117	1509	151		307993
1985 年	6323	5641	1591	166		255736
1986 年	6502	7716	1505	189		293500
1987 年	6408	11855	1472	248		395692
1988 年	6218	26211	1468	290		376482
1989 年	5802	15238	1393	271		409463
1990 年	5571	18714	1285	245		344003
1991 年	5807	29173	1142	296		343300
1992 年	6174	40430	1119	429	375	419503
1993 年	6392	43356	1401	580	483	503681
1994 年	6615	50430	1294	665	697	437269
1995 年	6767	44792	4184	1685	1257	481264
1996 年	6710	42175	2442	1203	2294	501221
1997 年	6395	44921	2012	1648	1894	675758
1998 年	5966	69253	1788	1056	2643	416016
1999 年	5237	53921	1586	1503	3205	434528
2000 年	4724	56183	634	2002	3319	386760
2001 年	4552	58146	764	2111	4849	377793
2002 年	4436	66811	852	2930	4977	395273
2003 年	4759	96867	1127	4553	8642	443306
2004 年	5197	109846	1533	5446	12300	485863
2005 年	5560	115174	1790	6393	17323	606594
2006 年	6612	131176	2486	7429	23399	915364
2007 年	6977	139761	2829	8839	34343	1183556
2008 年	8108	126220	2841	9410	37689	1067293
2009 年	7068	135650	3230	11547	37753	1117030
2010 年	8090	143008	3723	15361	47917	1332798
2011 年	8146	153929	4460	20919	62908	1413041
2012 年	8175	164412	5568	22336	60431	1409995
2013 年	8438	187685	6298	25560	68926	1642308
2014 年	8233	222440	6837	27372	76022	1700727
2015 年	7218	235466	7430	28680	77356	1742521
2016 年	7776	250630	7716	30042	83799	1838691
2017 年	8398	272013	8602	29486	82568	1664982

注：自 2006 年起松香产量包括深加工产品。

2017年各地区林业投资完成情况

单位：万元

地　　区	总　　计	其中：国家投资
全国合计	**48002639**	**22592278**
北　　京	2074256	1992372
天　　津	426095	118357
河　　北	1222530	789236
山　　西	1140098	973582
内　蒙　古	1534901	1504157
辽　　宁	395110	369429
吉　　林	932160	790151
黑　龙　江	1527454	1435680
上　　海	180560	180560
江　　苏	1382175	472711
浙　　江	846310	586854
安　　徽	967897	422725
福　　建	2324943	341549
江　　西	1558707	741869
山　　东	3041117	470168
河　　南	922295	438592
湖　　北	1974281	556254
湖　　南	2716636	959516
广　　东	816578	755194
广　　西	10418614	869848
海　　南	131481	125261
重　　庆	606762	440326
四　　川	2757320	1161500
贵　　州	1503286	873076
云　　南	1247752	1135766
西　　藏	360247	360247
陕　　西	1293529	856673
甘　　肃	1065849	789668
青　　海	427591	347258
宁　　夏	240567	193385
新　　疆	1177899	757422
局直属单位	787639	782892
大兴安岭	348659	343912

全国历年林业投资完成情况

单位：万元

年　份	林业投资完成总额	其中：国家投资
1981 年	140752	64928
1982 年	168725	70986
1983 年	164399	77364
1984 年	180111	85604
1985 年	183303	81277
1986 年	231994	83613
1987 年	247834	97348
1988 年	261413	91504
1989 年	237553	90604
1990 年	246131	107246
1991 年	272236	134816
1992 年	329800	138679
1993 年	409238	142025
1994 年	476997	141198
1995 年	563972	198678
1996 年	638626	200898
1997 年	741802	198908
1998 年	874648	374386
1999 年	1084077	594921
2000 年	1677712	1130715
2001 年	2095636	1551602
2002 年	3152374	2538071
2003 年	4072782	3137514
2004 年	4118669	3226063
2005 年	4593443	3528122
2006 年	4957918	3715114
2007 年	6457517	4486119
2008 年	9872422	5083432
2009 年	13513349	7104764
2010 年	15533217	7452396
2011 年	26326068	11065990
2012 年	33420880	12454012
2013 年	37822690	13942080
2014 年	43255140	16314880
2015 年	42901420	16298683
2016 年	45095738	21517308
2017 年	48002639	22592278

2008－2017年主要林产品进出口金额

单位：千美元

产品			2008年	2009年	2010年	2011年	2012年	2013年	2014年	2015年	2016年	2017年
	总　计	出口	33488310	36316317	46316686	55033714	58690787	64454614	71412007	74262543	72676670	73405906
		进口	38439466	33902486	47506554	65299100	61948082	64088332	67605223	63603710	62425744	74983984
原木	针叶原木	出口	21	274	51	38	1724		289			
		进口	2414186	2234430	3240796	4864608	7250935	5114048	5440581	3657984	4111591	5138718
	阔叶原木	出口	965	4306	10475	6730		6656	7773	4140	29793	30155
		进口	2769073	1852088	2830298	3408524	3760576	4203304	6341506	4402247	3973686	4781965
	合　计	出口	986	4580	10526	6768	1724	6656	8062	4140	29793	30155
		进口	5183259	4086518	6071094	8273132	3490359	9317352	11782087	8060231	8085277	9920683
锯　材		出口	412265	346344	342001	360493	331346	325737	298200	206795	194220	204445
		进口	2039427	2327863	3878172	5721322	5524195	6829924	8088849	7506603	8137933	10067066
单　板		出口	243925	172678	210865	273559	234420	235983	276757	283714	280009	382999
		进口	98504	63736	88064	118568	135155	142005	183822	162113	157597	156892
特形材		出口	448662	371345	433189	377244	359769	334364	355706	293881	234461	213652
		进口	19774	15547	19708	29668	30988	28193	35357	41178	51055	36828
刨花板		出口	45873	32712	41387	56411	66454	93181	136337	114107	120502	97400
		进口	91859	88913	114283	122232	116921	127891	141666	141018	184022	241020
纤维板		出口	1094538	884401	1114253	1435693	1613657	1523620	1630949	1425474	1228476	1146604
		进口	140415	119570	124654	107114	93740	100575	110055	108396	125490	135017
胶合板		出口	3400530	2523949	3402140	4339929	4795625	5033698	5813258	5487696	5275773	5097387
		进口	167469	89042	116042	119681	119546	103104	131966	121126	138484	150851
木制品		出口	3522246	3324597	4114612	4536235	4854951	5160484	5932432	6457198	6308242	6289577
		进口	75033	84081	121953	156709	274723	500161	715093	763723	771224	740539
家　具		出口	11017339	12035202	16157214	17118709	18331201	19440770	22091885	22854641	22209363	22692178
		进口	311952	297671	387711	546457	596047	707904	888821	884025	961700	1183797
木　片		出口	9034	887	558	726	30	57	21	102	823	
		进口	182490	353802	673817	1159600	1331814	1554275	1545100	1693669	1912019	1897517
木　浆		出口	6916	22351	11344	34119	12694	14008	12433	16818	17267	16600
		进口	6660933	6795615	8774104	11852421	10904715	11316770	12004565	12701792	12196424	15266065
废　纸		出口	1	48	119	616	691	418	265	280	495	385
		进口	5556926	3796054	5352897	6967452	6275973	5930000	5347795	5283161	4988961	5874652
纸和纸制品		出口	2070567	6129326	7554688	10454553	11800706	14232066	15859260	17097590	16403632	16733385
		进口	4363240	3879784	4610590	5055272	4600238	4373700	4308915	4046869	3945233	4981667
木　炭		出口	22979	26065	35748	39094	44428	64472	89129	108964	101677	104079
		进口	14663	17552	22952	44877	58017	62857	62022	50057	46031	50264
松　香		出口	271944	181729	486750	593328	268287	272145	296592	194439	104297	
		进口	4739	6104	8830	8577	17549	47616	25367	40434	64510	
水果	柑橘属	出口	437373	592697	615797	726457	971902	1155959	1170064	1258434	1303841	1071605
		进口	67312	74224	106072	148576	150776	166152	229953	267179	354846	552051
	鲜苹果	出口	698398	713518	831627	914326	959913	1030074	1027619	1031232	1452932	1456372
		进口	45188	54108	75932	115830	92578	67465	46278	146957	123220	115215
	鲜　梨	出口	215087	220716	243263	285559	325154	361737	350656	442537	487011	
		进口	27	23	75	1043	3793	6041	10148	12935	13300	

（续）

	产品		2008年	2009年	2010年	2011年	2012年	2013年	2014年	2015年	2016年	2017年
水果	鲜葡萄	出口	47437	85926	104943	162273	336036	268561	358756	761873	663604	735140
		进口	95018	172077	189471	324280	425205	514608	602607	586628	629772	590728
	鲜猕猴桃	出口	22309	33082	44719	2803	1592	3026	4646	4463		7061
		进口	1537	1900	2571	81910	138843	121626	195481	266718	145952	350104
	山竹果	出口			1	1	1				12932	28
		进口	69565	144383	147018	145837	196000	231455	158470	238200	343079	147070
	鲜榴莲	出口			1	4						3
		进口	92850	124373	149562	234304	399762	543165	592625	567943	693302	552171
	鲜龙眼	出口	2770	857	711	2451	2813	2158	3105	10187	8763	9936
		进口	124192	157334	193182	314287	395965	448088	328267	341923	270213	437722
	鲜火龙果	出口	121	161	300	719	1093	736	329	345	538	1781
		进口	55236	94538	105305	200154	326473	410163	529932	662882	381121	389512
坚果	核桃	出口	60224	19849	24536	47654	54660	63087	71524	60735	30301	106052
		进口	12624	28502	48596	55204	73373	61000	62120	42335	31916	33817
	板栗	出口	62981	68208	73434	75865	85864	84255	82517	77858	76939	
		进口	18531	18108	22090	17893	26937	24578	18360	10504	15222	
	松子仁	出口	47675	142974	159277	153902	174671	212315	234068	258135	272137	243249
		进口	6955	7875	5619	21990	22467	26953	53440	64841	88809	96659
	开心果	出口	13098	5622	7334	10889	35959	28830	13482	10306	9956	
		进口	76554	77461	203136	116623	134940	80886	66195	75964	118898	
干果	梅干及李干	出口	1942	2311	3844	4943	6766	6479	4235	2294	2405	2096
		进口	1783	2865	4942	8274	9718	9745	4251	3267	6282	7722
	龙眼干及肉	出口	1005	1249	1742	1674	1868	1535	1657	2392	1905	1713
		进口	53530	88737	64630	86455	82020	86062	56678	26565	60613	91308
	柿饼	出口	10630	9098	13896	11100	16040	13476	14826	8830	11904	7764
		进口				1					2	17
	红枣	出口	12187	17399	17447	22611	26808	24638	28535	35320	37290	33361
		进口	14	20	90	58	70	8	8	4	16	49
	葡萄干	出口	47225	65311	69960	102067	73901	83392	74344	56891	62245	29387
		进口	19686	18340	23010	34943	41525	37881	37952	50952	55113	43633
果汁	柑橘属果汁	出口	14424	14218	16064	19946	11107	11209	10880	10914	9353	10808
		进口	97790	106311	109036	172899	153505	155367	153185	124160	115084	160369
	苹果汁	出口	1130079	655526	747088	1081240	1142004	906622	638698	561250	546813	648227
		进口	4634	718	606	1087	1383	2269	3209	4454	4811	6438
	其他	出口	8116983	7640042	9459801	11782556	11746517	13455234	14525425	15122709	15176770	16032475
		进口	7559270	6718656	9727522	23016281	14830100	10756768	19280066	18504906	17208212	20706541

注：① 资料来源：海关总署信息中心。

② 木浆中未包括从回收纸与纸板中提取的木浆。

③ 纸和纸制品中未包括回收纸和纸板及印刷品等。

④ 2007－2008年以造纸工业纸浆消耗价值中原生木浆价值的比例将从回收的纸与纸板中提取的纤维浆、回收纸与纸板出口额折算为木制林产品价值，2009－2015年按木纤维浆（原生木浆和废纸中的木浆）价值比例折算，各年的折算系数为：2007年取0.214；2008年取0.221；2009年取0.80；2010年为0.78；2011年为0.8；2012年为0.85；2013年为0.88；2013年为0.89；2014年为0.89；2015年为0.90；2016年为0.92；2017年为0.93。

⑤ 2007－2008年以造纸工业纸浆消耗价值中原生木浆价值的比例将纸和纸制品出口额折算为木制林产品价值，2009－2015年按木纤维浆（原生木浆和废纸中的木浆）价值比例折算，各年的折算系数为：2007年取0.26，2008年取0.26，2009年取0.81；2010年取0.79；2011年取0.81；2012年取0.86；2013年取0.89；2014年取0.89；2015年为0.91；2016年为0.93；2017年为0.93。

⑥ 印刷品、手稿、打字稿等的进（出）口额=进（出）口折算量×纸和纸制品的平均价格。

2008－2017年主要林产品进出口数量

产品		单位	2008年	2009年	2010年	2011年	2012年	2013年	2014年	2015年	2016年	2017年
原木	针叶原木	出口	立方米	100	851	174	41			2042			
		进口	立方米	18577008	20302606	24274023	31465280	26769151	33163602	35839252	30059122	33665605	38236224
	阔叶原木	出口	立方米	2725	11885	28208	14339	3569	13128	9702	12070	94565	92491
		进口	立方米	10992626	7756655	10073466	10860568	11123565	11995831	15355616	14509893	15059132	17162103
	合计	出口	立方米	2825	12736	28382	14380	3569	13128	11744	12070	94565	92491
		进口	立方米	29569634	28059261	34347489	42325848	37892716	45159433	51194868	44569015	48724737	55398327
锯材		出口	立方米	717475	561106	539433	544194	479847	458284	408970	288288	262053	285640
		进口	立方米	7181828	9935167	14812175	21606705	20669661	24042966	25739161	26597691	31526379	37402136
单板		出口	立方米	146283	114327	158158	246914	205644	204347	255744	265447	246424	335140
		进口	立方米	91894	72327	109517	200231	342983	599518	986173	998698	880574	738810
特形材		出口	吨	310052	251560	302159	254144	247267	225281	212089	176867	162298	148973
		进口	吨	12333	7953	10513	13442	14108	11818	16072	21624	27295	18896
刨花板		出口	立方米	193171	124944	165527	86786	216685	271316	372733	254430	288177	305917
		进口	立方米	374137	446543	539368	547030	540749	586779	577962	638947	903089	1093961
纤维板		出口	立方米	2382562	2031141	2569456	3291031	3609069	3068658	3205530	3014850	2649206	2687649
		进口	立方米	504505	452979	400071	306210	211524	226156	238661	220524	241021	229508
胶合板		出口	立方米	7185060	5634800	7546940	9572461	10032149	10263412	11633086	10766786	11172980	10835369
		进口	立方米	293937	179178	213672	188371	178781	154695	177765	165884	196145	185483
木制品		出口	吨	1750049	1563994	1858712	1876915	1865571	1935606	2175183	2269553	2302459	2420625
		进口	吨	60187	39734	43652	55484	198006	445186	670641	760350	796138	753180
家具		出口	件	242633034	247470421	298327198	289157492	286991126	287405234	316268837	327246688	332626587	367209974
		进口	件	3147981	3298999	4361353	5497244	6368316	7384560	9845973	10191956	11101311	11888758
木片		出口	吨	73014	7247	5342	5094	69	69	42	85	5531	
		进口	吨	1056387	2766012	4631704	6565328	7580364	9157137	8850785	9818990	11569916	11401753
木浆		出口	吨	10628	35045	14433	31520	19504	22759	18393	25441	27790	24417
		进口	吨	9460349	13578483	11299952	14354611	16380763	16781790	17893771	19791810	21019085	23652174
废纸		出口	吨	4	220	621	2853	2067	923	661	631	2142	1394
		进口	吨	24205826	27501707	24352214	27279353	30067145	29236781	27518476	29283876	28498407	25717692
纸和纸制品		出口	吨	1356450	4802753	5157993	5997827	6444274	7622315	8520484	8358720	9422457	9313991
		进口	吨	3735959	3495948	3536533	3477712	3254368	2971246	2945544	2986103	3091659	4874085
木炭		出口	吨	50976	54922	63398	67463	64192	75550	80373	74075	68170	76533
		进口	吨	136266	156678	175518	188697	167655	209273	219758	172780	159338	170718
松香		出口	吨	276517	193291	249801	231148	167784	133136	122469	85322	58433	
		进口	吨	1076	2927	3589	2659	9918	30413	11343	23357	45857	
水果	柑橘属	出口	吨	862105	1113002	933089	901557	1082217	1041421	979882	920513	934320	775228
		进口	吨	79946	91652	105275	131739	126154	128621	161833	214890	295641	466751
	鲜苹果	出口	吨	1153326	1174191	1122953	1034635	975878	994664	865070	833017	1322042	1334636
		进口	吨	42395	54116	66882	77085	61505	38642	28148	87563	67109	68850
	鲜梨	出口	吨	446656	463159	437804	402778	409584	381374	297260	373125	452435	
		进口	吨	9	13	13	527	2479	3122	7379	7930	8224	
	鲜葡萄	出口	吨	63303	100225	89359	106477	152292	105152	125879	208015	254452	280391
		进口	吨	51613	89775	81744	122909	168409	185228	211019	215899	252396	233931

（续）

产品		单位	2008年	2009年	2010年	2011年	2012年	2013年	2014年	2015年	2016年	2017年
鲜猕猴桃	出口	吨	18769	26835	33162	1891	934	1478	2175	2007		4304
	进口	吨	1669	1749	2041	43114	51979	48243	62829	90178	66247	112532
山竹果	出口	吨			1	4	1	0			4133	27
	进口	吨	41084	91719	90918	83573	101141	112945	82798	104480	125988	71141
鲜榴莲	出口	吨				4	11					3
	进口	吨	138929	196147	172205	210938	286510	321950	315509	298793	292310	224382
鲜龙眼	出口	吨	2221	945	1177	1704	1894	1892	1754	3915	2760	3170
	进口	吨	196451	256037	291336	338846	323328	365227	326079	354149	348455	528806
鲜火龙果	出口	吨	282	418	440	430	607	347	179	146	240	1092
	进口	吨	118248	195044	218355	339710	469245	538542	603876	813480	523373	533448
核桃	出口	吨	26179	10582	12086	17952	18024	18189	17571	13660	9151	33826
	进口	吨	9033	21102	25918	22837	27801	28385	26409	13137	12380	12334
板栗	出口	吨	40920	46640	37002	37767	35081	39046	35594	34590	32884	
	进口	吨	11890	10820	11983	9197	10666	11788	9874	6694	7213	
松子仁	出口	吨	4178	7862	7027	9633	11579	10683	11428	13444	13771	16153
	进口	吨	882	935	503	2481	2279	1948	3750	4228	6638	12980
开心果	出口	吨	7691	2469	3382	5178	11008	5193	3360	2596	2082	
	进口	吨	29605	21545	52781	24952	28039	13651	10779	11348	18331	
梅干及李干	出口	吨	475	551	954	1157	1522	1504	935	469	497	421
	进口	吨	1552	3034	5635	9065	8269	6838	1613	1171	3421	4362
龙眼干及肉	出口	吨	222	232	283	264	248	193	216	297	291	246
	进口	吨	76117	133616	62036	77370	58551	64471	35810	16203	33729	57850
柿饼	出口	吨	5660	5001	6505	4657	6080	5036	5492	3113	4013	2614
	进口	吨										4
红枣	出口	吨	7884	8668	7686	6873	8522	7784	7822	9573	11027	9886
	进口	吨	17	5	51	37	17	1	1		4	9
葡萄干	出口	吨	30620	41345	39850	47959	30633	36005	30201	25500	28770	13792
	进口	吨	12570	11743	13855	20624	22358	20073	22592	34818	37087	33132
柑橘属果汁	出口	吨	16895	20220	22563	20541	6102	5661	5265	5076	4323	4741
	进口	吨	47566	65108	71364	78156	61904	70459	69701	64356	66268	82451
苹果汁	出口	吨	692574	799505	788409	613912	591633	601490	458590	474959	507390	655527
	进口	吨	2270	467	464	819	1034	1769	2747	4770	5600	7712

注：①资料来源：原始数据由海关总署信息中心提供。

②表中数据体积与重量按刨花板650千克/立方米，单板750千克/立方米的标准换算。纤维板折算标准：密度〉800千克/立方米的取950千克/立方米、500千克/立方米<密度<800千克/立方米的取650千克/立方米、350千克/立方米<密度<500千克/立方米的取425千克/立方米、密度<350千克/立方米的取250千克/立方米。

③木浆中未包括从回收纸和纸板中提取的木浆。

④纸和纸制品中未包括回收的废纸和纸板、印刷品、手稿等。

⑤2008年废纸、纸和纸制品出口量按纸和纸产品中的原生木浆比例折算，2009－2017年按木纤维浆（原生木浆和废纸中的木浆）比例折算，纸和纸制品出口量按纸和纸产品中木浆比例折算，出口量的折算系数：2008年为0.221；2009年为0.80；2010年为0.78；2011年为0.80；2012年为0.85；2013年为0.88；2014年为0.89；2015年为0.90；2016年为0.92；2017年为0.92。

⑥核桃进（出）口量包括未去壳核桃和核桃仁的折算量，其中，核桃仁的折算量是以40%的出仁率将核桃仁数量折算为未去壳的核桃数量；板栗进（出）口量包括未去壳板栗和去壳板栗的折算量，其中，去壳板栗的折算量是以80%的出仁率将去壳板栗数量折算为未去壳板栗数量；开心果进（出）口量包括未去壳开心果和去壳开心果的折算量，其中，去壳开心果的折算量是以50%的出仁率将去壳开心果数量折算为未去壳开心果数量。

⑦柑橘属水果中包括橙、葡萄柚、柚、蕉柑、其他柑橘、柠檬酸橙、其他柑橘属水果。

注 释

1. 文中采用国家四大区域的分类方法，全国分为东部、中部、西部和东北四大区域。东部地区包括北京、天津、河北、上海、江苏、浙江、福建、山东、广东、海南 10 省（直辖市）；中部地区包括山西、安徽、江西、河南、湖北、湖南 6 省；西部地区包括内蒙古、广西、重庆、四川、贵州、云南、西藏、陕西、甘肃、青海、宁夏、新疆 12 个省（自治区、直辖市）；东北地区包括辽宁、吉林、黑龙江 3 省。

2. 文中林产品进出口部分，将林产品分为木质林产品和非木质林产品。木质林产品划分为 8 类：原木、锯材（包括特形材）、人造板及单板（包括单板、胶合板、刨花板、纤维板和强化木）、木制品、纸类（包括木浆、纸及纸板、纸或纸板制品、废纸及废纸浆、印刷品等）、木家具、木片、其他（薪材、木炭等）。非木质林产品划分为 7 类：苗木类，菌、竹笋、山野菜类，果类，茶、咖啡类，调料、药材、补品类，林化产品类，竹藤、软木类（含竹藤家具）。

3. 关于造林面积统计，根据《造林技术规程》（GB/T 15776 – 2006），自 2006 年起将无林地和疏林地新封山育林面积计入造林总面积。1985 年以前（含 1985 年），按造林成活率 40% 以上统计，1986 年以后按成活率 85% 统计。

4. 书中除全国森林资源数据外，附表中所有统计资料和数据均未包括香港、澳门特别行政区和台湾省。

5. 附表中符号使用说明："空格"表示该项统计指标数据不足本表最小单位数、不详或无该项数据。

后　记

《2017 年度中国林业和草原发展报告》是继《中国林业发展报告》编写出版 18 年后首次将草原建设和管理纳入报告中，是集体劳动的成果。在国家林业和草原局领导的直接领导下，局规划财务司和经济发展研究中心负责组织和编写，各司局、有关直属单位、北京林业大学、中国人民大学参加了这项工作。

本报告在编写过程中，得到了商务部、国家统计局、海关总署、农业农村部、中国造纸协会、中国木材与木制品流通协会等单位的大力支持，他们为之提供了有关资料，在此表示感谢。

我们诚恳希望广大读者关心林业和草原发展并能提供宝贵的建设性意见。我们的联系方式如下。

地址：北京市东城区和平里东街 18 号

国家林业和草原局规划财务司

国家林业和草原局经济发展研究中心

电话：010-84238824，84239038

E-mail: tongjichu@forestry.gov.cn

编　者

2018 年 9 月

图书在版编目 (CIP) 数据

2017 年度中国林业和草原发展报告 / 国家林业和草
原局编著 . -- 北京 : 中国林业出版社 , 2018.11

ISBN 978-7-5038-9814-3

Ⅰ . ① 2… Ⅱ . ①国… Ⅲ . ①林业经济－经济发展－
研究报告－中国－ 2017 ②草原建设－畜牧业经济－经济发
展－研究报告－中国－ 2017 Ⅳ . ① F326.23 ② F326.33

中国版本图书馆 CIP 数据核字 (2018) 第 244936 号

中国林业出版社 · 生态保护出版中心

策划编辑 : 刘家玲

责任编辑 : 肖　静　刘家玲

出版 : 中国林业出版社 (100009 北京西城区刘海胡同 7 号)
　　　　E-mail: wildlife_cfph@163.com 电话 : 83143577　83143519
发行 : 中国林业出版社
制作 : 北京美光设计制版有限公司
印刷 : 固安县京平诚乾印刷有限公司
版次 : 2018 年 11 月第 1 版
印次 : 2018 年 11 月第 1 次
开本 : 889mm×1194mm　1/16
印张 : 13.5
字数 : 320 千字
定价 : 128.00 元